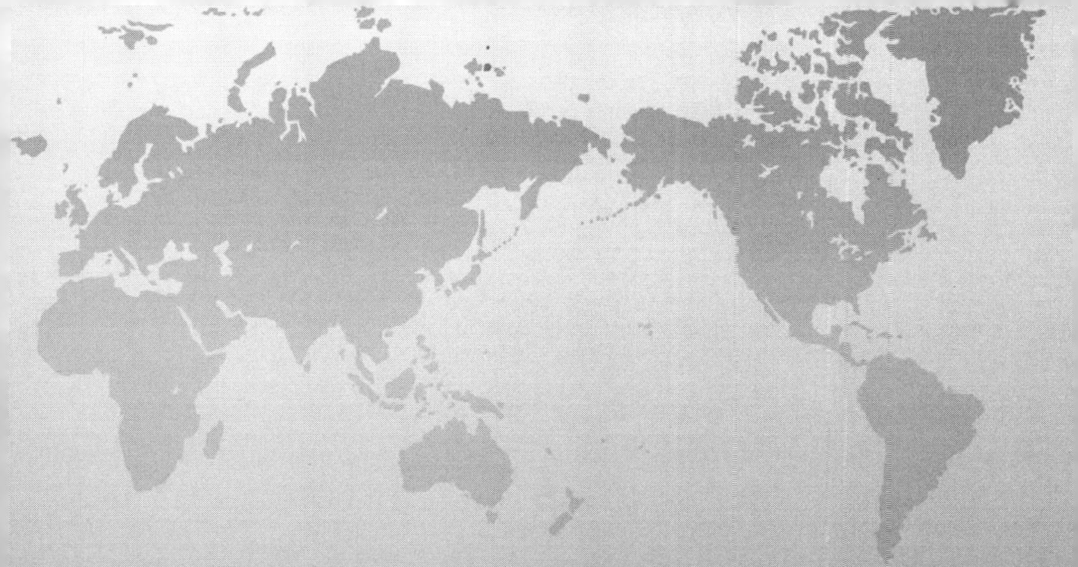

국제정치와 안보

현대과학은 물질과학만능의 사상에 사로잡혀 우주만상을 물질적 척도로만 재어 왔다. 이것은 일종의 과학미신으로 크게 잘못된 것이다.
심지어 근대의학은 인간을 하나의 물질체로만 다루는 경향이 있었다. 그리하여 치료약이라는 것도 정신면을 고려하지 않은 화학적 요법으로 조제되었다. 동양 전래의 음양설(陰陽說)에 기초하지 않는다 하더라도 생체는

신진

충남대학교출판문화원

국제정치와 안보

지은이 신진

발행일 1판 1쇄 2011년 9월 20일, 1판 2쇄 2022년 3월 15일 **발행인** 이진숙

펴낸곳 충남대학교출판문화원 **주소** 대전광역시 유성구 대학로 99

전화 042-821-6045 **홈페이지** http://www.cnupress.co.kr E-mail cnupress@cnu.ac.kr

ISBN 978-89-7599-409-8 93340

정가 14,000원

국제정치와 안보

| 머리말 |

2010년 3월 북한이 한국 해군 천안함을 공격하면서부터 동북아시아에서의 집단안보체제의 갈등이 표면화 되었다. 새로운 강대국으로 등장한 중국은 북한의 도발행위를 지지하면서 동북아시아에서의 패권적 지위를 과시하기 시작했다. 미국은 한국과 더불어 북한의 향후 도발행위를 방지하고자 한미 합동군사훈련을 수행했지만, 이마저도 중국의 강력한 반발에 직면하였다. 게다가 러시아는 북한과 합동군사훈련을 재개하였다. 이로써 동북아시아에서는 과거의 공산권 동맹국들이던 중국과 러시아가 북한과 군사적 동맹관계 차원의 긴밀한 유대관계를 다시 복원하면서 한·미의 자유세계 동맹체제에 대립하는 양상을 보여주고 있다. 그러나 일본은 주변국들과 영토분쟁을 계속 하고 있어서 한국과의 유대관계는 점점 약화되고 있다.

북한이 개발하여 보유하는 핵무기와 미사일 등은 한국의 안보는 물론 동북아시아의 안보에 치명적으로 위협적이다. 북한정권의 목표는 여전히 한국을 군사적으로 침공하여 정복하는 데에 그 목표를 두고 있다. 북한의 재래식 군사력은 한국과 비교하여 월등하게 우월하다. 북한의 침공에 한국이 단독으로 방어하는 경우가 발생한다면, 한국이 살아남기는 거의 어렵다고 보아야 한다. 한국에게 있어서 국제정치가 중요한 이유라고 할 수 있다.

국가안보는 미래 10년 혹은 20년 뒤를 바라보고 정책을 수립하고 준비해야 한다. 국가목표와 국방정책은 국민의 신뢰를 받는 것을 최우선 목표로 삼고 구체적 계획이 세워져야 한다. 국가가 국민의 생명과 재산을 보호하지 못하여 국민들로부터 신뢰를 잃어버리면, 어떠한 국방정책도 국가를 방어하지 못할 것이다. 국가는 국민의 생명과 재산의 보호에 최우선 목표를 두어야 한다. 영화 "라이언 일병 구하기"에서 보여주는 미국정부의 행위들은 국민들로 하여금 국가에 충성을 다할 수 있게 감동을 준다. 1944년 6월 노르망디 상륙작전이 끝난 뒤 마샬 장군은 라이언 형제들 4명이 전부 전쟁에 참가하여 그 중 3명의 형제들이 모두 전사했다는 보고를 받는다. 그러자 남은 막내인 제임스 라이언을 찾아 구하라는 명령을 내린다. 명령을 받은 밀러대위는 왜 1명을 구하기 위해 8명이 위험한 전투를 수행해야 하는가 하고 질문하는 7명의 대원들을 설득하며 라이언 일병을 구하러 간다. 결국 밀러 대위까지 죽고 대원들 중 2명만 살아남은 채 라이언 일병을 구하여 본국으로 송환시키는 데에 성공한다. 국민은 국가에 충성을 다하고 국가는 국민을 보호하기 위하여 최선을 다하는 모습을 보여주는 영화라고 할 수 있다. 국가와 국민간에 이러한 신뢰가 형성되어야 그 국가는 영원히 존속할 수 있다. 이와 같이 한국의 국가목표와 국방정책이 국민으로부터 신뢰를 받고 미래를 준비하는 정책이 되어야 한다.

북한의 군사력 강화는 한국의 안보에 치명적 위협요인이 되고 있다. 북한의 핵개발을 저지하기 위해 노력해 왔던 미국조차도 미국안보를 최우선으로 삼는 정책적 변화를 보여주고 있다. 북한핵이 미국까지 도달할 수 있는 수송수단이 없는 상황에서는 미국은 초기에 북한이 개발한 핵이 2-3개 있다는 것을 확신하면서도 현상태로 동결하는 제네바합의를 채택했다. 그 후 북한이 장거리 미사일을 개발하여 북한이 보유한 핵이 미국 본토까지 위협할 수 있게 되자 북한 핵문제를 전면적으로 재검토하기 시작했다. 한국이 미국과의 동맹관계를 중시하면서 한국의 안보를 확보하는 전략을 수립하고는 있지만, 한국이 자력으로도 안보를 책임질 수 있는 동맹관계와 국방정책을 수립해야 한다. 본 연구는 이러한 과정에서 국제정치과 한국의 안보 확보전략을 분석하고자 집필하였다.

2011년 8월

신 진

| 목차 |

part 1 서론

part 2 북한 핵과 국제안보

chapter 3 북한 핵과 동북아 안보협력균열

part 3 북한이탈주민과 통일의 기반

part 1

서 론

chapter 1 미래지향적인 군사 혁신과 안보

Ⅰ. 서론

과학기술의 획기적인 발달과 함께 전쟁에 관한 정통적인 개념에 근본적인 변화가 나타나기 시작했다. 1991년 미국과 이라크의 쿠웨이트 침공시 다국적군을 대표하여 미국이 전개한 작전은 이러한 전쟁개념의 근원적 변화의 효시가 되었다. 그동안은 중무장한 화력으로 상대를 제압하면서 전장을 관통함으로서 전쟁을 승리로 연결한다고 생각했다. 그러나 고도의 첨단기술로 무장된 병기에 의한 작전수행은 전쟁과 작전의 개념에 대하여 광범위하게 혁명적으로 사고의 전환을 초래하였다.

전장을 전선에 고착시키지 않고 전면으로 확대하였으며 기존의 공지전투(Air-Land Battle)의 개념을 확대하여 총체적이면서도 입체적인 작전을 수행했다. 다국적군은 이라크군의 취약한 부분과 중요한 전략적 지점들을 신속하면서도 정확하게 실시간적으로 보면서 작전을 수행할 수 있었다. 그리고 작전에 관련된 대부분의 정보를 사전에 파악하여

개전 초기부터 이라크군의 2차 반격능력을 완전히 궤멸시켰다. 이러한 전쟁수행의 과정과 전략결정은 C4I의 체계적 운영에 의해 실시간적이며 입체적으로 운영하였다.

결과적으로 현대전과 미래전은 첨단과학기술에 의해 전장의 우세가 결정될 가능성이 커졌다. 정확하고 신속한 정보의 수집과 처리, 실시간 정보의 운용 등을 토대로 육해공 입체작전의 결과 그 효과가 극대화될 수 있었다. 전쟁수행에 관한 국민적 협조와 국제적 공조체제 유지를 위해 전쟁에 관한 중요한 정보들이 전세계적으로 공개되었다. 특히 다국적군의 전략과 전술은 작전 이전에 언론과 국제사회에 상당히 공개되었다. 그러나 첨단무기체계의 위력을 방어할 수 있는 수단이 없던 이라크로서는 알면서도 당할 수 밖에 없는 전투들이 많았다. 이라크 군의 기준으로 보면 다국적군은 비대칭적 첨단무기들을 다량 확보하고 있었던 셈이다.

이제 상대국이 보유하지 못한 비대칭적 무기체계로서의 첨단무기체계의 개발과 확보는 과거 그 어느 때보다도 중요하게 인식되기 시작했다. 또한 제공권 장악과 완전한 방공망 확보는 전쟁수행을 보다 원활하고 효과적으로 수행하기 위하여 필수적인 요소로 인식되었다. 또한 과학기술과 전쟁전술의 복합적 운용은 워게임(war game), 의사결정과정분석, 표적분석, C4I에 의한 타격결정 등에 나타났으며 시행착오 없이 최소의 희생으로 막대한 성과를 거두는데 큰 기여를 하였다. 또 첨단과학기술적 병기들은 주간과 야간의 구분없이 전투를 가능하게 하였다. 오히려 적의 대피와 방공능력의 감소를 위해서는 야간공격이 선호되었으며 공격자는 주간과 동일한 시야와 정보를 확보하고 있었다. 또한 전차와 포병, 항공과 헬기 등의 입체적이고 전격적이며 통합적인 전장운용능력은 전쟁을 단기간에 종결시키는 위력적인 효과를 나타냈다.

이와 같이 걸프전은 미래전의 모습들은 묵시해 주는 중요한 단서가 되었다. 재래식 병기의 우세한 화력과 비대칭무기들을 다종과 다량 보유하고 있는 북한의 종심기동작전(OMG)과 속전속결의 위협에 대처하기 위해서는 한국의 군사력이 미래전에 대비하는 성격과 함께 북한의 이러한 작전적 위협을 극복할 수 있는 군사력의 혁신적 증강이 요청된다. 특히 북한이 보유하고 있는 비대칭적 무기체계에 대한 철저한 대비는 현대 국제사회에서 전개되는 첨단무기에 의한 전쟁수행과 동일한 효과를 나타낸다.

미래전에 대비하는 과정에서 혁신적인 변화는 전쟁이 비밀리에 수행되는 것이 아니라 마치 워게임을 하듯이 전장의 모습이 완전히 공개되면서 전략전술까지도 국민들과 국제사회에 공개된다는 점이다. 이것은 국민과 국제사회로부터 지지와 지원을 받는데 대단히 중요한 과제가 되었으며 전쟁으로 확보해야 할 목표의 하나가 되었다. 실제 영국 연합군의 수에즈 점령전쟁은 전쟁에서 승리하였음에도 불구하고 국제사회의 여론 때문에 이집트에게 되돌려주기도 하였다.

이러한 전쟁에 관한 정보의 완전한 공개는 전쟁의 정당성문제를 부각시켰다. 이것은 각국이 천명하고 있는 국가목표와 국방목표를 세계 각국이 얼마나 인지하고 있으며 이에 대한 자연권적 기득권의 침해에 대한 응당한 보복이라는 개념의 수립이 더욱 절실하게 되었다. 따라서 국가목표와 국방목표의 구체적 적시와 세계적 공시는 전쟁을 승리로 이끄는 중요한 전략으로 부각되었다.

이에 본 연구는 미래에서는 국가안보를 위한 일련의 과정들이 근원적으로 변화하고 있음을 중시하여 미래 지향적인 군사혁신과 안보의 방향을 제시하고자 한다.

Ⅱ. 국방목표의 설정

국방목표는 상위의 국가목표를 수행하기 위한 정책이어야 한다. 국가목표는 국가의 존재의의와 국가의 이익에 대한 구체적 분석을 토대로 수립되어야 한다. 국가의 이익분석에 있어서도 국가의 사활적 이익과 보편적 이익들을 대상으로 우선순위가 설정되어야 함은 물론이다. 이러한 국가이익을 수호하기 위하여 국방목표가 설정되며 구체적인 국방정책이 제시된다.

1. 국가안보이론

국가이익 가운데에서도 안보는 국가의 사활적 이익에 해당된다. 국가안보를 논의할 때 현재를 포함하여 20년 후를 준비하는 안보개념 정의가 중요하다고 할 수 있다.[1] 우선 안보의 주체가 누구인가 하는 점이다. 이를 국가라고 하는 단위체로 볼 것인지, 국가의 구성원인 개인적 차원으로 볼 것인지, 혹은 국제적 차원에서 하나의 안보공동체라고 볼 것인지 이다.[2] 또한 안보의 개념에 있어서 내포와 외연을 어떻게 설정하는가의 문제이다.

전통적인 견해로서 국가안보란 국경 밖으로부터의 요인에 기인하는 침략에 대하여 국가라고 하는 단위체가 방어하는 능력[3]이라고 할 수 있다. 상당히 포괄적인 범주로 국가안보를 해석하고 있는 학자들은 국

---

1) 신진, "한국의 안보와 국방정책," 21세기 안보환경 변화와 국방정책, 한국국제정치학회 1999. 9.17. 대전 충남대학교.

2) Kenneth N. Waltz, Men, the state and War, New York, Columbia University Press, 1959; J.David Singer, "The Level of Analysis Problem in International Relations," in klaus Knorr and Sidney Verba eds., The International System, Princeton, NJ, Princeton University Press, 1961.

3) Giacomo Luciani, "The Economic Content of Security," Journal of Public Policy 8:2. 1989, p.151.

가안보란 한 국가가 필요하다면 세계 어디서나 그 국가이익을 성공적으로 추구할 수 있는 능력[4]이라고 하는 정의하기도 한다. 또 다른 학설에서는 한 국가 내의 지배계급의 정치적, 경제적 권력과 사회체계의 생존, 그리고 상당한 정도의 공공안전을 보장하는 것을 안보라고 정의하기도 한다.

현대 세계는 끊임없이 발전하는 과학과 기술, 그리고 국제금융을 포함한 경제적 교류가 기존의 국경의 개념을 초월하고 있다. 이렇게 국가의 경계가 희박해지고 국가와 사회체계간의 교류가 활발해 진 상황에서는 어떤 위협이 국가안보에 위해가 되느냐 하는 문제는 객관적 조건이나 사실의 문제라기보다는 정치적 선택의 문제라고 보아야 할 것이다. 안보의 개념은 경쟁적 환경에서의 상대적 의미를 갖는 요소를 포함하고 있기 때문이다. 따라서 국가안보를 정의할 때, 그 범위는 개별 국가의 정치적 공동체로서의 의사결정에 의존할 수 밖에 없다.

그러나 일반적이며 전통적인 국가안보의 개념은 국가가 외부로부터의 침략에 대항하여 국민의 생명과 재산 그리고 국가가 소중하게 생각하는 가치체계와 사회제도 등을 적극적으로 방위하는 것을 말한다. 또한 전통적 안보개념은 국가가 하나의 정치체로서 국내적, 국제적 목표를 수행하는 데에 필요한 총체적 역량을 의미하며 여기에는 모든 비군사적 행동도 포함한다. 이러한 관점에서 본다면 국가안보는 포괄적 개념으로서 정치, 경제, 군사, 과학기술, 산업, 환경 등의 대부분의 분야를 포함하므로 현존하거나 잠재적인 적국으로부터 국가의 사활적인 이익을 보호하고 확대하는데 도움이 될 수 있는 국내적, 국제적 정치환경의 건설을 국가안보라고 정의할 수 있다.

---

[4] Penelope Hartland-Thunberg, "National Economic Security: Interdependence and Vulnerability," in Frans Alting von Geusau and Jacques Pelkans, eds., National Economic Security, Tilberg, John F. Kennedy Institute, 1982, p.50.

국가안보는 시간적으로 현재의 외부로부터의 위협에 대한 적극적인 방어 뿐만이 아니라 장차 미래에 국가가 당면하게 될 위험을 사전에 인지하고 준비하는 것을 포함한다. 국가안보는 단시간에 확보하거나 준비하기에는 불가능하기 때문이다. 따라서 정치공동체와 정치지도자들은 안보관련 국제정세와 무기체계의 발달추세 등을 심사숙고하여 현재를 포함하여 20년 후까지 미래를 예견하고 이에 대한 준비를 추진해야 한다. 항공모함 한척을 건조하는 데에만 7년 내지 10년의 기간이 필요하며, 계획수립부터 진수하기까지는 십년 이상이 소요된다. 따라서 미래에 당면하게 될 안보에 대한 위험요인을 사전에 인지하고 대비하는 것이 가장 중요한 안보적 고려대상의 하나다.

국가안보를 확보하기 위한 국방정책은 자주국방전략과 국제적 안보동맹전략으로 분류할 수 있다. 자주국방전략은 한 국가가 가지고 있는 취약점을 보강함으로써 예상되는 적으로부터의 위협에 대하여 자력으로 충분히 제압할 수 있는 능력을 배양하는 것이다.[5] 문제는 이러한 취약점을 극복할 수 있는 재원이 자국내에 충분히 있는가 하는 점이다. 자주국방의 취약점이라고 판단되는 영역을 보강하기 위하여 군비를 증강하기 시작하면, 상대국가도 아국과의 군비경쟁을 시작할 수 있다. 이러한 군비경쟁은 양국 모두에게 무제한적인 자원소진을 초래한다. 그러나 이러한 취약분야에 대한 군비증강정책이 가장 전통적이면서도 보편적인 방법이라고 할 수 있다. 1966년 이래 프랑스가 핵무장, 에너지정책, 농업정책, 안보동맹 등에서 자주국방의 상당한 효과를 거두었다. 소련, 중국, 이스라엘 등 많은 나라들이 이러한 자주국방전략에 성공하였다.[6]

---

5) Kenneth N. Waltz, Theory of International Politics, New York, Random House, 1979.

6) 이러한 자주국방정책에 대한 비판은 Ken Boooth, Strategy and Ethnocentrism, London, Croom Helm, 1979; Richard K. Ashley, The Political Economy of

국제적 안보동맹전략은 안보를 위협하는 원인이 국외에 있을 때, 국제정치적 행위, 즉 국제적 집단안보체제 구축을 통해 이러한 국제적 위협적 요인을 제거하거나 축소하는 전략이다. 이것은 자주국방전략에 비해 비용이나 효율성에서 볼 때 대단히 경제적이다. 국제정치적 행위들을 통해 안보위협요인을 제거하므로 자원을 보다 생산적인 분야에 활용할 수 있으며 관련국들간에 군비축소를 확산적으로 유도할 수 있다.

그러나 약소국들의 안보동맹전략은 대부분 강대국을 중심으로 형성된다.[7] 강대국과의 안보동맹은 실질적으로 비대칭적 동맹관계이며 강대국의 군사력에 일방적으로 의존하는 형태가 된다. 이러한 군사적 의존구조는 정치 경제 전반에 걸쳐 종속관계가 형성되기도 한다.

이 때 심각한 안보위협은 기존의 세력균형을 위협하는 국가의 등장이다. 현재의 동맹구조와 세력균형을 깨뜨릴 수 있는 국가가 국제적 갈등과 긴장을 야기할 때에는 약소국의 안보가 보장되지 않는다는 점이다. 특히 안보동맹 내의 패권국이 직접 위협을 받게 되는 경우, 약소국은 패권국에게 군사적 지원을 하기 어렵다. 미약한 군사력으로는 실질적인 도움이 되지 않을 수도 있다. 또한 강대국과의 전면적인 적대관계를 피하기 위하여 적극적인 군사적 지원을 기피할 수 있기 때문이다. 이와는 반대로 약소국이 새로운 세력균형과 안정을 위해 협상의 제물로 희생될 수 있다.[8] 따라서 안보동맹전략은 비용대비 효과면에서 가장 효율적이기는 하지만 결정적인 순간에 자국의 안보를 보장하

War and Peace, London, Pinter, 1980 참조.

7) James D. Morrow, "Alliances and Asymmetry: An Alternative to the Capability Aggreagation Model of Alliances," American Journal of Political Science, vol.35, 1991, pp.904-993.

8) Thomas J. Christenson and Jack Snyder, "Chain Gangs and Passed Bucks: Predicting Alliance Patterns in Multipolarity," International Organization, Vol.44, 1990, pp.137-168.

지 못한다는 치명적인 한계를 가지고 있다.

따라서 자주국방전략과 안보동맹전략의 혼합 운용이 합리적이기는 하다. 그런데 여기에도 또 상호 제약요인이 있다. 국제안보동맹 체제하에서 일국이 자국의 취약점을 극복하기 위해 군사력강화전략을 추구한다면 동맹국들의 반발을 사게 되며 또한 자국으로서도 안보동맹으로 인한 비용절감 효과가 상쇄되기 때문이다. 또한 동맹국을 위협하는 정도의 군사력 강화전략은 오히려 자국을 상대로 하는 다른 동맹체제를 형성하여 많은 국가들을 적대국으로 만들게 되기도 한다. 따라서 자국의 사정에 비추어 두개의 전략을 적절히 혼합하여 안보에 공백이 발생하지 않도록 최적점을 선택할 수 밖에 없다.

세계정부가 수립되어 강제력에 의한 평화가 보장되지 않는 이상 모든 국가는 자국의 자주국방전략을 기초로 안보동맹을 추구하게 될 것이다. 이로써 자국의 안보와 국제적 평화가 달성된다. 왜냐하면 국제사회는 자국의 포괄적 안보에 도움이 될 수 있는 타국가와 안보동맹을 체결하기 때문이다.

그런데 역설적으로 국제관계에서 질서를 유지하는 가장 중요한 요인이라고 할 수 있는 군사력이 안보에 대한 일차적 위협적 요인이 되고 있다. 민주주의가 정착된 국가에서 선거가 정치체제의 유지에 필수적이듯이 국제정치에서는 군사력이 필수적인 요소이다.[9] 왜냐하면 군사적 무력을 사용하기를 거부하는 국가는 무력사용을 국내정치의 정책수단으로 자유롭게 사용하는 국가의 손에 운명이 걸려있게 되기 때문이다.[10] 미국의 외교정책 담당자들도 군사력이 뒷받침되지 않는 외교는 실패할 수 밖에 없으며 위험하기까지 하다.[11]고 주장하고 있다.

---

[9] Robert E. Osgood and Robert W. Tucker, Force, Order and Justice, Baltimore, Johns Hopkins University Press, 1967, pp.13-32.

[10] Micheal Howard, Studies in War and Peace, London, Temple Smith, 1970, p.17.

따라서 자주국방을 위한 군사력 확보는 국가안보에 필수적이라고 할 수 있다.

한국의 국방정책은 당시의 정부가 근간으로 삼고 있는 정책기조에 따라 크게 안보동맹정책과 자주국방정책으로 분류할 수 있다. 1948년 정부수립 당시의 이승만 정부부터 1999년 김대중 정부에 이르기까지 거의 대부분은 안보동맹전략이 핵심적 기조를 이루고 있다. 1970년대 제 4공화국 당시의 박정희정부는 기존의 안보동맹정책에서 벗어나 자주국방정책을 추진하였다.[12)]

한국정부의 수립 이래로 거의 대부분 기간동안 안보정책으로 추진해 왔던 동맹정책은 군사력 열세를 외교정책으로 보완하고자 하는 핵심적 외교정책이었다.

김대중 정부와 노무현 정부는 북한의 핵문제 해결을 전제로 대북지원을 대폭적으로 확대하면서 북한에 대한 지원이 한반도에서의 안전을 확보하는 것이라고 주장하였다. 그러나 김대중 노무현 두 개의 연속된 정부를 지내는 동안 한국에서 제공한 막대한 현금과 자원을 기반으로 북한은 핵무기를 개발하여 보유하는 단계에 이르렀다. 결국 한국정부가 제공한 자원이 한국의 안보를 심각하게 위협하는 단계에 이르게 되었다. 안보란 현존하는 급박한 위협을 제거하여 안전을 확보하는 것 뿐만 아니라 장차 다가오게 될 위험을 사전에 방지하는 것이 더 큰 과제란 점에서 김대중과 노무현 정부의 안보는 실패한 안보라고 할 수 있다.

2009년부터 2013년까지의 이명박 정부는 자유민주주의와 장경제에 토대를 둔 '선진화를 통한 세계 일류국가'를 국가비전으로 설정하였다. '세계 일류국가'는 세계를 선도하는 시민의식과 높은 수준의 문화,

---

11) Anthony Lake, American Power and American Diplomacy," U.S.Department of State Dispatch, November 14, 1994, pp.766-770.

12) 신진, "한국의 안보와 국방정책," 21세기 안보환경 변화와 국방정책, 한국국제정치학회 1999. 9.17. 대전 충남대학교, 발표논문참조.

최고의 과학기술과 선도적인 산업발전을 통해 세계 최고의 지도적 국가가 되는 것을 비전으로 삼았다.

이와 더불어 국가안보의 목표를 다음과 같이 설정했다.

1) 한반도의 안정과 평화 유지

2) 국민안전 보장

3) 국가번영 기반 구축,

4) 국제적 역량 및 위상 제고

'한반도의 안정과 평화 유지'를 위해 한국은 스스로의 방위역량과 한미동맹에 기반을 둔 군사력과 외교력을 바탕으로 한반도의 안정을 유지한다. 또한 주변국과의 다양한 협력을 통해 한반도의 평화를 보장하는 전략을 가지고 있다. 국가는 국민의 생명과 자유를 지키기 위해서는 어떠한 희생도 감수하는 용기와 의지를 가지고 있으며, 이러한 신뢰와 의지를 바탕으로 경제와 사회의 근간을 지킴으로써 국가의 번영의 기반을 구축하고자 한다. 또한 국제사회와의 협력을 강화하여 세계평화, 자유민주주의와 공동번영에 적극적으로 기여함으로써 한국의 '국제적 역량과 위상을 제고한다.[13]

2. 안보동맹정책 접근법

외교정책 역시 정치의 한 과정이며 정치란 이스턴이 지적한 것처럼 사회적으로 희소한 자원에 대한 권위적 배분이다. 외교정책 역시 한 국가가 가지고 있는 자원을 이용하여 더욱 많은 국익을 증진시키기 위하여 투자되는 정치과정이라고 할 수 있다.

국가이익의 수호와 증진을 위하여 결정되는 외교정책은 정책결정에 이르기 직전의 단계에서 정치지도자들의 리더쉽, 계획의 타당성, 현황

13) 국방부, 2010국방백서, pp.32-33.

에 대한 판단과 이에 대한 정확한 예측의 능력, 자문위원단의 능력, 심의 등의 조건과 단계를 갖는다. 그리고 정책에 대한 구체적 선택의 단계에서는 정책노선을 선택하며 이에 따라 구체적 수단을 선택하게 된다. 정책이 결정 된 후에는 정책결정이 타당한가를 시험하기 위한 과정을 거친 후 정책의 집행이 이루어진다.[14)]

이러한 외교정책 결정과정의 고위급 정책결정권자들 회동에서는 정책결정에 참여하는 개인의 성격이나 신념체계 등이 정책결정에 영향을 미친다. 참여자가 속해 있는 기구와 직책에 따라 참여자가 상대방에 대하여 상당한 영향력을 발휘하기도 한다. 또한 정부의 권력구조에 따라서도 달라진다. 대통령이 강력한 리더쉽을 발휘할 수 있는 정부형태인지, 혹은 다당연합제로서 중도노선을 견지해야 할 필요가 있는지 등에 따라 외교정책은 상당한 영향을 받는다. 뿐만이 아니라 이와 관련되어 당시의 사회분위기에 의해 외교정책이 상당한 영향을 받는다. 전체주의 사회는 여론을 무시하거나 오히려 조작함으로써 자유롭게 외교정책을 구사할 수 있지만, 대부분의 민주주의 사회는 여론의 동향에 민감하게 반응하여 외교정책을 결정한다. 또한 국제적인 정치구조에 의해서도 많은 영향을 받는다. 이와 같이 외교정책 결정에는 상당히 많은 요인들이 복합적이며 중첩적으로 영향을 미친다.[15)]

그럼에도 불구하고 이러한 모든 정책결정과정은 국가목표와 국가시책 그리고 국방정책의 테두리 내에서 상호 유기적인 연관성을 갖는다. 국가목표와 안보국방정책이 구체적이며 명확하게 설정되지 않았다면 이러한 정책결정과정은 구성원의 특성에 따라 외교안보정책이 달라지게 되는

14) Joseph Frankel, *The Making of Foreign Policy: An Analysis of Decision Making*(London: Oxford University Press, 1963), pp.127-135.

15) James N. Rosenau, "A Pre-Theory Revised: World Politics in an Era of Cascading Interdependence," *International Studies Quarterly,* Vol.28(1984), pp.245-305.

범위가 지나치게 확대되며 국가정책의 일관성이 결여될 것이다.

이에 대하여 스나이더(Richard Snyder)는 외교정책결정과정에 영향을 미치는 제도적 구조적 장치와 이러한 장치들에 대하여 포괄적으로 지배하는 일관된 원칙을 파악하고 정책결정과정에 영향을 미치는 일련의 과정을 중시하였다. 그리하여 정책결정과정을 체계이론과 유사한 관점에서 설명하였다.[16] 또한 정책결정에 대한 국민의 여론과 엘리트의 영향력을 체계이론적 관점에서 설명한 도이치의 커뮤니케이션 이론[17]은 여론의 영향력에 민감한 정부의 외교정책결정과정을 잘 설명해 주고 있다.

한국은 정부수립 이후 미국과의 안보동맹정책의 국방정책에서 크게 벗어나지 않았다. 그에 따라 미국이 주도하는 세계질서 내에서의 국가목표의 설정과 국방, 외교정책이 형성되어 왔다고 할 수 있다. 다만, 박정희 정권 말기 미국의 카터대통령이 주한미군철수를 주장하자, 자주국방정책을 추진한 적이 있었다. 또한 이와는 다르게 2004년 노무현 정부가 평화와 번영정책을 추진하다고 하면서 북한과의 남븍한 기본합의서, 6.15 남북공동선언을 바탕으로 북한과의 관계와 지원을 강화하고 협력적 자주국방을 표방하였다. 특히 아시아에서의 균형자 역할을 강조하면서 미국과의 동맹에서 탈피하고자 하는 국방정책을 추진하였다. 특히 실질적인 국력이 뒷받침되지 않은 채, 균형자 역할을 강조한 까닭에 동맹으로부터의 탈피하려는 의지로 비추어졌다. 결국 자주국방은 달성하지 못한 채, 한국의 재정부담만 증가하였다. 미국은 이것을 기회로 미군의 해외전력 재배치 계획추진(GPR: Global Defense

---

16) Richard Snyder, H.W. Bruck and B. Sapin, eds., *Foreign Policy Decision-Making: An approach to the Study of International Politics*(New York Free Press, 1962)

17) Karl W. Deutsch, *The Analysis of International Relations*(New York: Prentice-Hall, Inc.), 1968.

Posture Review)에서 소유되는 비용을 한국에서는 한국정부의 부담으로 전가할 구실을 얻게 되었다. 결국 미국과의 동맹관계는 약화되고, 북한의 전력은 강화되었으며, 한국정부는 안보능력은 약화되면서 재정부담만 증가하게 되었다.[18)]

여기서 미국 주도의 세계질서라고 하는 것은 세계의 경찰국가로서, 인류의 보편적 발전과 민주주의 확산을 통한 자유세계의 건설, 전쟁의 예방적 방지를 위한 국제정치체제의 구축을 의미한다. 미국이 주도하고 있는 국제정치체제는 '국제정치경제 레짐'의 분석시각에서 접근될 수 있다. '국제정치경제레짐'은 어떤 특정한 쟁점 영역에 관하여 관계국 또는 관계 행위자들이 명시적인 일련의 원칙이나 규범, 혹은 정책결정과정들에 의하여 일정한 기대의 범주를 유지하고 있는 체계[19)]라고 할 수 있다.

탈냉전시대 이후 미국은 자유주의적 경제질서라고 하는 국제정치경제레짐을 유지하고 확산시키고자 하는 의지를 가지고 있다. 워싱턴 정부는 북한도 자유세계의 질서 속에서 평화와 번영을 누릴 수 있기를 바라며 노력하고 있다. 미국은 이러한 국제레짐을 유지할 수 있는 능력과 의지를 가지고 있으며 자신의 힘과 영향력을 발휘하여 우방국들로 하여금 이러한 정책을 지지하도록 요구하고 있다. 미국은 자신의 정치군사적인 능력을 토대로 '세계평화와 질서를 수호하기 위하여' 걸프전에서의 비용을 유럽의 우방국가들과 일본, 한국 등에게 그 전쟁비용을 분담하게 하였다. 이것은 공공재 제공에 소요되는 비용을 공공재의 수혜국들에게 강제로 부과하는 강압적 패권국(coercive hegemon)[20)]

---

18) 국방부, 『2004, 국방백서』(서울, 국방부, 2005). p. 81.

19) Stephen D. Krasner, "Structural Causes and Regimes Consequences: Regimes as Internening Variables," *International Organization*, Vol. 36, Spring 1982, p.186.

20) Duncan Snidal, "The Limits of Hegemonic Stability Theory," *International*

의 모습을 보여주는 실례라고 할 수 있다.

소련이 붕괴된 이후 전 세계는 시장경제질서에 대한 보편적인 동의가 이루어졌으며 모든 국가들의 공동이익에 대한 합의가 이루어진 것으로 보인다. 미국이라고 하는 강대한 패권국이 지지하는 시장경제질서의 확산은 미국과 공동체의 구성국들 전체에게, 완전히 균등하게는 아니지만 상당한 정도의 공동 이익을 가져다주고 있다.[21]

그러나 누구나 이러한 공공재의 이득을 동등하게 누리는 것은 아니다. 공공재의 기본적인 구조적 특성상 "파급효과"와 "역류효과"가 동시에 나타[22]남으로써 선진국과 후진국간에 혜택의 차등이 존재한다. 공공재로 인한 혜택은 자본과 기술이 누적된 곳으로 집결된다. 공공재 수혜과정에서도 빈익빈 부익부 현상이 발생한다. 게다가 공재 제공국은 미국이지만, 그 혜택은 선진 강대국들이 대부분 향유하며, 약소국이나 약소 동맹국들이 얻게 될 혜택은 그다지 크지 않다. 결국 누구를 위한 공공재이며 누가 공공재 제공을 위해 부담을 해야 하는가하는 문제가 야기된다.

미국이 강조하는 민주주의와 시장경제질서, 인도주의 등은 중요한 국제공공재(International Public Goods)로서 모든 국가들에게 이익을 제공하는[23]것으로 인식되고 있다. 또 여기서 확보되는 안보와 평화 등의

Organization, Vol.39, 1985, pp.579-674.

21) 일반적으로 패권국가가 선호하는 국제레짐은 민주주의와 자유시장경제 질서의 국제정치경제레짐이다. Robert Gilpin, *The Political Economy of International Relations*, Princeton, N.J., Princeton University Press, 1987, p.72.

22) Gunnar Myrdal, Twenty Years of U.N. Economic Commision for Europe," International Organizaton, Vol. XXII, Summer 1968, p.625.

23) 국제공공재(International Public Goods) 혹은 집단재화(collective goods)라고 표현되기도 하는 바, 누가 그 재화를 소비하더라도 그 가치가 전혀 삭감되지 않는 재화를 의미한다. 패권국가의 정치경제레짐 속에서 특히 안정된 국제통화체계는 누구든지 그 통화를 사용하여 상거래를 원활하게 이용할 수 있다.; Kindleberger, "International Public Goods without International Government," American Economic Review, Vol.76, March 1986, pp.1-13.

공공재는 처음에는 패권국의 이익을 도모하기 위해 필요한 것으로 시작되었지만 곧 전세계 국가들의 이익을 증진시켜주며 공공재에 무임승차했던 약소국들의 이익에도 크게 기여한다고 주장된다. 또한 약소국을 포함한 전세계 국가들에 의하여 이와 같은 체제가 지지를 받을 때 국제공공재의 효용이 극대화 된다.

이러한 공공재화에 대한 공동의 가치인식은 미국과 같은 패권국가가 그 패권의 정당성에 대하여 구성국 모두가 인정하고 수용하는 것을 의미한다.[24] 따라서 미국 주도하의 국제정치경제레짐하에서 한국이 미국과의 안보동맹 체제를 수립하고 국방정책을 유지하는 것은 국제공공재로부터의 나오는 효용을 사용하고 있는 것이라고 할 수 있다.

한반도에서 남북한 관계라고 하는 것은 단순한 남북한간의 대치라고 해석하기보다는 미국이라고 하는 패권국가가 주도적으로 형성하여 확산, 유지해 가고 있는 자유시장 경제체제라고 하는 국제정치경제 레짐의 확대과정이라고 볼 수 있다. 그리고 그에 대항하는 중국과 북한과의 관계에서 한국은 그 첨단에서 중국과 북한을 접촉하고 있는 것이라고 볼 수 있다.

그러나 북한으로서는 이러한 새로운 세계질서로의 통합은 북한의 현재 지도층이 가지고 있는 모든 특권과 정치적 지배력을 상실하고 생명의 위협을 받게 되는 근원적 변화를 초래하기 때문에 새로운 질서로의 편입을 거부하는 경향을 나타낸다. 새로운 질서로의 편입 이후에도 북한은 규모와 세력이 열세에 있는 국가들 중의 하나이기 때문에 우월한 국가군에 대하여 "파급효과"와 "역류효과"를 동시에 경험하게 될 것이다. 그 결과 빈익빈 부익부의 현상이 초래되며 열세국가로서의 북한은 미국 등 강대국에 종속될 가능성이 크게 되는 것을 우려한다.[25] 그

24) Robert O. Keohane, After Hegemony; Cooperation and Discord in the World Political Economy, Princeton, N.J., Princeton University Press, 1987, p.73.

러나 북한은 현재의 경제적 실패로 인해 이미 중국에 체계적이고 장기적으로 종속되고 있으며, 중국의 영향권에서 벗어나기 어려운 지경에 와 있다.

이와 더불어 다른 한편에의 국제정치는 국가간의 상호의존성이 점점 심화되고 있다. 공식적인 정부 관료들의 교류 뿐만이 아니라 은행이나 기업과 같은 비정부적 기구간의 교류도 활발하다. 또 현재의 국제관계에서 군사문제는 중요하지만 항상 의제가 되는 것은 아니다. 오히려 다양한 의제를 중심으로 여러 정부가 복합적으로 연합을 형성하게 만들기도 한다, 한국은 중국과 경제적으로 가장 긴밀한 관계를 유지하고 있지만, 군사적으로는 잠재적 적대국관계 상태에 있다. 중국이 북한과 동맹관계를 맺고 있기 때문이다. 미국 역시 중국을 잠재적 적대국으로 보지만, 경제적으로는 미국과 중국이 상호 복합적으로 연계되어있다. 특히 미국과 경쟁적, 잠재적 적대적 관계에 있는 중국은 그 국의 쇠퇴를 바라지만 미국의 국채를 다량 보유하고 있는 중국은 미국의 퇴락과 더불어 미국 달러가치의 하락은 중국에게도 직접적이고 거대한 규모의 손실로 나타난다. 따라서 이렇게 복합적인 국제관계로 인해 상호의존성이 커지고 있다. 국가간의 복합적인 상호의존관계 때문에 군사적인 동맹관계만 가지고서는 현실적인 다양한 문제를 해결할 수 없다.

현실주의모델[26]의 유효성은 여전히 존재하지만 자유주의와의 결합에 의한 복합적 상호의존모델의 유용성이 인식되어야 한다.[27] 급격하

---

25) Gunnar Myrdal, Twenty Years of U.N. Economic Commision for Europe," International Organizaton, Vol. XXII, Summer 1968, p.625.

26) Robert O. Keohane, "Realism, Neorealism and the Study of World Politics, in Robert O. Keohane ed., Neorealism and its Crises, New York, Columbia University Press, 1986, p.7; 현실주의는 권력을 추구하는 국가가 행동의 기본단위로서 안보문제를 가장 중요한 이슈로 삼는다. 또한 외교정책에 있어서 가장 중요한 수단은 무력이며 국가간의 세력균형이 전쟁을 방지하고 평화를 유지한다.

게 변화하는 국제정치의 영역에서 주목해야 할 것은 국가보다 더 많은 행위자들이 국제적 활동을 활발히 한다. 다국적기업, 국제기구, 지역의 통합기구 등이 그들이다. 국가가 국제정치의 유일한 행위자가 아니다. 특히 다국적 기업의 경우, 안보문제는 더 이상 큰 관심사가 아니다. 다국적 기업들은 기업에 가장 많은 이익을 제공해 줄 수 있는 어떠한 영역에서도 독자적으로 기업의 이윤동기와 논리에 의해 이익추구를 위해 활동한다. 다국적 기업이 특정 국가의 경제에 미치는 영향은 하나의 국가가 미치는 영향보다 월등할 수 있다. 실질적으로 특정 다국적 기업들은 하나의 국가가 가지고 있는 외교와 재정능력의 이상을 보유하고 국제사회에 영향을 미치기도 한다.[28]

또한 국가간의 협력체로 구성된 조직체는 다국적 기업처럼 이윤을 추구하는 조직도 아니면서 초국가적 행위자(transnational actor)로 활동하기도 한다. 또 국가간의 협력체이면서도 다국적 기업과 마찬가지로 타국에 투자하는 등 이윤을 추구하는 협력체도 나타나고 있다 이들을 규제하는 국제법규나 국제규범은 아직까지는 존재하지 않는다. 다만 기업의 이윤동기와 국제상거래 관례에 의한 내면적 규제만이 존재할 뿐이다.

특히 남북한에는 현실주의적 관점이 우세하며 상호 적대적이고 불신의 정도가 심각하다. 이러한 남북관계에서 상호간에 관계 유형을 다양화하고 교류를 확대하기 위해서는 이들 다국적 기업을 비롯한 초국가적 행위자들의 다양한 활동이 도움이 된다. 이들은 모국이라고 할

---

27) Robert O. Keohane and Joseph S. Nye, Jr., "International Independence and Integration," in Fred I. Greenstein and Nelson W. Polsby eds., Handbook of Political Science Vol.8: International Politics, Reading, Mass, Addison-Wesley Publishing Co., 1975, pp.363-414.

28) Joseph S. Nye, Jr., "Multinational Corporations in World Politics," Foreign Affairs, Vol.53, October, 1974, pp.155-165.

수 있는 국가가 뚜렷하게 존재하는 것도 아니며 또 모국과 관련이 있다고 하더라도 모국의 정치노선에서 벗어나 독자적 이윤동기에 의한 기업활동을 영위하기 때문에 "상대적 이득(Relative Gains)"의 두려움과 공포로부터 해방시켜 주기 때문이다.

따라서 21세기에 대비하는 차원에서의 남북한과의 관계에 있어서는 복합적 상호의존성에 대한 인식에 기반을 두어야 한다. 남북한 관계에 있어서 다국적 기업과 국가협력체의 활동이 보다 절실하게 필요한 시점이라고 할 수 있다. 북한이 시장경제질서 속으로 편입되는 과정에 있어서 우려하고 있는 것은 패권국가의 "제국주의적 가치관과 정치체제의 강요"라고 하는 것이기 때문이다. 초국가적 행위자들이야 말로 어떠한 정치적 의도도 가지고 있지 않은 채 순전히 기업이익을 추구하며 북한에 이익을 제공해 줄 수 있기 때문에 남북한 관계 개선과정에서 북한이 가장 바라는 유형이 될 수 있다. 한국 역시 남북한이 대치하고 있는 상황에서는 현실주의자들의 견해가 가장 설득력을 가지고 있다. 상대적 이득(Relative Gains)의 개념에 따르면, 대치하고 있는 국가와의 교류는 자국의 안보에 결정적 영향을 미치며 항상 안보위협을 증가시키기 때문이다.[29] 초국가적 기업을 활용한 남북관계 개선은 한국의 대북정책 형성과 안보불안 종식에도 도움이 될 것이다.

현재 교착되어 있는 남북한의 관계에 있어서 남북한 관계를 개선하고 안보상의 문제를 극복하는 데에는 국가간 안보문제와 직결되어 있지 않은 초국가적 행위자들의 역할이 보다 큰 기능을 발휘할 수 있다. 따라서 미국 중심의 국제정치경제레짐의 명확한 이해와 편승 그리고 국익을 증진시키기 위한 면밀한 응용정책이 필요하다.

---

[29] Joseph M. Grieco, "Anarchy and the Limits of Cooperation: A Realist Critique of the Newest Liberal Institutionalism," International Organization, Vol.42, No.3, Summer 1988, pp.485-490.

3. 국가의 사활적 이익의 명시

이상과 같이 언급한 차원에서 국가의 이익을 위한 국방정책 형성과 국가목표 설정이 이루어져야 한다. 우선적으로는 국가의 사활적 이익이 무엇이며 어떠한 경우에라도 우선적으로 수호해야 할 국가의 최고의 가치가 구체적으로 명시되어야 한다. 미국의 경우에 있어서 국가의 가장 중요한 목표는 미국의 영토내와 밖에서 미국인의 생명과 안전을 보호하는 것이다. 또한 미국의 정치적 자유와 국가의 독립을 수호하며 미국이 가지고 있는 가치와 제도, 영토를 보전하는 것이다. 나아가 국가와 국민들의 복지와 번영을 확보 제공해 주는 것이라고 할 수 있다.[30] 이것이 미국의 사활적 이익이다. 이와 더불어 미국의 이익은 국제체제와 깊은 관련이 있는데, 그 중에서도 가장 중요한 이익은 안보와 번영이며, 세계적이고 보편적인 가치들에 대한 존중이며, 상호협력을 증진시키는 국제질서라고 천명하고 있다. 그리고 구속으로부터의 자유와 적극적인 자유, 그리고 열린 시장과 열린 생각을 적극적으로 지원하고 있다.[31]

이러한 국가의 사활적 이익을 보호하기 위해서는 미국은 월등한 국력과 강력한 군사력을 보유해야 한다고 강조한다. 군은 잘 조직되고 훈련되어 있어야 하며 우수한 장비로 무장함으로서 어떤 유형과 수준의 분쟁에서도 적을 제압할 수 있어야 한다. 미국이 보유하고 있는 군사력의 제일목표는 갈등과 분쟁을 억제하는 것이지만 실패했을 경우에는 국가적 전쟁을 반드시 승리로 이끌어야 한다. 특히 2020년까지는 미군은 더 신속하고 더 위력적이며 더 정확해야 하기 때문에 새로운

[30] Joint Vision 2010, Chairman of the Joint Chiefs of Staff, John M. Shalikashvili, Washington, D.C., p.3.

[31] Quadrennial Defense Review Report, February 2010, Department of Defense, p.9.

군사 무기체계를 발달시키는 계획을 수립한다고 명시하고 있다.[32)]

2011년 8월 11일 미국방부 방위고등연구계획국(DARPA)에서 실험비행한 극초음속 무인항공기 팰콘 HTV-2는 2003년 전세계의 어느 지역이든지 1시간 이내에 타격할 수 있는 무기 시스템 개발을 위해 추진되었다. 특히 이란, 북한 등과 같이 대량살상무기로 세계의 안전을 위협할 경우, 마하 17(시속 2만 808km)의 속도로 전세계 어느 지역이든지 1시간 이내에 정확하게 타격할 수 있는 무인항공 공격시스템이다.[33)]

미국은 미래 군사력의 중요한 축을 미국의 해외 주둔과 군사협력에 두고 있다. 해외주둔군과 주둔국인 외국과의 긴밀한 군사협력은 미국의 군사적 능력을 증가시킨다. 또한 다국적군과 작전 및 연합능력을 제고시킴으로써 어떠한 도발에 대하여도 이를 억제하거나 격퇴할 수 있다.

미래의 목표를 제시하는데 있어서 가장 중요한 것은 계속성 혹은 연계성이라고 할 수 있다. 미래의 목표와 전략은 현재의 전략과 현재의 작전환경과의 강한 일련의 연계성을 가지고 있다. 이러한 전략목표들은 국가 목표와 국가이익을 강력하게 연계시켜 주는 것이어야 한다. 따라서 국가의 목표가 구체적으로 명시되어야 하며 국가이익이 무엇인지 명확하게 제시되어야 한다. 각군은 이를 토대로 보다 구체적이고 실현가능한 목표를 설정할 수 있기 때문이다.

한국의 경우에 있어도 국가의 목표는 한국의 영토내와 밖에서 한국인의 생명과 재산을 보호하는 것이다. 또한 한국과 한국인의 정치적

---

32) Joint Vision 2020: America's Military-Preparing for Tomorrow, National Defense University, Institute for National Strategic Studies, Summer, 2000, p. 58.

33) 한국일보, 2011년 8월 12일, 미공군 첨단무기 "체면안서네"-극초음속기 시험비행 또 실패, http://photo.media.daum.net/list/view.html?cateid=100000&newsid=20110812210340027&p=hankooki&RIGHT_COMM=R9 (검색일 2011년 8월 12일)

자유와 국가의 독립을 수호하며 한국이 가지고 있는 가치와 제도, 영토를 보전하는 것이다. 나아가 국가와 국민들의 복지와 번영을 확보 제공해 주는 것이라고 할 수 있다.

이로써 국가는 한국민의 생명과 재산의 보호를 위해서는 어떠한 희생도 감수하며 어떤 상황에서도 국민의 생명과 재산을 지켜준다고 하는 확신을 한국인 모두에게 주어야 한다. 이러한 행동과 확신은 한국인은 물론 전세계의 모든 국가와 국민들에게 확고하게 인식시킴으로써 한국인의 생명과 재산의 보호에 대한 경외심과 울타리가 만들어진다. 어떤 집단이나 국가도 한국인의 생명을 위협하게 될 때에는 그에 상응하는 대가를 치르지 않으면 안되기 때문에 결국 한국민의 생명과 재산에 대한 위협을 기피하게 된다.

한국의 국방력은 바로 이러한 확신과 상호신뢰에서 더욱 굳건해질 수 있다. 국가는 어떠한 상황에서도 국민 개개인의 생명과 재산을 지키며, 국민은 이러한 국가를 위해 많은 것을 희생해서라도 국가에 충성하며 국가의 번영에 기여한다. 국방과 안보의 근원은 국민의 국가에 대한 이러한 확신과 의지에서 나온다고 할 수 있다.

미국은 국가의 목표를 미국의 헌법 전문에서 정의(Justice)와 평화(Tranquility)와 국방(Defense)과 복지(Welfare)와 자유(Liberty)를 하나의 결사체로서 함께 성취하는 것이라고 명시하고 있다.[34] 또한 미국방부는 국가의 안보를 확보하기 위해서는 올바른 시간과 올바른 장소에 충분한 능력을 가진 미국의 군사력을 투사함으로써 미국민의 안전을 확보하고 국가의 자원을 보호하는 것이라고 명시하고 있다. 미국방부의 사명은 이렇게 함으로써 전쟁을 억지하고 국가의 안전을 보호하는 것이다.[35]

---

34) Constitution of the United States. Preamble http://www.senate.gov/civics/constitution_item/constitution.htm (검색일 2011년 7월 25일)

미국은 이와 더불어 이러한 미국의 사활적 이익을 수호하기 위하여 필요한 국방정책을 수립하며 국방정책의 수행을 위해 적절한 군사력을 확보하고 있다. 미국방정책의 목표는 미국의 영토와 국경, 영공을 지키는 것을 우선과제로 삼고 있다. 대량살상무기를 탑재한 장거리 미사일은 이러한 미국의 안전을 위협하는 중요한 위협요인이다. 이에 미정부는 전역미사일 방어체제 구축과 미사일 확산금지 체제를 유지하고자 노력하고 있다.

미국외교정책의 중요한 목표중의 하나는 핵확산금지정책이다. 예상적국이 핵무기를 확보하지 못하도록 미정부는 적극적으로 노력하지만 이 정책이 실패한다면 예상적국이 핵무기를 확보하지 못하도록 하기 위하여, 필요하다면 일방적으로라도, 군사력을 사용해서라도 이를 저지한다. 이것이 영토를 수호하기 위하여 전통적인 의미에서의 필요한 군사력의 유지라고 하는 것이다.[36]

미국은 이러한 미국의 국익을 수호하기 위한 국제정책을 추진한다. 해외의 동맹국들과 긴밀한 협조관계를 유지함으로써 공해상에서의 수송을 보장하고 자유시장민주주의의 공동체를 확대하는 것이 미국의 대외정책의 중요한 근간이다.[37]

또한 미국의 국익은 주요 적국의 위협으로부터 유럽을 방어하는 것이며 동아시아나 페르시아만에 대하여는 양자 택일적으로, 혹은 가능하다면 양쪽을 모두 방어하는 것이다. 여기에는 러시아가 주변국에 대

---

[35] U.S. Department of Defense, http://www.defense.gov/about/ (검색일 2011년 7월 25일)

[36] Edwin J. Feulner, "What are America's Vital Interests?", The Heritage Foundation Lectures and Educational Programs, Heritage Lecture #557, Delivered Febury 6, 1996.
http://www.heritage.org/library/categories/forpol/lect557.html.

[37] Joint Vision 2010, Chairman of the Joint Chiefs of Staff, John M. Shalikashvili, Washington, D.C., p.4.

하여 확장주의적 정책을 추진하는 것이 위협요인이 되고 있으며 이라크나 이란의 확장정책과 북한핵무장에 의한 위협이 주된 표적이다.

미국의 중요한 국익 가운데 하나는 미국의 번영이다. 이를 위해서는 국제적 자유무역이 보장되어야 한다고 판단한다. 또 외국의 어떤 자원에든지 자유롭게 접근이 가능하도록 보장되어야 한다는 것이다.[38]

한국의 경우에도 지속적이며 항구적인 국가목표가 구체적으로 제시되어야 한다. '세계에 기여하는 민주국가'나 통일국가, 복지국가, 과학국가, 문화국가 등 국가와 국민간의 관계 뿐만 아니라 각군이 추구해야 할 방향제시에 있어서 향도적 역할을 충분히 수행할 수 있도록 더 많은 구체성이 확보되어야 할 것이다.

4. 국방목표의 연계성

각군이 국방목표를 설정하고자 할 때, 상위의 국가목표와 일관성을 가져야 하며 국가목표를 추진하기 위한 구체적인 것이어야 한다. 대통령자문 21세기 위원회[39]에서 21세기의 국가발전목표를 '통일된 한민족, 민주공동체의 구현'이라고 설정한 바 있다. 그리고 이에 대한 지침으로서 '세계에 기여하는 민주국가', '국토가 균형 발전된 통일국가', '절제 속에 풍요로운 복지국가', '창의와 합리를 존중하는 과학국가', '세계와 함께 하는 문화국가'를 제시하였다.

아울러 21세기 위원회는 2020년의 국가비전을 '동북아의 중심국가로서 세계 10위권의 국력수준과 삶의 질을 달성하며, 새로운 세계 역

---

38) Edwin J. Feulner, "What are America's Vital Interests?", The Heritage Foundation Lectures and Educational Programs, Heritage Lecture #557, Delivered Febury 6, 1996,
http://www.heritage.org/library/categories/forpol/lect557.html.

39) 대통령자문 21세기 위원회, 21세기의 한국: 2020년을 바라 본 장기정책과 전략, 서울, 도서출판, 1994.

사창조에 능동적으로 참여한다'고 제시하고 있다.

그러나 21세기의 초반 25년간의 한반도의 국제정세에 대한 예측이 혼동되고 있어서 국가목표와 국방목표 설정에 혼란이 일고 있다. 21세기 위원회가 상기한 바와 같이 21세기의 국가발전목표를 '통일된 한민족, 민주공동체의 구현'이라고 설정한 것은 그 때까지의 상당기간동안 아직 통일이 이루어지지 않은 상태를 가정한 것이다. 따라서 21세기의 기간동안에 통일을 이루는 것을 국가목표로 설정한 것이라고 할 수 있다. 그러나 동 21세기 위원회는 한반도의 통일이 대체로 2020년까지는 한반도의 통일이 이루어지는 것을 가정하고 있다. 통일한국은 한반도 거주자 약 8천만 명과 해외동포 5백만 명이 합심하여 거대한 산업국가로서 국제무대에 등장하게 될 것이며 경제적인 측면에서는 현재의 G-7과 중국을 포함하는 경제대국이 될 것[40]이라고 예상하고 있다.

또 통일의 과정에서 국가와 국민과의 관계, 국가이익의 명시와 국가의 역할 등 이 명시되지 않고 있다. 이것은 국민들이 국가의 목표추구에 적극적으로 협력할 수 있는 길을 제시하지 않고 있는 것과 같다. 일반국민 뿐만 아니라 정부의 구성원까지도 국가목표가 명확하게 제시된다면 최상위의 국가목표에 맞게 많은 하위의 국가정책들을 수행할 것이다. 그러나 지나치게 추상적으로 제시된 국가목표는 하위목표 설정과의 유기적 연관성이 결여되는 수가 많다.

또 국가는 국가의 사활적 이익이 무엇인지를 명확하게 국민과 정부에게 제시해야 한다. 국가의 목표는 이러한 국가의 사활적 이익을 보호하고 추구하기 위한 것이기 때문이다. 국제관계에 있어서도 어느 국가의 사활적 이익이 무엇인지 명확하게 인지한다면 이러한 중대한 이익을 침해하는 것은 곧 중대한 외교관계의 악화 나아가 전쟁의 위험까

---

40) 대통령자문 21세기 위원회,21세기의 한국과 한국인, 서울, 나남출판사, 1994, pp.258-261.

지도 부담해야 하기 때문에 타국의 외교노선까지도 실질적이고 암묵적으로 가이드 하는 효과가 있다.

또 국가이익을 설정하는데 있어서도 지나치게 명분만 강조해서는 안된다. 보다 구체적이고 실질적으로 국가의 이익이 무엇인지를 명확하게 밝혀주어서 국민들이 실제적으로 가장 중요한 이익이라고 함께 인지하는 공감대가 형성되어야 한다.

한국공군은 21세기 위원회가 제시한 2020년의 국가비전에서 '동북아의 중심국으로서의 위상'과 '세계10위권의 국력수준', 그리고 '세계역사창조에 능동적인 참여'를 국가목표로 간주하고 있다. 이러한 국가목표를 추진하기 위해서는 공군은 이를 뒷받침할 수 있는 군사력을 가진 공군, 세계역사에 능동적인 참여를 하기 위해서는 전세계적 분쟁에 군사력으로서도 참여할 수 있는 국제적 군사력을 육성하는 것을 공군목표로 설정하고 있다.

즉 한국공군은 공군의 비전으로서 한국공군 2030[41]을 통하여 '항공우주군으로의 도약'을 제시하였으며 행동지침으로 '범세계적 시야, 선별적 관여'를 제시하고 있다. 공군 역시 정부가 미래에 있어서 국가의 사활적 이익이 무엇인지 명확하게 제시하지는 않았지만 '범세계적 선별적 관여정책(Global Selective Engagement Policy)'을 통하여 국익을 최대한 증대시키고자 하는 암묵적 국가목표를 가정한 것이라고 할 수 있다.

이러한 과제의 도출은 한국공군이 미래전에서는 전장이 한반도에만 국한되는 것이 아니라고 판단한 비전에 있다. 한국공군은 한반도 이외의 전장에서도 전쟁승리의 능력을 갖추고자 하고 있다.

공군의 이러한 비전은 21세기 위원회가 설정한 국가 목표 자체가 구체성이 떨어지고 미흡한 가운데에서도 이와의 연계를 고려하여 책정한 것이라고 할 수 있다. 그러나 여전히 한국의 국가전략적 현실에서

[41] 대한공군 2030, 공군본부, 1998.

한국공군이 범세계적 시야와 선별적 방어능력이 비전으로 제시될 수 있는가와의 논리적 연결성이 부족하다고 할 수 있다. 이러한 가운데에서도 전세계적인 발전추세와 맞추어 다섯개 분야의 발전과제 선정은 적절한 방향선정을 한 것이라고 할 수 있다.

한국 해군은 해군비전2020[42]에서 2020년대에는 통일한국이 이루어질 것을 가정하여 비전을 제시하고 있다. 해군 역시 정부에서 미래의 국가목표를 제시하지 않았기 때문에 국가목표와의 연관성 없이 독자적으로라도 해군의 임무에 충실을 기하면서 해군의 비전과 목표를 제시하고자 노력하였다.

해군은 비전은 첫째, 통일 후 최일선 방어군으로서의 역할, 둘째, 영토의 태평양 방어선 확대개념 셋째, 국방을 위한 전략군으로서의 기능 수행, 넷째, 해상 교통로 확보와 해양자원의 확보를 통한 국익의 보호를 제시하고 있다.

통일한국에의 위협요인은 영토내에 있다고 하기보다는 해양에서 올 것이라고 예상하고 있다. 삼면이 바다로 둘러쌓인 한국안보의 최일선은 해양에 있다고 주장한다. 또 해양으로 방어선을 확대해야 하는 이유로서 미래의 군사력이 보유하는 가공할 파괴력 때문이다. 미국이 방어선을 태평양으로 확대한 것은 미국 영토내에서의 분쟁의 발발은 결국 미국인의 생명과 자산에 엄청난 희생이 치러져야 하기 때문이다. 이에 한국 해군 역시 한반도내에서의 전쟁이나 무력충돌을 엄격하게 차단하고 해양을 국제적 갈등의 완충지대로 활용하기 위해서 한국의 방어선을 해양으로 확대하는 국방목표를 설정하고 있다.

이것은 국민의 생명과 재산을 국가의 사활적 이익에 있어서 제일 중요한 항목으로 간주하는 것이라고 할 수 있다. 한국은 통일을 전후하여 모든 국가정책의 패러다임이 근원적으로 변화될 것이다.

---

42) 해군비전2020, 해군본부, 1999.

그러나 남북한 통일까지의 한국의 안보는 그 이후의 비전제시보다 훨씬 더 중요하다. 안보능력을 증대시키기 위한 비전제시가 가장 중요한 통일 이전의 해군비전에서 제외되었다고 하는 것은 비전제시의 중요한 목표를 상실한 것이라고 할 수 있다. 비전은 현재의 국가전략과 밀접한 연계성을 가지고 있어야 한다. 오히려 남북이 대치되면서 동북아시아에서의 강대국들의 급부상을 전제로 하는 국제정치적 상황을 가정하여 해군의 비전을 제시하는 것이 바람직하다.

2004년 노무현 정부가 표방한 안보정책은 첫째, 한반도의 평화와 안전이며 둘째, 남북한과 동북아의 공동번영, 그리고 셋째, 국민생활의 안전확보였다. 특히 평화번영정책의 실천적 방안은 남북기본합의서와 6.15공동선언 등 남북간 합의사항을 이행 발전시키는 것이었다. 남북한간 합의사항을 이행하지 않은 것은 북한이었는데도 노무현 정부는 한국정부가 이행하지 않는 것으로 간주하고 대북지원을 강화하였다. 핵문제 해결이 선행되어야 한다고 주장하면서 북한의 지속적인 핵개발에 대하여는 아무런 주장도 하지 못하였으며 해결하지도 못했다. 또한 균형적 실용외교를 추진한다는 명분으로 "미국과 다른 것은 다르다고 말해야 한다"는 노무현의 주장대로 미국과의 동맹에서 벗어나 균형자 역할을 강조하였다. 남북한의 공동번영이 안보를 확보할 것이라는 노무현의 믿음에 따라 대북한 재정지원이 대폭 확대되었다. 이러한 대북지원은 결국 북한의 핵개발을 물질적으로 도와주는 자금이 되어 북한은 2006년에 제 1차 핵실험을 하였으며, 2009년에 제 2차 핵실험을 마치게 되었다.

이명박 정부가 표방하는 2010년 국방목표는 외부의 군사적 위협과 침략으로부터 국가를 보위하고, 평화통일을 뒷받침하며, 지역의 안정과 세계평화에 기여하는 것이다.

현존하는 급박하고도 위협적인 외부의 군사적 위협은 북한이다. 북한은 대규모 재래식 군사력, 화학무기, 생물학무기 및 핵 · 미사일 등 대량살상무기를 증강하여 한국의 안보를 위협하고 있으며 천안함 공격 · 연평도 포격과 같은 지속적인 무력도발 등을 통해 우리 상존 그 자체를 심각하게 위협하고 있다. 이러한 위협을 가하는 북한 정권과 북한군은 우리의 적이다. 이러한 북한의 군사적 위협과 공격에 철저하게 대비하여 국가를 보위하는 것이 한국의 국방목표의 최우선 과제다.

2009년에 수정된 '국방개혁 2020'은 미국과의 새로운 연합방위체제하에서 한국군 주도의 작전수행제제를 구축하고, 전투 즉응성을 향상시켜 전력구조를 정예화하며, 네트워크 중심전 수행 및 비대칭 위협에 대처 가능한 전력구조를 구축한다. 또한 육해공군의 합동성을 강화하여 전투능력 및 효율성을 향상시키며 예비전력을 상비군수준으로 정예화하고 실질적인 동원체계를 확립한다. 그리고 민간자원의 활용을 확대하여 국방경영의 경제성과 효율성을 제고하는 목표를 가지고 있다.[43]

그리하여 북한정권의 군사적 위협과 침략전쟁 의지를 초기부터 분쇄하고 오히려 어떠한 도발에 대하여도 오히려 북한을 군사적으로 물리적으로 완벽하게 제압할 수 있는 군사력 증강이 한반도에서 전쟁을 억제하고 군사적 긴장을 완화시키고 평화 정착을 이룩하여 평화적 통일에 이바지한다. 또한 한국의 이러한 압도적인 군사력과 국방력이 주변국들과의 군사적 우호협력 관계를 더욱 증진시키고, 국제평화유지활동에 적극 참여함으로써 동북아 지역의 안정과 세계평화에 기여한다.[44]

---

43) 국방개혁 기본계획 2009-2020, 국방부, p.8, http://photo.media.daum.net/list/view.html?cateid=100000&newsid=20110812210340027&p=hankooki&RIGHT_COMM=R9, 검색일 2011년 8월 12일.

44) 국방부, 2010국방백서, p.34.

Ⅲ. 군사혁신의 이론들

1. 경제결정론

경제결정론적 입장(The Economic Determinist School)은 혁신적인 군사력 개선이 경제적 생산양식의 근원적인 변화로부터 초래된다고 주장한다. 예를 들어 산업혁명과 같은 생산양식의 변화는 1800년대 중반부터 전쟁양식을 근원적으로 변화시켰다. 말과 같은 동물의 힘에 의존했던 전투양식이 기관총이나 기계 등에 의해서 대체되었다. 또한 대량생산체제가 전쟁에 활용되었으며 각국이 산업화되는 정도에 따라 국가간의 세력균형이 새롭게 이루어졌다.

역사적으로 경제적 변화는 꾸준히 그러나 서서히 발생한다. 산업혁명이나 농업혁명은 아주 드문 경우에 속한다고 할 수 있다. 그러나 인류의 지식축적의 속도는 기하급수적으로 증가하고 있어서 제2, 제3의 산업혁명이나 기술혁명은 지금도 진행 중이어서 군사력의 발전은 혁신적으로 이루어지고 있다.

미국에서의 군사혁신은 사회에서 진행되고 있는 정보혁명이 추진력 역할을 수행하였다. 정보혁명은 과거의 대량생산체제를 대신하는 새로운 산업혁명으로서의 위치를 차지하고 있다. 정보혁명은 경제성장의 새로운 원동력이 되고 있다. 정보의 수집과 활용, 소통에 보다 작은 유연한 경쟁력을 가진 회사들이 대규모적이고, 위계적으로 조직되어 관료화된 회사들보다 더욱 높은 생존율을 보여주고 있다. 또 마케팅과 광고, 제조 등의 산업들이 모두 '대량과 대규모'체제에서 벗어나 소규모적인 것으로 전환되고 있다. 이러한 모든 영역에서의 변화는 군사부문에서도 혁신을 가져올 것으로 보인다.[45]

---

[45] Paul Braken, "The Military After Next," The Washington Quarterly, autumn

2. 우연적 혁신론

우연적 혁신론(The Contingent Innovaton School)은 군사부문에 있어서의 이러한 혁명적 변화가 광범위한 경제적 힘에 의해서 발생하는 것이 아니라 몇 명의 특별한 혁신가들이 군사혁신적 교리를 창출함으로서 만들어지는 것이라고 주장한다. 즉 이들이 새로운 기술영역에서 시도하는 새로운 가능성들, 또는 새로운 조직들, 그리고 그러한 혁신적인 것들을 이용해서 군사적 교리를 만듦으로써 발생하는 것이라고 주장한다.

우연적 혁신론의 전형적인 예는 제2차 세계대전 초기의 독일군에 의해서 사용되었던 '전격전'이라고 할 수 있다. 당시에 서유럽의 열강들은 모두 비슷한 정도의 산업화 단계에 있었다. 이들 국가들은 모두 탱크와 비행기, 그리고 무선통신체계를 가지고 있었다. 영국이나 프랑스는 이들 장비들을 사용할 때, 기존의 군사적 교리와 조직이론과 사고방식에서 벗어나지 않았다. 즉 참호진지 중심의 전략개념에 탱크와 비행기, 무선통신체계들을 수량적 개념으로만 덧붙여 사용하는 것 뿐이었다. 그런데 오직 독일은 이들 장비들의 잠재력을 깨닫고 이들을 동시에 사용함으로써 얻게 되는 승수적인 총합효과를 인식하였다. 따라서 독일의 전략적 개념의 변화는 근원적이고 혁신적인 변화를 초래하였다. 기존의 전략개념을 완전히 바꾸어서 집중적인 화력지원과 신속한 전략운영개념을 설정하였다. 그 결과 독일보다 덜 혁신적 개념을 가지고 있었던 영국과 프랑스군은 1940년 전쟁이 발발한지 두달만에 여지 없이 궤멸되었다. 그리고 독일은 이러한 개념의 전환과 혁신적

1993, vol.16, No.4, p.162; Alvin and Heidi Toffler, war and Anti-War Survival at the Dawn of the 21st Century, Boston, Little, Brown and Co., 1993, pp.18-25; Gen. Gordon R. Sullivan and Lt. Col. Anthony M. Coroalles, the Army in the Information Age, Carlisle Barracks, PA, U.S. Aarmy War Collage Strategic Studies Institute, March 1995, pp.1-3.

사고로 유럽 대륙에서 새로운 승자로 남을 수 있었다.[46)]

독일을 유럽대륙에서의 승자로 만든 것은 기술에 바탕을 둔 전략개념의 패러다임의 전환이라고 할 수 있다. 즉 전쟁에 관한 기존의 전략적 사고방식에서 벗어나 '패러다임의 전환'적 발상에 토대를 두고 전략개념을 근원적으로 새롭게 창출한 것이었다. 독일군의 '전격전(blitzkrieg)'이라고 하는 전략의 도입은 당시의 '진지와 참호 전투'의 개념에 의한 프랑스의 막강했던 마지노라인(Maginot line)을 단숨에 뛰어넘을 수 있었다. 당시의 유럽에서의 군사과학기술은 영국과 프랑스, 독일 모두 비슷한 수준이었다. 그리고 재래식 군사력에 있어서는 오히려 영국과 프랑스가 독일보다 더욱 우세한 수준의 화력을 보유하고 있었다. 기존의 전략에서는 프랑스의 마지노 라인을 비롯한 여러 개의 참호진지들 만큼 막강한 방어진지를 구축하는 것도 어렵거니와 공략하기도 어려웠다.

우연적 혁신론에서 중요한 이슈는 혁신이 발생하게 되는 규모와 속도라고 할 수 있다. 특별히 그 변화의 범주와 속도라고 하는 측면에서 볼 때, 일반적 변화를 넘어서서 혁신적인 변화라고 간주되는 변화만이 실제 결과적으로 '혁신적 변화'를 창조해낸다. 모든 국가와 조직들은 시간이 경과함에 따라 변화한다. 그런데 변화한다는 것, 그것 자체만으로는 충분하지 않다. 기존의 전통적인 개념들을 조금씩 수정해 간다고 하는 차원에서는 이러한 혁신적인 변화를 받아들이지도 못할 뿐만 아니라 적응하지도 못한다. 결국 점진적 수정을 고수한 군사력은 혁신적 변화를 성공적으로 완수한 군사력에게 돌이킬 수 없는 심각한 타격을 받게 된다.

---

46) Andrew F. krepinevich, "Calvary to Computer: The Pattern of Military Revolutions," The National Interest, Fall 1994, pp.36-38; CDR James R. Fitzsimonds and CDR Jan M. Van Tol, "Revolutions in Military Affairs," Joint Force Quarterly, Spring 1994, pp.24-27.

따라서 21세기의 전쟁에 대비하기 위해서는 현재의 지상과 해상, 공중에서의 전통적이고 재래적인 전쟁개념에서 벗어나 현대의 과학기술이 만들어 낸 혁신적인 병기들의 무한한 잠재력을 충분히 발휘할 수 있는 새로운 패러다임의 정립이 필요하다. 재래식 전쟁개념과 교리에 대한 단순한 수정이나 개선은 이러한 변화에서 뒤떨어질 뿐만 아니라 현대과학문명이 만들어내는 기술들에 희생이 될 것이다.

우연적 혁신론은 재래식 전쟁개념을 고집하는 보수주의의 위험성을 재차 강조한다. 이들 학파는 기존 조직의 극단적인 구조조정을 요구한다. 조직의 극단적인 감량조정이 아니었더라면 이러한 변화들을 받아들이지 못했을 정도의 감량적 구조조정이 필수적이라고 주장한다. 기존의 조직이나 이론에 단순히 새로운 기술들을 덧붙이거나 접목하거나 하는 것은 절대적으로 가장 회피해야 하는 것이라고 강조한다.[47]

위리암 코헨 미국방장관은 군이 필요로 하고 있는 변화는 점진적인 것이 아니라 급진적인 변화를 필요로 한다고 주장한다. 미 국방부의 모든 위상과 태도, 조직 등 전반에 걸쳐 근원적인 재조직화 작업이 필요하다. 또 모든 낡은 형식과 조직은 모두 벗어버리고 새로운 형식과 조직으로 교체되어야 하며, 현재의 군사력 구조를 철저하게 탈피해야 한다. 또 현재의 군대가 철저하면서도 과감한 그리고 극단적인 감축과 감축경영이 필수적이라고 주장한다.[48]

---

47) Michael J. Maxxar, Projector Director, The Military-Technical Revolution: A Structural Framework, Washington, D.C. Center for Strategic and International Studies, 1993, pp.33,57.; James R. Blaker, Understanding the Revolution in Military Affairs: A Guide to America's 21st Century Defense, Washington D.C., Progressive Policy Institute, 1997, pp.29-30.

48) Eliot Cohen, "A Revolution in Warfare," Foreign Affairs vol.75, No.2, march/April 1996, pp.37,38,48,52.

3. 본질상의 연속성이론

군사혁신에 관한 대안적 이론들은 전술한 바와 같은 이러한 급진적인 변화가 필요하지 않다고 주장한다. 왜냐하면 미국의 군사혁신은 이미 되었든지 혹은 미국의 정책이 이미 점진적 변화를 받아들였기 때문이라고 주장한다.[49] 그러나 이러한 주장들은 아직 정착되지 않았으며 학문적이나 이론상으로도 그다지 많이 축적되지 않았다.

본질상의 연속성이론 그럼에도 불구하고 미래의 혁명적인 변화들은 단순히 가능성만은 아니다. 대안이론은 21세기의 전쟁은 현재나 과거와의 단절로부터 나타나는 혁명적 변화가 아니라 고도의 복합성(complexity)을 관리하는 기술의 중요성이 한세기 내내 증가하는 계속성적인 성격을 가지고 있다고 주장한다. 그리하여 "본질상의 연속성(Essential Continuity)"를 주장하는 대안이론은 이러한 변화를 다섯단계로 설명한다. 첫째, 군사기술의 효율성은 주로 인간의 행태에 달려있다. 즉 적의 목표물로 노출이 되지 않도록 하기 위한 대응전략(countermeasures)의 예에서 나타나듯이 20세기 내내 주요 무기체계의 사정거리와 속도의 증가에 따라 방어전략이 변화했다. 둘째, 이러한 대응전략이 효과적인 한, 적절한 보충수단을 확보하는 데에 곤란을 겪는다. 셋째, 무기체계의 화력과 잠재력이 점점 증가하는 데에 대하여 군사조직은 이에 필요한 복합적인 조지들을 취해야 하는 바, 이에 적절하고도 다양하게 대응해 왔다. 넷째, 그 결과 이에 대응하여 적절한 조치를 취하는 군사력과 그렇지 못한 군사력 사이에는 좁히지 못할 정도의 군사력 격차가 발생하였다. 다섯째, 이러한 양상은 가까운 미래에는 시정될 수 없을 것이다. 20세기 무기체계의 과학기술이 그 대응방법에 따라

49) Stephen Biddle, "Victory Misunderstood: What the Gulf War Tells Us About the Future of Conflict," International Security, vol.21, No.2, Fall 1996.

얼마나 민감하게 반응하는가 하는 것은 거의 변하지 않는 본질적 속성들 때문이다. 이 두가지 본질적 속성은 '대응을 위한 민감성과 은닉성'이며 다른 하나는 '무기체계의 고안에서 교체의 문제'이다.[50)]

Ⅳ. 미래전과 군사력 변화

1. 미래전의 양상

걸프전에서 나타난 바와같이 미래전은 첨단과학기술력과 무기체계의 결합에 의해 전쟁 초기에 전세가 결정된다. 최신 전자장비를 갖춘 고성능의 기동장비, 고성능항공기, 전장감시장비와 탁월한 정보체계, 야간작전을 수행할 수 있는 야시장비, 정밀유도무기 등은 현대과학문명의 총집결이라고 할 수 있다. 또한 정보체계의 발달로 마치 컴퓨터게임을 하듯이 실시간 정보가 지휘통제사령부에 전달되어 입체적인 현장을 보고, 전장으로부터 직접 들으며 단위부대에게 직접 명령을 전달하는 시스템이 등장했다. 또한 육해공군의 입체적이며 총체적인 작전운용으로 2차 세계대전 당시의 독일의 '전격작전(Blitzkrieg)'적인 전쟁 패러다임의 전환을 시도하고 있다. 또한 국민적 여론적 지지와 국제사회로부터의 재정적, 군사적 지지를 확보하기 위해 다국적군은 행하고자 하는 대부분의 전략전술을 공개하였다. 이로써 국민과 국제사회로부터의 여론적 지지가 미래전쟁에서의 성패를 좌우하는 중요한 시금석이 되었다. 그런데 이러한 전략이 노출되었음에도 불구하고 이라크 군이 대응전략을 수립하지 못하였던 것은 국방과학기술의 뒷받

50) Stephen Biddle, "Assessing Theories of Future Warfare" Presented papers to the 1997 Annual Meeting of the American Political Science Association, Washington, D.C. August 29, 1997.

침이 부족하여 대응수단을 확보하지 못하였기 때문이다.

여기에 이러한 전자장비와 통신시설 등을 한번에 무력화 시키면서도 인명의 살상을 최소화할 수 있는 EMP탄(전자기파 폭탄)의 개발과 중요 기간산업과 국방부 관련 컴퓨터 운용 프로그램을 마비시키는 사이버전사의 육성 등은 새로운 전쟁 패러다임으로 나타나고 있다.

북한을 주적으로 하는 국방정책을 토대로 미래전을 예상하면 다음과 같은 두가지의 양상이 추가적으로 나타날 것으로 예상된다.

첫째, 이러한 첨단과학기술의 발달로 전장에서는 인간이 등장하지 않은 채, 무기체계들간의 무인전쟁이 이루어질 것이다. 전선이 별도로 존재하는 것이 아니라 국가 전체가 전장이 되는 상황이 전개될 것이다. 정밀타격무기체계의 발달로 적의 지휘통제조직, 화력지원부대, 핵심적 무기체계 격납고, 에너지생산시설, 정보통제시설 등 전쟁수행에 핵심적인 목표물들에 대한 타격하는 전쟁이 될 것이다.

둘째, 다른 양상은 첨단과학무기체계의 사용과 접근이 원천적으로 봉쇄되는 상황이 전개될 것이다. 우선 첨단무기체계의 사용을 불능화 시키기 위하여 다양한 방법이 사용될 것이다. EMP 폭탄을 사용하여 모든 컴퓨터 및 전자장비를 무력화시켜서 중앙에서의 전장 통제를 불가능하게 만들 것이다. 그리고 특수군단 중심의 게릴라전을 통하여 상대진영 깊숙히 민간인들 속에서 적군의 핵심시설 파괴, 요인 납치 및 제거, 민간인 살상 등의 원시적이고 야만적인 전쟁으로 후퇴하는 모습이 나타날 것으로 예상된다. 특수무기체계의 사용을 원천적으로 불가능하도록 하기 위하여 EMP 폭탄과 사이버 전을 통한 컴퓨터 무력화 전략은 가장 중요하게 사용될 것이다. 그러면 첨단 통신체계는 마비되고 과거 40~50년 전의 재래식 통신과 전쟁수행방법이 등장할 것으로 예상된다.

그러나 통일 이후에는 전세계가 첨단과학기술에 의한 전쟁의 개념을 추구할 것으로 예상된다. 미국은 걸프전 이후 미래전에 대비하여 군사혁신(Revolution in Military Affairs)을 추구해 왔다. 미합동참모본부는 '비전2010(Vision 2010)'과 '미래연합작전을 위한 개념(concept for Future Joint Operation: Expanding Joint Vision 2010)', 그리고 합동비전 2020(Joint Vision 2020)을 제시하였다. 이를 통하여 미래전에 구체적으로 대비하는 전략과 비전을 제시하였다. 한국에서도 각군이 미래전에 대한 비전을 제시하고 있으나 현실적으로 국방과학기술적 실현가능성이 미흡한 것이 문제점으로 지적된다.

북한은 북한 특수군단에 의한 한국의 후방침투, 그리고 이들 특수군단이 한국사회 전면에서 북한 정규군과의 동시다발적인 전쟁도발, 특히 화학무기와 생물학무기를 병용하는 전면전을 전개할 가능성이 있다.[51] 이러한 게릴라 전에 대하여는 다른 논문에서 분석하고자 하며 본 연구에서는 21세기에 전세계가 지향하게 될 세계적 추세의 미래전에 대하여 분석하고자 한다.

2. 미래전의 핵심전력

미래전에 관해서는 미국의 합동비전2010(Joint Vision 2010)과 2000년 여름에 마련된 합동비전 2020(Joint Vision 2020)[52], 그리고 미국의 2010년 2월에 발간된 QDR(4년주기 국방검토보고서, Quadrennial Defense Review Report)을 토대로 분석하고자 한다. 합동비전2010이 10여년 전에 미국이 대면하게 될 군사적 환경을 예상하여 준비하는 지침서라면, 2010 QDR은 그 후 10년간에 미국의 군사력에 관한 상세한 보고서이

---

51) 신진, "북한의 급변사태와 한반도안보," 군사논단, 1999 신년호 제17호, 한국군사학회, pp.80-84.

52) Joint Vision 2020. Amaerica's Military- Preparing for Tomorrow, National Defense University, Institute for National Strategic Studies, Washington,D.C., http://www.dtic.mil/dtic/tr/fulltext/u2/a526044.pdf (검색일 2011년 8월 8일)

며, 향후의 개선상황, 그리고 필요한 전략적 방향을 제시하고 있다. 그리고 합동비전 2020은 합동비전 2010에 토대를 두고 변화하는 군사력이 향후 10년동안 나아가야 할 방향을 제시하고 있다. 특히 합동비전 2020은 각 개인의 능력의 최대발휘에 토대를 두되, 현역군과 예비군, 국방경비대(National Guard) 그리고 민간이 상호 적극적으로 협동해야 한다는 것을 강조하고 있다. 특히, 지식과 정보면에서, 그리고 작전면에서, 또한 조직간 협동이 필요하며, 원칙적으로 그리고 기술적으로 철저하게 상호 협동하는 전략이 필요하다고 강조하고 있다.[53]

현대의 발전 추세로 본다면 미래전에서의 핵심전력은 원거리 정밀타격무기체계라고 할 수 있다. 덜 치명적인 무기로부터 고정목표 파괴무기체계까지, 또 센서작동무기로부터 직접적인 에너지 무기체계에 이르기까지 보다 더 광범위한 영역의 무기체계 개발은 정밀무기체계의 능력을 더욱 확대한다. 이러한 기술들은 현재의 무기체계에 사용되어 군사작전에 더 많은 유연성을 제공해 주기 때문이다. 또 스텔스기술은 생존능력과 기습효과를 극대화 시킨다. 또 여기에 정보와 체계의 통합기술은 미래전에서의 핵심을 이루게 될 것이다. 향후전쟁에서 스텔스기술과 기동성, 분산전략, 전장내에서 요소들간 결합에 의한 신속한 작전수행능력이 보다 요청될 것이다. 이러한 작전에서 가장 기초가 되는 것은 정보의 우월성이다. 정보의 우월성은 공격적 정보전쟁만이 아니라 방어적 정보전쟁에서도 중요하게 사용된다. 아군이 정보를 수집하고 처리하여 배포하는 일련의 원활한 흐름이 가장 중요하면서도 적군에 대하여는 이러한 흐름을 차단하고 왜곡하는 기술이 중요하다.

미군이 합동비전2010(Vision 2010)[54]에서 제시하는 새로운 작전개념

---

[53] Joint Vision 2020. Amaerica's Military- Preparing for Tomorrow, National Defense University,Institute for National Strategic Studies, Washington,D.C., http://www.dtic.mil/dtic/tr/fulltext/u2/a526044.pdf (검색일 2011년 8월 8일), p.50.

들은 '우세한 작전운용(dominant maneuver)', '정밀작전수행(precision engagement)', '집중적 군수지원(focused logistics)', '전방위적 방어(full dimentional protection)' 등의 네가지였다. 합동비전2020 역시 이 네가지 작전개념에 기초를 두고 있다. 그러나 2020에서 더 중요하게 간주하는 것은 교리의 개발과, 조직 그리고 교육과 지휘자들 특히 진보된 기술의 이점을 충분히 활용할 수 있는 인력이 더 중요하다고 보고 있다. 특히 지난 20년간 정보기술이 급격하게 발달하였기 때문에 이 정보기술을 작전에 핵심적으로 활용할 수 있는가 하는 것이 중요하게 되었다. 또한 지식과 기술혁신이 전략적 환경을 바꾸고 있기 때문에 군 전체와 작전에서 이 변화의 이점을 잘 활용할 수 있어야 한다고 강조한다.[55]

'우세한 작전운용'을 위해서는 항공과 육상과 해양과 우주에 광범위하게 배치된 전력단위들을 통합할 수 있는 정보체계, 작전수행능력, 기동성의 다차원적인 결합이 필요하다. 결국 분산된 단위전력들을 지속적으로 통합할 수 있는 능력이 곧 우세한 작전운용의 기반이 된다.

'정밀작전수행'은 체계들의 통합체계(system of systems)에 의해 이루어진다. 즉 군사력으로 하여금 목표달성을 위해 적절하게 배치할 수 있게 해주는 체계, 책임있는 지휘와 통제를 제공해 줄 수 있도록 해 주는 체계, 기대효과를 생성해 낼 수 있도록 해주는 체계, 성공의 수준에 이르도록 해주는 체계, 또한 유연성을 보유하거나 필요한 경우에는 정확한 작전능력을 가질 수 있도록 해 주는 체계 등이 다차원적으로 통합된 체계라고 할 수 있다. 여기서도 정보는 여전히 중요하다. 목표확

---

54) Joint Vision 2010, Chairman of the Joint Chiefs of Staff, John M. Shalikashvili, Washington, D.C.

55) Joint Vision 2020. Amaerica's Military- Preparing for Tomorrow, National Defense University, Institute for National Strategic Studies, Washington, D.C., http://www.dtic.mil/dtic/tr/fulltext/u2/a526044.pdf (검색일 2011년 8월 9일), p.59.

보와 우선순위의 조건, 통합전력의 지휘와 통제를 함께 묶어주는 것은 역시 정보체계라고 할 수 있다.

'전방위적 방어'는 상기한 군사력 배치와 우세한 작전 등을 수행하기 위한 기본조건이다. 이것은 정보우세를 토대로 다차원적인 단계에서 능동적이거나 수동적인 수단들을 충분히 활용할 수 있다.

'집중적 군수지원'은 상기한 군사작전들을 결정적인 시간에 결정적인 장소에서 최고의 능력을 발휘하면서 수행할 수 있도록 지원해 주는 프로그램이다. 이것은 책임감이 뛰어나야 하며 유연하면서도 정확성을 요구하는 프로그램이다. 이것은 정보와 군수지원과 수송기술의 통합체계로서 위기시에 신속한 대응책을 제공해주고, 이동 중에도 위치를 추적하여 군수지원을 해주며 전략적 작전환경 하에서는 맞춤과 같은 군수지원을 지속적으로 해 주는 지원체계이다.

상기한 바와 같은 작전개념들은 분산된 전력을 가지고도 집중적인 효과를 거둘 수 있게 하며 이러한 시너지(synergy)효과는 재래식 전력을 크게 증강시키며 이로써 전면적인 우세를 확보하게 된다. 그 중에서도 핵심적으로 고려해야 하는 요소는 인력으로서 이들의 판단력과 창의력, 강인함이 미래전에서의 성공의 열쇠가 된다. 이들을 위해서는 리더십, 교리, 교육, 훈련, 조직과 신속한 작전과 기술적용을 위한 장비 등을 개선하여 제공해 주어야 한다.

미국은 합동비전 2010에 뒤이어 "미래의 합동작전을 위한 개념(Concept for Future Joint Operations, CFJO)"[56]을 제시했다. 이것은 합동비전 2010의 네가지 개념을 보다 확대한 것이다. 미합참의장이 제시한 합동비전2010(JV2010)은 미래전에 대비한 미군의 전략수립에 중요한 역할을 수행한다. 이 비전은 2010합동작전을 실현시킬 수 있는 미래의

[56] Concept for Future Joint Operations: Expanding Joint Vision 2010, May 1997, Commander, Joint Warfighting Center, Fort Monroe, VA

능력을 보강시켜 주는 역할을 수행한다. 즉 국방에 관여하는 모든 기관과 기업을 포함하는 모든 조직 등의 국방공동체에게 국방에 관련한 공통의 방향을 제시해준다. 또한 미래의 합동전투 개념을 더욱 발전시키고 평가하는 방향을 제시해 준다. 그리고 합동비전2010에서 제시하는 합동군사작전을 수행하기 위하여 필요한 작전적 능력들을 현장에 적용할 수 있도록 해 준다. CFJO는 JV2010을 실질적으로 구현하기 위해 제시되었다.

JV2010은 미래전을 다음과 같이 예상하고 있다. 재래식 무기와 다량파괴무기(weapons of mass destruction, WMD)가 꾸준히 증가할 것이다. 핵무기 보유국의수도 증가할 것이며 탄도탄과 미사일의 확산은 미국과 동맹국들의 약점을 더욱 부각시키면서 위협할 것이다. 또한 첨단시굴무기들과 플랫폼, 센서들이 군사력 개선에 지대한 영향을 미칠 것이다. 미세기술과 생물기술이 군사영역에서 새로운 장을 열 것으로 보인다. 특히 정보기술은 미래의 군사작전에 있어서 필수적이다. 가장 신속하고 효과적으로 정보를 처리하고 분석하며 우선순위를 결정하고 배포하고 정확하게 행동에 옮길 수 있는 능력이 승리에 다가갈 것이다. 군사력은 여전히 국가들간의 정치적, 전략적 경쟁에서 가장 중요한 수단의 하나로서의 위치에 변함이 없을 것이다. 대부분의 선진국들은 군사력을 사용해야 할 필요가 있을 때 국가들간의 연합을 형성할 것이다. 미군의 해외주둔 필요는 감소하지 않을 것이다.

이러한 미래전의 전략환경의 변화에 따라 미군은 새로운 전투능력을 확보하기 위하여 새롭게 개발되는 첨단기술들을 혁신적 사고로써 통합해야 한다. JV2010에서 제시된 네가지 분야의 핵심기술영역 즉 스텔스기술(low-observable/masking technology, LOMT), 정교한 무기체계, 원거리 정밀타격능력, 그리고 정보기술의 영역 등은 더욱 국방과학기술 개발차원에서 구체적으로 개발할 전략을 가지고 있다.

Ⅴ. 결론 및 군사 혁신방향

1. 국방비전의 구체화

각군이 국방목표를 설정하고자 할 때, 각군의 국방목표는 상위의 국가목표와 일관성을 가져야 하여 국가목표를 추진하기 위해 구체적으로 제시되어야 할 필요가 있다. 국가가 가장 중시하고 있는 국가 최고의 사활적 이익이 무엇인지 명확하게 표현하고 공표하여 국민들로부터 지지와 신뢰를 받게 되면 국민의 국가에 대한 충성심과 협력이 저절로 확보될 수 있다. 즉 국민의 생명과 안전, 재산의 보호 및 국민공동체의 가치관보호등이 국가 최고의 우선과제가 되어야 하며 이것이 국내외 모든 국민과 국가들에게 천명되어야 한다. 그리고 국가는 이러한 국가이익을 수호하기 위해 끝없는 노력을 기울여야 한다. 미국 시민의 납치나 해외에서의 인권에 대한 태도 혹은 50년이 지난 후에도 미군의 유해를 찾으려는 노력은 이러한 의지를 상징적으로 보여주는 것이라고 할 수 있다.

그리하여 국가이익과 국가의 역할이 명확하게 제시되어야 한다. 이렇게 함으로써 국민들이 국가의 목표추구에 적극적으로 협력하고 군사력이 증강되는 방법이다. 즉, 일반국민 뿐만 아니라 정부와 군대의 구성원까지도 국가목표가 명확하고 구체적으로 제시된다면 하위의 국가정책들을 충실하고 적절하게 수행할 것이다. 그러나 지나치게 추상적으로 제시된 국가목표는 하위목표 와의 유기적 연관성이 결여되는 수가 많다.

2. 국방정책의 개방과 과학기술협력

한국공군은 공군의 비전으로서 '항공우주군으로의 도약'을 제시하였으며 행동지침으로 '범세계적 시야, 선별적 관여'를 제시하고 있다. 이것은 '범세계적 선별적 관여정책(Global Selective Engagement Policy)'을 통하여 국익을 최대한 증대시키고자 하는 암묵적 국가목표를 가정한 것이라고 할 수 있다.

해군은 비전은 첫째, 통일 후 최일선 방어군으로서의 역할, 둘째, 영토의 태평양 방어선 확대개념 셋째, 국방을 위한 전략군으로서의 기능 수행, 넷째, 해상 교통로 확보와 해양자원의 확보를 통한 국익의 보호를 제시하고 있다. 해양으로 방어선을 확대해야 하는 이유로서 미래의 군사력이 보유하는 가공할 파괴력 때문이다. 해군 역시 한반도내에서의 전쟁이나 무력충돌을 엄격하게 차단하고 해양을 국제적 갈등의 완충지대로 활용하기 위해서 한국의 방어선을 해양으로 확대하는 국방목표를 설정하고 있다. 이것은 국민의 생명과 재산을 국가의 사활적 이익에 있어서 제일 중요한 항목으로 간주하는 것이라고 할 수 있다.

1995년 클린턴행정부는 향후의 21세기를 이끌어갈 국방기술전략으로서 다음과 같은 3가지 주요 전략을 제시했다.[57] 이러한 정책은 한국에서도 군사혁신에 많은 시사점을 줄 것으로 판단된다.

첫째, 현재의 국방부 무기획득과정을 개선하고 국방관련제품과 기술들의 상업적 공정과 제품생산을 진작시킨다. 개발소요기간을 단축함으로써 국방체계의 핵심적 영역을 혁신할 수 있도록 한다. 또한 개발부터 배치단계에 이르기까지 민간의 상업적 첨단기술분야의 추세를 도입함으로서 이를 개선하고 현실화한다.

둘째, 국방부내의 연구개발을 민군겸용으로 사용할 수 있는 제품과 공정개발에 중점을 두고 추진하며 첨단기술에 의한 국방체계를 선도할 수 있도록 한다. 민간 상업부분의 부품이나 기술 등은 군부가 주도

---

57) Technology for Economic Growth: President's Progress Report, pp.1-4. 99-08-26, http://metalab.unc.edu/darlene/tech/report7.html

하는 것보다는 더 저렴한 비용에 이들을 충족시킬 수가 있다. 불필요한 사양이나 시험요구조건, 또는 복잡한 획득절차 등을 제거한다.

셋째, 전세계 우방들과 상호 국제적인 기술협조에 근거하여 그 이익을 최대화하기 위하여 국제적 분담체계를 강화한다. 현대에 있어서 기술은 세계적(global)인 것이라고 할 수 있다. 특히 국방기술관련 지식들은 일방통행이 아니다. 기술의 상호교류를 통하여 안보동맹을 강화하며 기술적 시너지효과를 기대한다.

미래전을 대비하는 과학기술에 있어서 가장 중요한 핵심적 기술은 정보기술, 제조, 물질 그리고 시뮬레이션과 훈련 등 4가지 분야라고 할 수 있다. 한국이 현재 보유하고 있는 기술우위분야는 이들 중 정보기술과 시뮬레이션 및 훈련 등 두가지 분야라고 할 수 있다. 즉 현재 선진국 수준으로서 선진국과 기술공유를 통한 첨단기술발전을 기할 수 있는 분야이다. 그러나 제조와 물질분야는 '선택과 집중'전략[58]에 의해 더욱 많은 노력이 기울여져야 한다.

3. 국방정보의 공개 및 민간협조

걸프전에서 경험한 바와 같이 미래전의 핵심개념은 정보체계의 발전이라고 할 수 있다. 그런데 정보의 유통과 생산은 민간부문에서 가장 활발하게 이루어지고 있다.

(1) 미래전을 준비하기 위한 혁신적인 사고양식들은 군부 내에서만 구하는 것보다는 민간학자들과의 연계속에서 추구하는 것이 지적자원을 훨씬 다양한 획득을 보장하고도 가장 효율적으로 활용하는 길이다.

---

58) 신진, "민군겸용기술개발을 위한 국방과학기술정책의 System 구축방안", 1999 안보학술논집, 국방대학원 안보문제연구소, 서울, 국방대학원 안보문제연구소.

(2) 미래전이 전개되는 양상은 컴퓨터 시뮬레이션을 통하여 얼마나 많은 훈련을 했는가와도 직결된다. 컴퓨터 시뮬레이션은 민간인들에 의해 프로그램의 개발에서부터 훈련과정에의 참여, 혁신적인 전략의 모색 등 다양한 공헌을 할 수 있을 것이다. 민간인 War Game 전문가의 의도적 육성이 필요하다.

(3) 국방정보의 체계적이고도 광범위한 공개가 이루어져야 한다. 민간 부문에서의 컴퓨터전문가들의 숫자가 훨씬 더 많음은 물론 이들로부터 협력을 통하여 군사력을 개선하기 위해서는 상당한 정도의 국방정보가 공개되어야 한다.

(4) 미래전은 국제사회로부터의 지지와 국민의 적극적인 협력의 여부가 전쟁의 성패를 가른다. 따라서 비밀작전과 군사전략은 그 효용성이 상실될 것이다. 따라서 여론의 지지를 구하기 위해서는 국방정보의 공개를 통하여 지지를 구해야 한다.

(5) 민군겸용기술정책의 활성화와 과학기술정보교류가 활성화 되어야 하며 이를 토대로 첨단 국방과학기술의 무기체계가 수립되어야 한다.

<참고문헌>

국방백서, 국방부, 2004.

국방백서, 국방부, 2010.

국방부, 국방개혁기본계획2009-2020, http://photo.media.daum.net/list/view.html?cateid=100000&newsid=20110812210340027&p=hankooki&RIGHT_COMM=R9 (검색일 2011년 8월 12일)

대통령자문 21세기 위원회, 21세기의 한국: 2020년을 바라 본 장기정책과 전략, 서울, 도서출판, 1994.

대통령자문 21세기 위원회, 21세기의 한국과 한국인, 서울, 나남출판사, 1994.
대한공군2030, 공군본부, 1998.
신진, "민군겸용기술개발을 위한 국방과학기술정책의 System 구축방안", 1999, 국방대학원 안보문제연구소 안보학술논집, 서울.
신진, "북한의 급변사태와 한반도안보," 군사논단, 1999 신년호 제17호, 한국군사학회.
신진, "한국의 안보와 국방정책," 21세기 안보환경 변화와 국방정책, 한국국제정치학회 1999. 9.17. 충남대학교.
한국일보, 2011년 8월 12일, 미공군 첨단무기 "체면안서네"-극초음속기 시험비행 또 실패, http://photo.media.daum.net/list/view.html?cateid=100000&newsid=20110812210340027&p=hankooki&RIGHT_COMM=R9 (검색일 2011년 8월 12일)
해군비전2020, 해군본부, 1999.
http://metalab.unc.edu/darlene/tech/report7.html
Biddle, Stephen, "Assessing Theories of Future Warfare" Presented papers to the 1997 Annual Meeting of the American Political Science Association. Washington, D.C. August 29, 1997.
Boooth, Ken, Strategy and Ethnocentrism, London, Croom Helm, 1979.
Cohen, Eliot, "A Revolution in Warfare," Foreign Affairs vol.75, No.2, march/April 1996.
Institute for National Strategic Studies, Joint Vision 2020: America's Military-Preparing for Tomorrow, National Defense University, Summer, 2000.
Luciani, Giacomo "The Economic Content of Security," Journal of Public Policy 8:2. 1989, p.151.
Myrdal, Gunnar Twenty Years of U.N. Economic Commision for Europe," International Organizaton, Vol. XXII, Summer 1968.
Snidal, Duncan "The Limits of Hegemonic Stability Theory," International Organization, Vol.39, 1985.
Ashley, Richard K. The Political Economy of War and Peace, London,

Pinter, 1980.

Biddle, Stephen, "Victory Misunderstood: What the Gulf War Tells Us About the Future of Conflict," International Security, vol.21, No.2, Fall 1996.

Blaker, James R., Understanding the Revolution in Military Affairs: A Guide to America's 21st Century Defense, Washington D.C., Progressive Policy Institute, 1997.

Braken, Paul, "The Military After Next," The Washington Quarterly, autumn 1993, vol.16, No.4.

Christenson, Thomas J. and Snyder, Jack, "Chain Gangs and Passed Bucks: Predicting Alliance Patterns in Multipolarity," International Organization, Vol.44, 1990.

Commander, Joint Warfighting Center, Concept for Future Joint Operations: Expanding Joint Vision 2010, May 1997, Fort Monroe, VA

Constitution of the United States. Preamble http://www.senate.gov/civics/constitution_item/constitution.htm (검색일 2011년 7월 25일)

Department of Defense, Quadrennial Defense Review Report, February 2010.

Deutsch, Karl W., The Analysis of International Relations(New York: Prentice- Hall, Inc.), 1968.

Feulner, Edwin J., "What are America's Vital Interests?", The Heritage Foundation Lectures and Educational Programs, Heritage Lecture #557, Delivered Febury 6, 1996,
http://www.heritage.org/library/categories/forpol/lect557.html.

Fitzsimonds, James R. and Tol, Jan M. Van, "Revolutions in Military Affairs," Joint Force Quarterly, Spring 1994.

Frankel, Joseph, The Making of Foreign Policy: An Analysis of Decision Making(London: Oxford University Press, 1963)

Gen. Sullivan, Gordon R. and Lt. Col. Coroalles, Anthony M. the Army in the Information Age, Carlisle Barracks, PA, U.S. Aarmy War Collage

Strategic Studies Institute, March 1995.

Gilpin, Robert, The Political Economy of International Relations, Princeton, N.J., Princeton University Press, 1987.

Grieco, Joseph M., "Anarchy and the Limits of Cooperation: A Realist Critique of the Newest Liberal Institutionalism," International Organization, Vol.42, No.3, Summer 1988.

Hartland, Penelope, Thunberg, "National Economic Security: Interdependence and Vulnerability," in Frans Alting von Geusau and Jacques Pelkans, eds., National Economic Security, Tilberg, John F. Kennedy Institute, 1982.

Howard, Micheal, Studies in War and Peace, London, Temple Smith, 1970.

Joseph S. Nye, Jr., "Multinational Corporations in World Politics," Foreign Affairs, Vol.53, October, 1974.

Keohane, Robert O., After Hegemony; Cooperation and Discord in the World Political Economy, Princeton, N.J., Princeton University Press, 1987.

__________________., "Realism, Neorealism and the Study of World Politics, in Robert O. Keohane ed., Neorealism and its Crises, New York, Columbia University Press, 1986.

Keohane, Robert O. and Nye, oseph S. Jr., "International Independence and Integration," in Fred I. Greenstein and Nelson W. Polsby eds., Handbook of Political Science Vol.8: International Politics, Reading, Mass, Addison-Wesley Publishing Co., 1975.

Kindleberger, "International Public Goods without International Government," American Economic Review, Vol.76, March 1986.

Krasner, Stephen D., "Structural Causes and Regimes Consequences: Regimes as Internening Variables," International Organization, Vol. 36, Spring 1982.

Krepinevich, Andrew F. "Calvary to Computer: The Pattern of Military Revolutions," The National Interest, Fall 1994.

Lake, Anthony, American Power and American Diplomacy," U.S.Department of State Dispatch, November 14, 1994

Maxxar, Michael J., Projector Director, The Military-Technical Revolution: A Structural Framework, Washington, D.C. Center for Strategic and International Studies, 1993.

Morrow, James D., "Alliances and Asymmetry: An Alternative to the Capability Aggreagation Model of Alliances," American Journal of Political Science, vol.35, 1991.

Osgood, Robert E. and Tucker, Robert W., Force, Order and Justice, Baltimore, Johns Hopkins University Press, 1967.

Rosenau, James N., "A Pre-Theory Revised: World Politics in an Era of Cascading Interdependence," International Studies Quarterly, Vol.28 (1984)

Shalikashvili, John M., Joint Vision 2010, Chairman of the Joint Chiefs of Staff, Washington,D.C.

Singer, J. David, "The Level of Analysis Problem in International Relations," in klaus Knorr and Sidney Verba eds., The International System, Princeton, NJ, Princeton University Press, 1961.

Snyder, Richard, Bruck, H.W. and Sapin, B., eds., Foreign Policy Decision-Making: An approach to the Study of International Politics(New York Free Press, 1962)

Toffler, Alvin and Heidi, war and Anti-War: Survival at the Dawn of the 21st Century, Boston, Little, Brown and Co., 1993.

U.S. Department of Defense, http://www.defense.gov/about/ (검색일 2011년 7월 25일)

Waltz, Kenneth N., Men, the state and War, New York, Columbia University Press, 1959.

__________________., Theory of International Politics, New York. Random House, 1979.

part 2

북한 핵과 국제안보

chapter 2 북한의 2차 핵실험과 미국의 정책변화

I. 서론

1. 연구목적과 방법

북한은 2006년에 이어 2009년 두 번째 핵실험을 강행하면서 국제사회에서 북한을 핵 보유국으로 기정사실화 하는 전략을 추구하고 있다. 김정일 정권은 미국과의 양자회담을 요구하면서 미국과의 핵군축 회담을 요구하고 있다.

미국은 핵확산 금지조약(NPT)의 국제사회에서의 정착과 확산을 위해 북한의 핵무기 개발을 용인하지 않고 있다. 나아가 북한의 핵물질이 테러리스트들에게 전달되는 것을 방지하기 위해서는 북한의 핵개발을 완전히 제거해야 한다. 이를 위해 미국은 강온 양면의 대북정책을 사용했을 뿐만 아니라 국제사회를 동원하여 북한에 대한 정치적, 경제적 제재조치를 강행하였다.

이에 본 연구는 국제사회의 비난과 국제적 압력에도 불구하고 북한

이 2차 핵실험을 통하여 핵보유를 주장하고 있는 현실에서 미국의 대북정책이 어떻게 변화하고 있는가를 분석하고자 한다. 특히 부시행정부와는 달리 오바마 행정부는 북한에 대한 적극적인 대화와 협상을 통해 북한의 핵문제를 해결하고자 하고 있어서 북한이 요구하는 내용에 따라 획기적인 협상도 가능하다고 할 수 있다.

지난 20년간 미국의 대북정책은 상당한 변화를 겪었는 바, 이러한 변화에 대한 분석은 미국의 대북정책의 기본적 성향을 보여주고 나아가 향후 미국의 대북정책을 예측할 수 있도록 할 것이다. 그리고 한국의 향후 대북정책 수립에 대한 방향타적인 역할을 할 수 있다. 실제로 미국의 정책결정과정은 과거의 정책들에 대한 철저한 검증과 분석을 통해 이루어지기 때문이다. 이에 본 연구는 미국의 대북정책의 변화에 대한 분석을 통하여 그 원인과 과정 그리고 향후 미국정부가 취할 수 있는 대외정책의 한계와 방향을 분석하고자 한다.

북한 핵문제를 해결하기 위한 미국의 정책은 지금도 진화하면서 진행 중이다. 아직 확실하게 어떠한 정책을 채택할 것이라고 말할 수는 없다. 다만, 미국이 보는 관점과 오바마 행정부가 선택할 수 있는 정책적 대안들을 함께 분석하면서 미국의 정책적 방향을 예측해 볼 수 있을 것이다. 이러한 분석은 한국정부가 변화하는 한미관계에 대응하여 어떻게 한미동맹의 미래를 준비할 기회를 줄 것이다. 또 미국과 북한과의 관계변화에 따라 한국의 안보를 확보할 수 있는 정책 도출에 기여할 것으로 기대한다.

본 연구는 1989년 프랑스 상업위성이 북한의 핵무기 개발에 대한 징후를 파악하면서 1990년 국제원자력기구(IAEA)가 이에 대한 조사를 시작하는 시점부터 2011년 7월 현재까지 20여년간의 북한의 핵개발과정을 토대로 부시행정부와는 달라지는 오바마 정부의 대북 핵정책문제를 분석한다.

아울러 지난 20년간의 북한의 핵정책과 대미전략, 그리고 이러한 핵무기 개발을 통해 달성하고자 하는 한반도에 대한 북한의 전략을 분석한다. 그리고 이에 대응하는 미국의 대북 핵정책의 변화를 분석한다. 특히 지난 20년간의 분석을 토대로 2011년 현재 미국의 오바마 행정부가 취할 수 있는 대북 핵 정책의 선택적 변수들을 분석한다.

본 연구는 미국의 대북정책을 분석함에 있어서 신자유주의적 제도주의(neoliberal institutionalism)과 구조적 현실주의(structural realism)의 쟁점 사항인 절대적 이익과 상대적 이익의 문제를 둘러싸고 국가의 선호가 어떻게 결정되는지를 분석한 국가선호모델을 토대로 미국의 대북정책을 분석하고, 또한 북한의 대미정책. 대한반도 정책을 분석한다.

그림 1. 국가선호모델(state's preference model)[1]

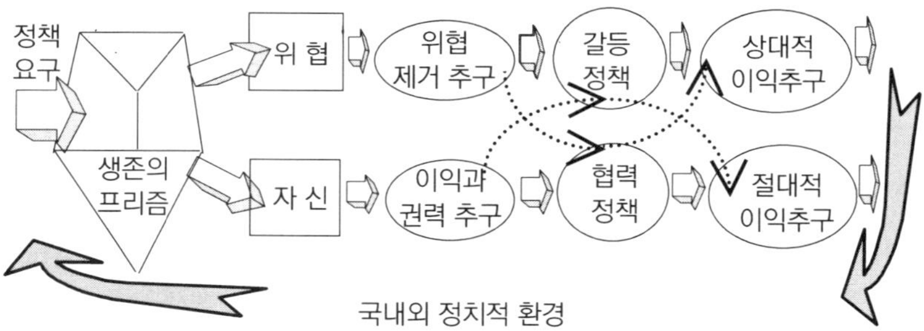

2. 북한 핵개발의 심각성

2006년 제 1차 핵실험 직후에 미국이 제안하여 UN 안보리에서 만장일치로 가결한 UN 결의안 1718호로 북한을 제재했다. 이 결의안은 북한의 핵실험을 "세계 평화와 안보에 대한 명백한 위협"이라고 규정하

[1] 신진, 북한과 한미외교정책의 소용돌이, 대전, 문경출판사, 2004.

였으며, 북한으로 오고가는 중무기나 사치품을 금지시키는 한편 대량살상무기나 이와 관련된 어떠한 화물에 대하여도 각 나라가 이를 검색할 수 있도록 권한을 주었다. 또한 모든 나라들에게 북한의 비전통적 무기 프로그램과 관련된 자금을 동결하도록 요청했다. 그리고 북한에게는 핵과 미사일 실험을 하지 말 것과 북한이 NPT 체제로 복귀할 것을 요구하는 것이었다.

그러나 UN결의안 1718호는 처음에 미국이 제안했던 원래의 취지와 요구에서 상당히 훼손되었다. 미국이 제안한 대북 결의안은 특히 안보리 이사국인 중국과 러시아에 의해 크게 훼손되었다. 중국은 "요구(require)"라는 단어 대신에 "요청(request)"을 사용해야 한다고 주장하여 관철시켰다. 또 중국은 북한 선박을 검색하는 과정에서 군사력의 사용을 절대로 사용하지 못하도록 주장하였다. 그리하여 북한선박을 검색하는 과정에서 군사력 사용이 명백하게 금지되었다. 그러나 이러한 완화된 표현에도 불구하고 북한은 이러한 제재조치는 전쟁행위라고 비난하였으며, 제 2차 핵실험을 지속하겠다고 주장했다.[2)] 유엔과 국제사회는 북한의 핵개발 의지를 막을 수 없었다.

북한은 2009년 5월 25일 제 2차 핵실험을 했다고 발표했다. 이에 앞서 평양정권은 2009년 4월 14일에는 더 이상 6자회담에 참가하지 않겠다고 선언했다. 북한의 6자회담 참가는 김정일 정권과 부시행정부 사이에 체결된 협약이며 그 뒤 6자회담 소속국들에 의해 비준된 협약인데 이것을 파기한 것이다. 그 협약에 의해 영변의 핵시설도 붕괴시켜 불능화 했던 것이었다.

김정일 정권이 핵개발을 하는 것이 발각되자 미국과 북한은 상당한

---

2) Emma Chanlett-Avery and Sharon Squassoni, North Korea's Nuclear Test: Motivations, Implicatioins, and U.S. Options, CRS Report for Congress, October 24, 2006, Congressional Research Service Order Code RL 33709, www.crs.gov. p. CRS-3

갈등과 위기를 겪은 후에 북한의 핵개발 프로그램에 관하여 1994년에 극적으로 합의하였다. 이 제네바합의는 현재까지 개발된 북한의 핵개발 프로그램을 현재상태에서 동결하기로 하는 것이며, 그 동결대가로 경수로 원자로를 건설해주고, 경제적 지원을 포함하여 중유를 매년 공급하는 내용이었다. 북한에 경수로 원자력 발전소를 건설해주기 위해 미국과 한국, 그리고 일본 및 유럽국가들이 참여하여 KEDO를 만들어 재정적, 기술적 지원을 통하여 북한에 경수로 건설을 시작했다. 한국 정부가 경수로 건설비용의 70%이상을 부담하기로 하였다. 그러나 이러한 국제적인 약속에도 불구하고 북한은 비밀리에 핵무기 개발을 계속하였으며, 그 증거가 계속 발각됨으로써 대북 경수로 건설사업은 중단되고 말았다.

실제로 북한은 영변에서 5개 내지 8개의 핵무기를 제조할 수 있는 플루토늄을 생산했다. 그리고 2006년 10월 9일에 제 1차 플루토늄 핵실험을 단행했다. 이어서 2009년 5월에는 2차 핵실험을 했다. 게다가 미국이 북한의 고농축 우라늄 프로그램을 진행하는 것에 대해 증거를 가지고 계속 추궁하자 2009년 6월에는 북한이 이를 인정했으며, 핵무기를 개발하려고 하는 이란과 시리아 등과 공동개발을 하고 있었음이 드러났다.

이에 미국은 즉각 UN안보리 이사국들로 하여금 북한의 핵개발과 미사일 실험에 대하여 제재조치를 취하는 결의를 촉구한 결과 유엔은 안보리 결의 1874호를 2009년 6월에 결의했다. 이 결의는 UN회원국들로 하여금 그들의 영토에서 북한의 대량살상무기(weapons of mass destruction, WMD)와 관련된 모든 금융거래를 금지시키는 것이었다. 또한 북한이 WMD을 타국으로 수송하기 위해 이들 영토를 활용하는 것을 금지시키는 것이었다. 그런데 UN결의 1874호를 이행하는 데에 있어서는 중국이 가장 중요했다. 북한이 중국의 은행을 이용하여 금융거래를 했으며, 중국의

공항과 항구를 이용하여 이란으로 WMD 거래를 했기 때문이다.[3)]

유엔과 국제사회가 북한에 대하여 이러한 압박을 가하자 김정일 정권은 이러한 국제사회로부터의 고립과 제재조치를 피하기 위해 국제사회와 타협하는 듯한 조치를 취했다. 당시 북한은 중국과 북한의 국경지역에서 취재하고 있던 미국 텔레비전 방송국 소속의 여기자 2명을 억류하고 있었다. 평양은 2009년 빌 클린턴 전 미국 대통령을 불러들여 북한의 국제사회에 대한 요구조건과 함께 미국에 메시지를 전달하면서 억류하고 있던 미국 여기자 유나 리와 로라 링 등 2명을 석방하였다.[4)] 또 당시에는 개성공단의 한국근로자도 체포하여 억류하고 있었는데, 한국의 현정은 현대관광 회장을 초대하여 금강산 관광을 재개하기를 원한다면서 억류하고 있던 개성공단 근로자도 석방하였다. 그리고 노무현 대통령의 장례식에 참석하기 위해 서울에 왔던 북한 조문대표단은 이명박 대통령을 만나 제재를 억제하기 위한 유화제스처를 보여주고 있다. 그럼에도 불구하고 북한은 자신의 과거 행동에 대한 일체의 반성이나 사과를 하지 않았으며, 어떠한 재발방지를 위한 조치도 취하지 않았다. 금강산관광금지조치는 금강산을 관광하던 관광객 박광자를 북한 병사가 총으로 사살한 결과 금강산 관광이 금지된 것인데 이러한 사고에 대하여 북한당국은 어떠한 사과조치도 하지 않고 있으며, 재발방지를 위한 일체의 조치를 취하지 않은 채 금강산 관광재개를 요구하고 있었다.

이 시기에 북한은 중국의 원자바오 총리를 초청하여 북한과 중국의

3) Larry A. Niksch, North Korea's Nuclear Weapons Development and Diplomacy, CRS Report for Congress, September 9, 2009, Congressional Research Service 7-5700, www.crs.gov, RL33590

4) 북한억류 여기자 풀려나 클린턴과 함께 온다, KorealDaily 뉴스, 2009년 8월 4일, http://www.koreadaily.com/news/read.asp?art_id=887076 (검색일 2011년 8월 28일)

결속을 과시하고 경제협력을 강화하였으며, 이후 김정일이 중국을 2회나 더 방문하여 중국으로부터의 경제적 지원을 확보하고자 노력하였다. 이로써 UN과 국제사회가 북한의 핵개발을 저지하기 위하여 취한 대부분의 조치들을 무력화시켰다. 중국 역시 북한의 핵개발에 대한 국제사회의 제재조치를 반대하고 있었기 때문에 북한에 대한 지속적인 지원을 통하여 유엔의 조치를 무력화시키는 데에 조금도 주저함이 없었다.

북한의 미사일 개발은 잠재적으로 미국을 위협하고 있다. 그러나 미국은 현재까지 북한이 많은 탄도미사일을 개발하였지만, 미국 본토를 직접 위협할 수 있는 미사일시스템을 갖추고 있지 않다고 판단하고 있다.[5)]

II. Clinton 행정부의 정책변화 (Bill Clinton, 1993-2001)

1. 안보위협요인 제거정책(1989-1994)

1989년 프랑스 상업위성이 북한의 핵개발 징후를 포착하였다. 북한이 핵확산금지조약(NPT)에 가입해 있었으므로 미국과 IAEA가 북한의 핵시설을 시찰하겠다고 하자 북한이 이를 거부함으로써 갈등이 시작되었다.

미국의 부시대통령(George H.W. Bush, 1989-1993)은 전세계적으로 핵무기의 확산을 절대적으로 금지하고자 노력하고 있었다. 그러나 북한

5) Steven A. Hildreth, North Korean Ballistic Missile Threat to the United States, CRS Report for Congress, February 24, 2009, Congressional Research Service 7-5700, www.crs.gov. RS21473

에게 있어서 핵은 절체절명의 중요한 생존수단이었다. 김일성의 집권 말기에 실패한 경제를 김정일에게 물려받은 주게 되는 북한으로서는 북한 주민들에게 김정일 통치의 정통성을 확인시키고 또 경제를 회복할 수 있는 수단으로 핵과 미사일 개발을 선택하였다. 따라서 북한에게 있어서 핵개발은 절대적으로 필요한 것이었으며, 어떠한 외부의 압력에도 포기할 수 없는 것이었다.

뿐만 아니라 더 중요한 것은 이 시기에 김정일에게 권력을 승계하는 문제였다. 북한은 북한의 핵문제로 인하여 국제적 압력이 증가하자, 국제적 압력을 전쟁분위기로 위장하여 국민을 기만하였다. 비상계엄령과 같은 "준전시상태"를 선포하여 마치 전쟁이 발발할 것 같이 총동원령을 내려 제대군인을 재소집하였다. 그리고 일정 시간이 지난 후, "준전시상태"를 해제하였다. '준전시상태'를 해제한 직후 최고인민회의를 소집하여 김정일을 국방위원회 위원장으로 선출함으로서 권력승계를 완료하였다. 계엄령이 해제되기는 하였지만 아직도 전쟁분위기였기 때문에 아무도 김일성-김정일이 추진하는 것에 대하여 반대할 수 없었다. 그럼에도 불구하고 당시 북한에서는 김정일의 국방위원장 취임을 통한 권력승계를 크게 선전할 수 있는 환경은 아니었다. 김일성-김정일 부자도 김정일 권력승계를 대단히 조심스럽게 접근하고 있었다. 실제 김정일의 국방위원장 취임에 관한 북한 로동신문의 기사는 의외로 조그맣게 한번 보도되는 것으로 그치고 말았다.

반면 미국은 동아시아에서 핵무기가 확산되는 것을 지켜볼 수는 없었으며, 1995년도에 개최될 핵확산 금지조약의 갱신을 위한 회의에 앞서 북한 핵문제를 해결해야 할 필요가 있었다.

미국은 북한의 핵무기 개발을 미국의 안보에 직접적인 위해 요인이라고 판단하였다. 그리하여 북한의 핵문제가 해결되지 않을 경우에는 북한의 핵관련 시설을 파괴하기 위한 구체적 군사작전을 계획하였다.

미국방부와 합동참모본부는 5027군사작전계획에 따라 정밀타격(surgical strike)으로 북한핵 관련 시설만을 파괴할 것을 결정하였다. 그리고 1994년 6월 16일에는 유엔 안보리의 대북 제재추진안에 대하여 클린턴 대통령이 구체적 추진계획을 승인하였다.[6)]

미국의 클린턴 대통령은 북한의 핵문제를 해결하기 위하여 외교적 노력을 계속하지만, 해결이 안될 경우, 군사적 공격을 통하여 북한의 핵을 제거할 수 있는 방안을 한국을 비롯한 일본 등 관련국들과 협의하였다. 그리고 클린턴 대통령은 래리 애스핀 국방장관과 존 샬리카시빌리 합참의장과 함께, 직접 한국방위계획을 재검토하기 시작했다. 북한은 미국의 제재조치가 곧 선전포고라고 강조하면서 한국을 군사적으로 공격하겠다고 위협하였다.

그럼에도 불구하고 미국은 한국과 중국, 일본의 정치적 지원을 확보한 후, 대북 제재에서 북한과의 군사적 충돌가능성을 최소화하기 위하여 단계적 제재조치를 취하기로 하였다. 그리고 미국의 애스핀 국방장관 보좌관들은 한국에 미국의 군사력이 적절한 시기에 보강된다면 북한에 대한 군사적 제재조치후 예상되는 북한의 군사적 공격을 성공적으로 격퇴할 수 있을 것이라고 보았다. 물론 북한의 공격으로 인해 서울의 일부가 파괴될 수 있으며, 또 대북한 공격으로 수백만 명의 북한 난민이 한국으로 월남할 것이라고 보았다.[7)]

클린턴 정부당시 1993년에 고려하였던 북한의 핵시설에 대한 군사적 공격에 관한 작전계획은 미군의 북한 핵시설 공격 직후에 북한군의 한국에 대한 대대적인 군사적 반격으로 인하여 다수의 희생자를 낼 것으로 예상했다. 즉, 미군 사상자 약 52,000명, 한국의 군인 사상자 약

---

6) Ashton B. Carter and William J. Perry, *Preventive Defense: A New Security Strategy for America*(Washington, D.C.: Brookings Institution Press, 1999), p.128.

7) 조선일보, 1993년 12월 3일 p.6; New York Times 12/02/1993.

50만명, 그리고 예측할 수 없는 다수의 민간사상자를 예측했었다. 그러나 더 중요한 것은 북한의 핵시설에 대한 정밀타격(surgical strike)이 완벽하게 성공하리라는 확신이 없었다는 점이었다.[8)]

따라서 미국은 마지막 순간까지도 외교적 해결방법을 포기하지 않았다. 북한핵 시설에 대한 정밀타격의 불확실성의 이유들은 다음과 같다.

첫째, 북한의 핵관련 시설의 정확한 위치와 구조를 파악하기 어려웠다. 정확한 위치파악이 없이는 미사일 공격만으로는 북한의 핵관련시설을 완파한다는 것은 쉽지 않다고 판단했다. 게다가 당시 북한의 영변핵시설은 암반으로 둘러쌓인 산지에 있었다. 미국이 보유하고 있었던 벙커버스터 I (Bunker Burster I)의 파괴력은 암반과 같은 콘크리트 6미터 또는 토사 30미터 정도의 두께를 뚫고 들어가 폭파할 수 있는 능력이 있었다. 그러나 암반으로 이루어진 산지의 지하 100여 미터에 건설된 핵관련시설이라면 파괴가 불가능했다. 실제로 북한은 많은 시설들을 암반으로 된 지하에 숨기고 있었다.

게다가 평양정권이 추가적인 핵시설을 어디에 은닉했는지에 관한 정보도 워싱턴은 충분히 가지고 있지 못했다. 미국이 가지고 있는 미사일 등의 무기로서는 북한의 핵관련시설들을 완전히 제거할 수 있을지에 대한 회의도 있었다.

둘째, 북한의 핵시설에 대한 군사공격을 감행했을 경우, 또 북한이 어느 정도로 군사적 보복을 할 것인가에 대한 상이한 의견들이 있었다. 북한은 휴전선 일대의 미군기지와 서울 등 한국에 대하여 장사정포와 방사포 등으로 보복공격을 할 것이 예상 되는 바, 이러한 피해는

8) "If Necessary, Strike and Destroy," Washington Post. June 22, 2006; Emma Chanlett-Avery and Sharon Squassoni, North Korea's Nuclear Test: Motivations, Implicatioins, and U.S. Options, CRS Report for Congress, October 24, 2006, Congressional Research Service Order Code RL 33709, www.crs.gov. p. CRS-17 재인용.

감내하기 어려운 점도 있었다.

특히 한국의 김영삼 대통령의 미국의 군사적 조치에 대한 반대는 극심했기 때문에 한국의 반대가 미국측에 가장 큰 부담이었다.[9] 한국의 입장은 한국에서의 전쟁발발을 어떻게 해서든지 방지해야만 했다. 한국에서의 또 하나의 전쟁은 한국이 지난 50여년간 이룩해 놓은 많은 것을 한번에 잃어버릴 수도 있었다. 평양정권이 한국의 서울과 수도권에 집중적으로 군사적 공격을 감행한다면, 수만 명 내지 수십만 명의 인명의 희생이 발생할 가능성이 있으므로 전쟁을 방지하기를 원했다. 또 경제적 손실도 막대할 것이었다. 전쟁으로 인한 물리적 피해는 물론이고 한국이 전쟁지역으로 인식된다면 한국의 신용등급 하락은 물론이고, 국제 자본시장은 전쟁이 발발하는 한국에 대한 투자를 외면할 것이며, 이미 투자한 것도 회수해갈 것이기 때문이다.

그러나 미국은 한국의 연안에 미 항공모함을 파견하여 북한의 대한 막강한 화력지원을 하는 한편, 북한의 한국에 대한 공격은 즉시 평양에 대한 대대적인 공격가능성을 열어놓음으로써 북한이 함부로 한국을 공격하지 못하도록 할 계획을 수립했다. 그리하여 북한이 반격으로 서울 등 수도권을 공격하면, 그 즉시 평양의 김일성정권을 철저하게 파괴할 수 있는 계획을 통하여 북한의 도발을 방지하고자 하였다.

그러면서 미국은 북한의 핵 개발에 대하여 가능한 모든 외교적, 군사적 방법을 동원하여 제거하고자 계획하였다. 실제 국제사회는 1981년 이스라엘이 이라크 원자로시설을 공습하여 파괴한 것을 국제법상 자위권발동이라고 하여 공인해 준 바 있다. 미국의 대 북한 핵관련시설 파괴는 이러한 자위권적 차원의 공격이라고 충분히 여론이 조성되었다. 이에 북한은 미국의 군사적 공격이 실제로 임박하다고 믿었다.

---

9) 김형국, "제 1, 2차 북한 핵위기의 교훈과 6자회담" 숙명여자대학교 사회과학연구소, 사회교육과학연구, vol. 9(2006), p.49.

실제로 미국은 제 1차 걸프전쟁때 이라크를 공격한 사례가 있었기 때문에 미국의 대북한 공격은 실제 진행될 것으로 확신하게 되었다.

이러한 일촉즉발의 위기 가운데 전 미국대통령 카터의 평양방문은 워싱턴과 평양이 타협할 수 있는 계기를 만들어주었다. 당시 북한은 이미 권력승계를 마쳤기 때문에 계속되는 국제적 압력으로부터 벗어나길 원했다. 미국 역시 군사적 조치보다는 협상을 통하여 북한의 핵문제를 해결하기를 원했다. 결국 미국의 강압적인 외교조치와 해결노력에 의해 북한을 협상테이블로 끌어들이는 데에 성공하였으며, 양국은 1994년 10월 21일 북한의 강석주 대표와 미국의 갈루치대표 사이에 북한 핵문제에 관한 제네바 기본합의를 채택하였다.

2. 대북 협력정책(1994-1998)

1994년 미국과 북한간에 이루어진 제네바합의에 따라 북한은 핵개발을 현상태로 중단하고 더 이상의 핵개발을 포기할 것을 약속했다. 평양정권이 북한의 핵개발 프로그램이 전기에너지 공급을 위한 것이라는 주장에 따라 핵프로그램을 포기하는 대가로 북한에 경수로 방식의 원자력발전소를 건설해주기로 하였다. 또 발전소 건설기간동안의 에너지 부족을 보상하기 위하여 미국이 매년 중유 50만 톤을 제공하였다. 북한에게 경수로를 건설해 주기 위하여 한반도 에너지개발기구(KEDO)가 설립되었으며 그 비용은 한국이 70%이상을 지원하고 일본과 유럽 등의 국가가 지원하였다.

북한의 핵문제를 해결하기 위한 북-미간의 제네바 합의는 태생적 한계를 가지고 있었다. 미국은 북한이 양자간의 합의를 준수할 것으로 기대했다. 게다가 제네바합의로 북한이 획득하게 될 이익이 상당했기 때문에 북한이 합의를 파기하리라고는 전혀 예상하지 못했다. 미국은 북한이 합의를 파기한 경우에 대비하여 제재를 가할 수 있는 수단을 확보하지 못했다. 그러나 북한은 합의를 파기하기보다는 미국을 기만했다. 핵개발 동결의 대가로 제공되는 경제적 이익은 받으면서 비밀리에 핵무기개발을 계속하였다. 결국 제네바합의는 핵무장을 원했던 북한에게 오히려 핵개발을 할 수 있는 시간을 벌어주었으며, 나아가 핵개발에 필요한 경제적 지원까지 한 셈이 되었다.

3. 제네바회담의 불신과 안보갈등(1998-2001)

이 시기는 클린턴 행정부의 대북 유화정책의 변환기라고 할 수 있다. 김정일 정권은 제네바합의에 따라 국제사회로부터 제공되는 경제적 지원을 토대로 핵무기와 미사일을 지속적으로 추진하였다. 평양정권은 1998년 8월 31일 발사한 대포동 1호 미사일은 대륙간 탄도탄급 미사일(ICBM)로서 성능개량에 따라서는 미국 본토에까지 도달할 수 있는 것이었다. 이에 미국은 북한이 핵무기로서 미국의 안보를 위협할 수 있는 수송수단을 갖추게 되자 생존의 위협을 느끼게 되었으며, 곧 위협요인을 제거해야 할 필요가 발생했다.

이에 미국의 대북 정책은 그동안의 절대적 이익(absolute gains)추구를 위한 정책에서 상대적 이익(relative gains)을 위한 정책으로 전환되었다. 비용의 다소를 막론하고 미국의 안보를 위협하는 요인을 제거하기 위해 최선을 다할 수 밖에 없는 구조가 되었다.

북한의 대포동미사일 발사성공은 미국의 안보를 치명적으로 위협하는 요인이었기 때문에 워싱턴 정부는 대북정책을 완전히 바꾸게 되었다. 미국 민주당 정부는 북한이 미사일 개발에 성공하고 또한 은밀하게 핵개발을 지속적으로 추진하고 있다는 정보를 확보하였다. 클린턴 대통령은 페리 전 국방장관을 북한에 특사로 보내 북한의 핵과 미사일

문제를 해결하고자 하였다. 그리고 방문결과에 관하여 '페리보고서'를 의회에 제출하여 다양한 정책적 대안을 제시하였다. 그러나 결과적으로는 어느 것도 북한의 핵개발 의지를 저지할 수 없었다. 그 후 북한 핵문제에 대하여는 별다른 성과나 진전없이 공화당의 부시대통령에게 전권을 넘겨주었다.

III. Bush 행정부의 대북정책
(George W. Bush, 2001-2009)

1. 안보위협요인 제거

새로 집권한 부시대통령(George Walker Bush)[10]은 북한에 관한 보고를 들은 후, 북한을 이란, 이라크와 함께 "악의 축(Axis of Evil)"으로 분류하였다. 특히 2002년 10월 3일 북한 핵개발에 관한 명백한 증거를 가지고 북한을 방문한 제임스 켈리 미 국무장관에게 북한은 그동안 핵개발을 해왔다는 사실을 인정함으로써 미국과 북한간의 관계는 새로운 국면을 맞이하였다. 부시대통령은 제네바협상이 북한의 약속위반으로 파기되었다고 선언하는 한편 북한의 핵문제를 안보상의 중대한 위협요인으로 파악하게 되었다.

미국은 북한과의 양자회담을 통해서는 북한핵문제를 해결하는 것이 어렵다고 판단하였다. 북한은 이미 미국과의 양자회담이었던 제네바합의를 파기하였기 때문이다. 게다가 합의를 파기한 상대방을 제재할 수 있는 수단이 전혀 없었기 때문에 북한의 기만과 합의파기를 지켜만

---

10) 부시대통령(George Walker Bush)는 제 43대 미국 대통령으로서 41대 대통령인 조지 허버트 워커 부시(George Herbert Walker Bush 1989.1.20 - 1993. 1.20)대통령의 장남으로 2001년 1월 20일부터 2009년 1월 20일까지 집권했다.

볼 수 밖에 없었다. 그리고 평양정권을 전혀 신뢰할 수 없는 국가로 인식하고 다시는 양자회담을 하지 않기로 하였다.

그러나 북한은 집요하게 미국과의 양자회담을 통하여 핵문제를 논의하자고 주장했다. 워싱턴정부는 김정일과 회담을 원하지 않았지만, 북한의 지속적인 핵개발과 북한의 회담 요구에 대응하지 않는다는 비판을 미국이 받게 되었다. 이러한 압력을 받아오던 부시행정부는 세계여론과 중국의 중재로 인해 북한핵문제를 위한 3자회담을 2003년에 개최하였다. 미국은 회담의 책임성과 결과의 확실한 담보를 위하여 회담구성국의 확대를 원했다. 내부 정책적으로는 10자회담이나 UN에서 북한 핵문제를 해결해 주기를 원했다. 결국 미국과 북한, 중국의 3자회담은 6자회담으로 확대되어 한국과 일본, 러시아 등이 합류하게 되었다. 그러나 6자회담 참가국은 각자 자국의 이익을 위해 회담에 참가하였으므로 실질적인 진전을 거두기 어려웠다.

한국은 그동안 김대중 정부(98-02)와 노무현 정부(03-07)를 거치면서 미국보다는 중국과 이해관계를 같이하게 되었으며, 대북한 제재조치에는 적극적으로 반대하였다. 중국은 북한의 붕괴와 동요를 거부하였다. 나아가 미국과 국제사회의 대북한 제재조치에도 반대하였다. 미국은 일본과 정책공조를 하면서 북한핵문제를 해결하고자 하였다. 일본은 여전히 북한에 납치된 일본인 문제를 해결하고자 원했다. 러시아는 아시아에서의 주도권을 잃지 않으려고 참가하고 있었으며 내부적으로는 북한에 핵과 미사일 관련기술과 제품을 판매하고 있었다.

이러한 6자회담 참가국들의 각각의 이해관계가 상충하는 가운데 북한의 핵문제를 해결할 수 있는 방법은 점점 요원해졌다.

2. Bush 행정부가 보는 북한의 핵개발 목적

i) 미국과의 양자회담

북한은 미국과의 양자회담을 통하여 좀 더 많은 것을 획득할 수 있을 것으로 기대하기 때문에 핵개발 프로그램을 양자회담을 하기 위한 중요한 수단의 하나로 사용하고 있다고 분석한다. 실제로 셀리그 해리슨에 의하면, 2005년 9월의 북경 6자회담에서 북한의 비핵화를 해결하기 위해서는 미국과의 양자회담이 필수적이라는 주장을 북한측 고위관리로부터 들었다고 전한다. 미국측이 북한의 이러한 주장이 사실이라고 믿는다면, 북한은 미국으로부터 경제적, 외교적으로 원하는 보상을 받는다면, 핵프로그램을 제거할 수 있을 거라고 믿는 셈이다.[11)]

ii) 김정일 정권의 체제보장과 경제실패 완화

북한의 핵은 김정일 정권의 출범 당시부터 정권유지의 핵심이면서 강력한 지지기반이었다. 1993년 국방위원장의 권력으로 정권승계를 할 때에도 핵개발을 이유로 국제사회가 북한을 제재하려고 하자, 북한 내부에 "준전시상태"를 선포하여 공포분위기를 조성하였다. 그리고 준전시상태를 해제한 직후에 최고인민회의를 열어서 김정일을 국방위원회 위원장으로 선출함으로서 권력을 장악했다.

또 군부의 지지를 확보하기 위해 "선군정치"를 시작하여 군부에 대한 국가차원의 우월적 지원을 하였으며, 핵무기 개발 프로그램을 강화함으로써 군부의 지지를 확보하는 데에 성공했다. 북한의 군부와 김정

---

11) Harrison, selig, "In a Test, a Reason to Talk, "Washington Post op-ed., October 10, 2006; Emma Chanlett-Avery and Sharon Squassoni, North Korea's Nuclear Test: Motivations, Implicatioins, and U.S. Options, CRS Report for Congress, October 24, 2006, Congressional Research Service Order Code RL 33709, www.crs.gov. p. CRS-5 재인용

일은 핵무기 보유만이 북한의 안보를 확보할 수 있다고 믿기 때문에 핵무기 개발을 강행하는 김정일에 대한 절대적 지지로 이어진다. 따라서 "강성대국 건설"과 "선군정치" 및 핵무기 개발을 지속하는 한, 북한 내부의 강경파와 군부는 김정일 정권에 대한 절대적 지지자 역할을 하게 될 것이다.

2002년에 미국의 부시대통령이 이라크의 대량살상무기 개발을 이유로 2003년 이라크를 침공하여 정부를 전복시켰다. 당시 이라크는 핵개발을 완수하지 못했다. 북한은 이에 경악하여 핵개발만이 북한정권의 생존수단이라고 믿게 되었을 것이라고 판단한다. 비밀이 해제된 미국 2003년 CIA가 상원정보위원회에 보고한 문서에 의하면 김정일 정권은 핵실험을 통하여 핵 보유국으로서의 북한의 위상을 과시할 것이며, 김정일 정권의 국제적 위치와 안보를 확고히 할 것이라고 분석하였다.[12)]

실제로 2003년 4월 북한은 미국의 이라크 침공을 비난하면서 엄청난 억제력, 즉 핵무기만이 전쟁을 피할 수 있을 것이라고 주장하였다. 또한, 2005년 3월에는 핵무기보유만이 지역의 세력균형을 보장할 것이며 전쟁억지력으로 작용할 것이라고 주장했다. 나아가 북한은 2006년 3월에는 "선제공격은 미국의 전유물이 아니라 우리도 할 수 있으며, 우리는 미국의 핵위협 때문에 핵무기를 만들었다"고 보도했다.[13)]

---

12) Emma Chanlett-Avery and Sharon Squassoni, North Korea's Nuclear Test: Motivations, Implicatioins, and U.S. Options, CRS Report for Congress, October 24, 2006, Congressional Research Service Order Code RL 33709, www.crs.gov. p. CRS-6.

13) "N.Korea Threatens to Make More Nukes", Washington Times, March 15, 2006; Motivations, Implicatioins, and U.S. Options, CRS Report for Congress, October 24, 2006, Congressional Research Service Order Code RL 33709, www.crs.gov. p. CRS-8.

iii) 도입된 핵무기 기술에 대한 확인차원의 이유

핵무기를 개발하는데 있어서는 플루토늄이든, 고농축 우라늄이든 실제의 실험이 필수적이다. 이와 더불어 북한이 상당히 오랜 기간동안 기폭장치실험도 해왔기 때문에 핵무기 실험이 상당히 진척되었을 것으로 보인다. 그럼에도 불구하고 당시 부시행정부 당국자들은 이러한 정도의 실험만 가지고서는 북한이 핵탄두를 대륙간탄도탄에 탑재할 수 있는 기술적 진보는 하지 못했을 것이라고 판단했다.[14]

3. 부시행정부의 선택가능한 정책[15]

i) 현상유지

부시 행정부는 6자회담을 통하여 북한의 비핵화를 추구했다. 그러면서도 다른 한편으로는 북한의 인권문제와 범죄적 행위들, 특히 북한의 달러 위조를 비난했다. 당시 부시행정부는 한편으로는 6자회담을 통하여 북한의 핵문제를 해결하고자 하였으며, 다른 한편으로는 김정일 정권의 정권교체를 추구했다고 할 수 있다. 당시 북한정권의 생존문제를 다루면서 북한의 붕괴가 바람직하지 않다는 의견도 상당히 있었다. 북한정권의 붕괴는 곧 아시아지역의 정치적, 경제적 불안정으로 이어질 것이며, 특히 중국의 동북부 3개 성에 큰 영향을 미쳐 결국 미국의 경제에도 악영향을 미칠 것이라고 판단했다. 또한 이 과정에서

---

14) Emma Chanlett-Avery and Sharon Squassoni, North Korea's Nuclear Test: Motivations, Implicatioins, and U.S. Options, CRS Report for Congress, October 24, 2006, Congressional Research Service Order Code RL 33709, www.crs.gov. p. CRS-7.

15) Emma Chanlett-Avery and Sharon Squassoni, North Korea's Nuclear Test: Motivations, Implicatioins, and U.S. Options, CRS Report for Congress, October 24, 2006, Congressional Research Service Order Code RL 33709, www.crs.gov.

발생하는 북한 난민들에 대한 처리문제를 놓고 북한의 정권붕괴가 바람직하지 않다는 결론에 도달하기도 하였다. 미국내에서는 북한정권의 hard landing과 soft landing 간의 논쟁이 벌어졌다. 결국 북한정권에 대한 상당한 지원을 통해 북한정권이 연명하게 되었다. 또 그러면서도 이라크와 아프가니스탄의 문제 때문에 북한에 상대적으로 소홀할 수 밖에 없었다는 지적도 있었다.

ii) 북한을 핵보유국으로 인정

일부 전문가들은 북한을 핵보유국으로 인정하여 핵클럽에 가입시키는 한편 북한에게 핵보유국으로서의 핵확산 방지와 국제사회에서의 책임을 완수하도록 하는 것이 대안이라고 주장한다. 인도와 파키스탄, 이스라엘과 같은 사례로 분류한다. 실제로 북한은 파키스탄으로부터 핵개발 기술을 도입하면서 파키스탄이 핵보유국가로서의 국제사회에 인정 받게된 과정을 모방하고자 하였다.

그러나 미국의 고위관리들은 절대 불가능하다고 부인한다. 인도와 파키스탄은 1998년에 금지된 핵실험을 하여 미국을 격노시켰지만, 여러 가지 지정학적인 이유로 지금은 미국의 동맹국이 되었다. 그러나 북한은 예측할 수 없고 위험한 미국의 적대국가로서 핵무기를 가진 북한을 절대 신뢰할 수 없다고 한다.

iii) 북한과의 양자회담을 통한 새로운 접근

이 정책은 북한이 핵무기를 포기할 의사가 있거나 혹은 미국이 북한과 양자회담을 할 때, 6자회담 국가들이 더욱 견고하게 단합될 수 있는 경우이어야 한다. 부시행정부에서는 양자회담이 북한의 나쁜 행태에 보담을 해 주는 것이라고 하여 거부했다. 게다가 북한은 미국과의 양자회담을 통하여 더 많이 얻어내기 위해 완강한 정책을 구사하면서 6자회담을 지렛대로 이용할 것이다. 그리고 미국이 김정일에게 평화를 구걸한다고 선전할 것이라고 판단했다.

iv) 6자회담을 통한 지속적인 외교적 노력

북한이 핵실험을 한 이후 6자회담은 거의 사망한 것이나 다름없다. 북한이 6자회담에 복귀하도록 제재를 가하는 과정에서 중국과 한국은 상당한 정도로 반발하고 있다. 특히 이 기간동안 한국은 김대중의 노무현 정부에 이어지는 10년간 미국의 대북제재조치나 강경조치에 대하여 적극적으로 반대했다. 북한의 핵문제를 해결하기 위해 북한의 요구로 시작된 다자협상 즉, 초기에 북한과 중국, 그리고 미국 3국이 참가하여 시작한 다자회담이 6자회담으로 확대되면서 북한이 회담결과를 파기하기 어려운 조건이 되었다. 이에 북한은 회담 자체를 거부하게 된 실정이었다. 북한을 회담에 불러들이기 위해 미국이 추진하는 어떠한 제재조치에 대하여도 김대중, 노무현의 한국정부와 중국이 적극적으로 반대하였다. 워싱턴정부는 동경과 긴밀히 협의하여 외교적 수단을 통해서만 북한을 협상테이블로 불러야 했다. 특히 중국과 한국은 북한에 대한 군사적 조치들로 초래할 수 있는 위협적 방법에 대하여 반대하고 있는 실정이다.

v) 김정일 정권에 대한 경제적 법적 압력의 증가

지난 몇 년간 6자회담을 진행시켜온 부시 행정부는 김정일 정권에게 압력을 가할 수 있는 몇가지 프로그램을 개발해 왔는데 그것은 평양으로 현금과 특수한 재화가 유입되지 못하도록 하는 것이었다. 북한의 김정일이 직접 관리하고 사용하는 김정일의 통치자금들은 북한의 엘리트들에게 제공해 줄 사치품들에 대한 수입을 어렵게 만들었으며, 이러한 조치들이 평양정권을 움직이게 한 것에 대하여 워싱턴 정부도 새로운 발견을 하였다. 게다가 중국과 한국이 가담하면 평양의 행태를 훨씬 쉽게 변화시킬 수 있는 것이었다. 그러나 이러한 한국과 중국은 이러한 제재조치들이 북한으로 하여금 오히려 핵물질과 미사일을 수출하도록 몰아부치는 것이 될 수도 있다고 경고하였다.

미국이 사용했던 국제적 조치들은

a) 일방적인 금융제제와 법적 수단들

b) PSI(Proliferation Security Initiative) 강화 및 확대 등이었다.

vi) 비군사적 수단에 의한 김정일 정권 교체

6자회담을 종식시키고 북한의 경제를 붕괴시킴으로써 김정일 정권의 교체를 시도하는 방법도 있었다. 이 정책의 핵심은 중국과 한국으로부터 북한으로 유입되는 경제적 교류와 지원을 차단하는 것인 바, 당시의 많은 전문가들은 이럴 경우, 정권이 붕괴되거나 김정일이 핵무기 개발 프로그램을 포기하게 될 것이라고 믿었다.[16)]

그러나 공식적으로 이런 정책추구는 중국과 한국으로부터 큰 반발을 불러올 것이라고 판단했다. 게다가 중국은 북한이 붕괴되는 것을 반대하고 있었다.

이에 부시행정부의 자문단 중의 일부는 한국과 중국을 협박하여 이러한 정책에 동조하도록 해야 한다고 주장하였다. 즉, 한국에게는 주한미군을 철수하고 한미자유무역협정을 철회한다고 압박을 가하면,

---

16) Aaron L. Friedberg, "An Offer Kim Can't Refuse," Washington Post -Opion Section. October 16, 2006, Emma Chanlett-Avery and Sharon Squassoni, North Korea's Nuclear Test: Motivations, Implicatioins, and U.S. Options, CRS Report for Congress, October 24, 2006, Congressional Research Service Order Code RL 33709, www.crs.gov. p. CRS-16 재인용

북한에 대한 지원을 중단할 수 있을 것이라고 보았다. 또 중국에게는 "하나의 중국" 정책을 포기하고 대만을 적극적으로 지원하며, 중국과의 경제관계를 축소하는 것을 고려할 수 있다고 주장한다. 그러나 이 방법은 세계경제의 가장 중요한 축의 하나인 중국과의 관계를 해칠 수 있으며, 미국과의 조약동맹국인 한국과의 관계 역시 위험에 처할 수 있다고 비판을 받았다.

vii) 군사적 조치

클린턴 정부시절에 북한의 핵시설에 대한 군사적 공격을 심각하게 고려한 적은 있었지만, 많은 전문가들은 현재로서는 군사적 공격은 가능성이 희박하다고 보고 있다. 미군의 대북 군사적 공격에 대하여 북한의 보복으로 인한 한국과 일본의 피해, 그리고 중국이 어떻게 반응할 것인가에 대한 확신이 없다. 또한 경제적으로 역동적인 동북아 지역에서의 군사적 충돌로 인한 경제적 비용은 너무나 크기 때문이다.

클린턴 정부당시 1993년에 고려하였던 북한의 핵시설에 대한 군사적 공격은 미군 사상자 약 52,000명, 한국의 군인 사상자 약 50만 명, 그리고 예측할 수 없는 다수의 민간사상자를 예측했었다. 그러나 북한의 핵시설에 대한 정밀타격(surgical strike)이라고 해도 완벽하게 성공하리라는 확신은 없었다. 북한은 많은 시설들을 지하에 숨기고 있었고, 추가적인 핵시설을 어디에 은닉했는지 정보도 부족했다. 또 북한이 어느 정도로 군사적 보복을 할 것인가에 대한 두려움도 있기는 했었다.[17]

---

17) "If Necessary, Strike and Destroy," Washington Post. June 22, 2006; Emma Chanlett-Avery and Sharon Squassoni, North Korea's Nuclear Test: Motivations, Implicatioins, and U.S. Options, CRS Report for Congress, October 24, 2006, Congressional Research Service Order Code RL 33709, www.crs.gov. p. CRS-17 재인용.

미국의 많은 전문가들은 북한이 핵무기나 핵물질을 제 3국이나 단체로 이전했을 경우(red line)에는 직접적인 보복을 해야 한다고 제안한다. 이러한 행위는 미국의 안보에 심각한 위협이 되며 북한은 이에 충분히 책임을 져야하기 때문이라고 한다. 그러나 현실적으로는 핵물질의 이전에 관하여 북한이 100% 확실하게 책임이 있다고 규명하는 것은 현실적으로 거의 불가능하다.[18)]

viii) 주한미군 철수

미국 내부에서는 미군이 전 세계에 불필요할 정도로 너무 많이 배치되어 있으며 오히려 정말 필요로 하는 이라크나 아프가니스탄에는 미군이 부족하다는 지적도 나오고 있었다. 그리하여 주한 미군을 철수하여 아프가니스탄이나 이라크에 보내야 한다는 것이다.

그러나 미국이 주한미군을 철수시켜 북한과 평화협정을 체결할 경우, 동북아 지역에서의 문제해결자로서의 지위를 상실할 것이며, 특히 중국을 이 지역의 패권자로 만들게 될 것이다. 미국이 일본이나 혹은 여타 아시아 국가에 공군이나 해군을 주둔시켜서 중국으로부터의 잠재적 위협에 대비한다고 하더라도 주한미군철수는 이 지역의 지정학적인 지형을 변화시켜서 한국의 통일문제나 다른 중요한 문제에 있어서 미국이 제 역할을 못하게 될 것이다.[19)]

결국 이러한 시나리오에 따라 다양한 분석을 했음에도 불구하고 결

---

18) Emma Chanlett-Avery and Sharon Squassoni, North Korea's Nuclear Test: Motivations, Implicatioins, and U.S. Options, CRS Report for Congress, October 24, 2006, Congressional Research Service Order Code RL 33709, www.crs.gov. p. CRS-17-18.

19) Emma Chanlett-Avery and Sharon Squassoni, North Korea's Nuclear Test: Motivations, Implicatioins, and U.S. Options, CRS Report for Congress, October 24, 2006, Congressional Research Service Order Code RL 33709, www.crs.gov. p. CRS-18.

국 미국은 북한의 핵문제를 가장 효과적으로 해결하기 위해서는 6자회담을 통하여 결실을 얻어내는 것이었다.

그러나 전략적으로는 오히려 북한이 회담에서의 주도권을 쥐고 있었다. 미국을 상대로 북한이 합의한 것은 북한이 원하면 언제든지 재개할 수 있는 사항들만 합의하였다. 평양정권은 미국과의 합의의 대가로 상당한 경제적 이익을 확보하는 데에 성공했다. 그리고 필요한 시기에 다시 합의를 파기하고 핵개발을 계속하는 행태를 반복했다.

2007년 2월 13일 비핵화 1단계에서는 북한당국은 영변 원자로 가동중단 및 핵시설 봉인을 대가로 중유 100만톤 상당의 에너지 경제지원을 하기로 하여 합의에 이르렀다. 그리하여 2007년 10월 3일에 핵시설의 불능화 및 핵물질 신고를 연내에 완료하기로 한 "10.3 합의"도 만들었다. 2008년 6월 27일에는 북한 당국이 영변에 있는 냉각탑을 폭파, 붕괴시켰다. 특히 냉각탑을 폭파하는 장면을 텔레비전 방송을 통하여 전세계에 보도되도록 함으로써 극적인 효과를 기대했다. 이에 미국도 10월 11일 북한을 테러지원국명단에서 제외시켰다.

그러나 2008년 이후 북한은 영변 원자로를 재가동하였으며, 핵시설 봉인을 폐기하였다. 비핵화 2단계에서는 영변핵시설을 불능화 한다면서 영변원자로 냉각탑을 폭파하였으나, 그 주변에 있던 새로운 영변원자로에서는 다시 사용후 연료봉을 인출하여 핵무기화 하고 있다고 발표하였다. 결국, 2008년에 공개적으로 폭파하여 붕괴시킨 영변 원자로 냉각탑은 이미 노후화되어서 폐기물을 처리한 것에 불과한 것이었다. 미국을 상대로 그러한 폐기물을 파괴시키는 대가로 북한은 다시 60만톤의 중유를 제공받았다.

이러한 우여곡절을 겪으며 부시행정부는 북한핵문제를 해결하고자 하였으나 미국이 대통령선거를 앞두고 있는 것을 알고 있는 북한은 더 이상의 합의를 회피하고, 6자회담 자체를 거부함으로써 오바마 민주당

정부로 과제가 넘어갔다.

오바마 행정부가 출범하자 북한은 2009년 다시 제 2차 핵실험을 하였으며, 북한핵문제는 전혀 다른 양상으로 나타났다.

6자회담과 북한의 전략 [20)]

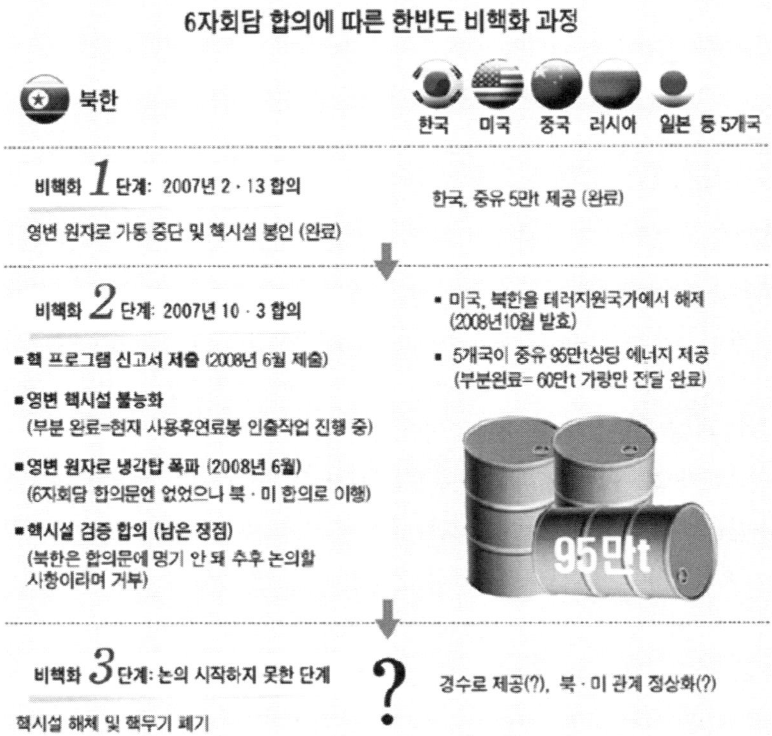

20) 황지환, 북미회담 + 6자회담 + 북한변화 있어야 북핵해결, 2009 세계질서의 변화와 한국의 선택, (2)불투명한 북핵해법, 중앙일보 2009-01-09, http://www.eai.or.kr/type_k/panelView.asp?catcode=1011000000&code=kor_eaiinmedia&idx=6904 (검색일 2009년 10월 23일)

IV. Obama행정부의 대북정책

(Barack Obama, 2009-)

1. 오바마 행정부의 외교정책 기조

i) 균형력(Power of Balance)의 회복

부시행정부는 외교정책을 수행함에 있어서 국제사회와의 협력보다는 미국민의 능력을 과신하고 미국의 독단적 결정으로 외롭게 수행했다. 그 결과 미국의 외교정책에 대한 명분은 있지만 재정적 부담이 컸다. 특히 미국정부의 막대한 재정을 투자했던 이라크 전쟁을 치르면서도 국제적으로는 오히려 고립되어 갔다.

이에 새로이 미국 행정부를 책임진 오바마 대통령과 그 정부는 국제사회와의 협력과 대화를 통하여 세계의 안보에 대한 책임과 의무를 수행하는 정책으로 전환했다. 즉, 군사력에 기반은 둔 외교정책을 축소하고, 국제사회로 하여금 적극적으로 역할을 분담하도록 유도하였다. 또한 국제기구와 다자간 기구 등을 활용하여 국제문제를 해결하는 정책으로 전환했다. 그리하여 군사력과 같은 hard pcwer로 세력균형(Balance of Power)을 확보하는 것이 아니라 각 국가들과 국제기구들로 하여금 세력균형을 이루고, 안보를 담당할 수 있도록 조정해 주는 균형자(Balancer)의 역할을 함으로써 soft power로 안보를 확보하겠다는 것이었다. 이것이 오바마 행정부의 외교정책 근간이라고 할 수 있다.

ii) 동아시아 전략

오바마 정부는 부시행정부와 마찬가지로 아시아지역의 안보를 미국이 혼자 부담하려고 하지 않는다. 과거에는 미일동맹을 기초로 일본으로 하여금 아시아지역의 안보를 부담하게 하였다. 그러나 아시아지역에서 일본의 행태와 일본의 역할에 대한 지역 국가들의 반감을 오히려 반미감정을 더욱 부추겼으며, 미국의 아시아지역 안보 패권유지에 거의 도움이 되지 않고 있다. 게다가 아시아 국가들의 일본에 대한 반감과 세계적인 경제위기로 인해 일본의 역할이 축소되었다. 오히려 중국의 경제력이 급부상하면서 중국의 역할과 기대가 더 커졌다. 이에 미국은 아시아 지역의 안보를 일본과 중국을 중심으로 아시아 국가들이 책임과 의무를 수행하도록 하면서 미국은 균형자적인 역할을 하는 것으로 변모시키고자 하였다.

중국이 미래에는 미국에 대한 심각한 적대국이 될 가능성이 있는 잠재적 적국이기는 하지만, 오바마 대통령은 중국과의 현재적 갈등요인들을 감추고 중국과 협조체계를 구축하려고 노력하였다. 오바마 정부 출범 후 상당기간동안 중국과의 관계를 진전시키고자 노력하였다. 정부출범 직후 중국을 방문한 클린턴 국무장관은 중국과의 갈등요인인 중국의 인권문제, 티벳 분리독립문제, 통상마찰문제 등을 일체 거론하지 않았다. 오히려 금융위기와 기후변화, 안보위협등과 같은 상호 동반자적인 논의가 될 수 있는 이슈들만 거론함으로써 중국을 미국과 더불어 세계경제와 정치를 지도할 수 있는 국가로 인식시키고 동반적 지도력을 강조했다.

즉, 중국의 역할과 성장을 인정하면서 중국이 동아시아 지역에서 안보를 책임지는 국가로 인정하고 자신은 미국이 당면한 위기들을 차근차근 해결하고자 한다.

미국정부의 세계전략은 다음과 같다.

(1) 미일동맹을 아시아지역 안보를 책임지는 가장 중요한 기반으로 두면서

(2) 한국과 아세안(ASEAN), 호주는 경제와 안보상의 동반자 관계로 두고

(3) 인도는 정치와 경제의 동반자로 인정하며,

(4) 중국은 현안문제에서 책임있는 역항을 할 때 안보분야에서 보다 긴밀한 관계를 구축해 가겠다고 밝히고 있다.[21)]

이러한 과정을 통하여 미국은 아시아지역에서의 주도권을 여전히 보유하고자 하였다. 그러면서도 전통적인 우방국인 일본에 대한 배려와 중시감을 잃지 않으려고 하였다. 오바마 행정부가 출범하자 클린턴 국무장관은 아시아의 첫방문지로서 일본을 선택하여 일본이 아시아지역에서의 미국의 제1동맹국이라는 점을 확인시키려고 하였으며, 나아가 오바마 대통령의 최초의 초청 정상회담이 일본이라는 점을 부각시켰다.

2. 북한의 도발과 미국의 대응

북한에게 있어서 핵개발은 김정일 정권의 기반을 강화시킨 역할을 하였으며, 재정적으로도 김정일 정권의 유지에 지대한 공헌을 하였다. 북한이 핵을 가지고 있는 한 계속해서 핵문제에 관한 협상을 통하여 실질적 이익을 확보할 수 있기 때문에 평양정권은 핵므장을 절대로 포기하지 않을 것이다. 북한은 1994년 제네바 합의가 이루어진 후 2009년까지 약 15년동안 핵개발 덕분에 22억 9천만 달러(2조7천억 원)의 외부세계 지원을 받았다.[22)]

오바마 대통령은 취임 직후 적대국과도 대화와 협상을 통해서 문제

21) 제 52차 국가안보패널 회의록, NSP Panel, 2009-02-14, East Asia Institute, http://www.eai.or.kr/type_k/panelView.asp?catcode=1011000000&category=23&code=kor_report&idx=8279, 검색일 2009년 10월 23일

22) Tony Chang, N. Korea received US$2.3 billion through past nuke agreements: lawmaker, Yonhap News Agency, 2009/10/05, http://english.yonhapnews.co.kr/northkorea/2009/10/05/0401000000AEN20091005006600315.HTML

를 해결하겠다는 의지를 표명했다. 출범 직후부터 오바마 대통령은 이라크와 아프가니스탄 문제에 전념하고 이란의 핵문제 집중하였다.

이러한 과정에서 오바마 행정부가 북한에게는 아무런 관심을 보이지 않자, 북한의 김정일은 2009년 4월에 대륙간 탄도탄 급인 대포동 2호 미사일을 발사했으며, 2009년 5월 25일에는 제 2차 핵실험을 강행하였다. 이어서 평양당국은 이러한 핵무기 외에도 단거리미사일과 지대공 미사일, 지대함 미사일등을 발사했다. 이러한 무기들은 북한의 국경선에 근접해 오는 적군을 타격할 수 있는 능력을 과시하는 것이었다.

이것은 북한 핵무기에 대한 군사적 제재조치에 대하여는 군사적 조치로서 항거하겠다는 무언의 군사적 시위라고 할 수 있다. 이것은 김정일이 미국과의 협상을 재개할 것을 기대하는 한편, 오바마 민주당정부가 북한에 대한 유화정책과 협상을 시작할 것을 기대하고, 핵무기 개발과 보유를 기정사실화(fait accompli) 하고자 전략이라고 할 수 있다.

이에 대하여 미국의 행정부와 미군은 즉각 북한의 어떠한 도발에 대하여도 응징할 것을 명확하게 밝혔다. 미국의 오바마 대통령은 2009년 6월 22일 CBS 인터뷰에서 "북한이 하와이를 향하여 대륙간 탄도 미사일을 발사한다면 미국은 이에 적극적으로 대응할 수 있도록 만반의 준비가 되어있다"고 밝혔다. 이와 아울러 로버트 게이트 미국방장관은 "북한이 하와이를 향하여 대륙간 탄도탄을 발사한다면 그에 대한 추가적인 예방조치(additional precautions)들을 명령해 놓았다"고 2009년 6월 18일 미국방부 언론 브리핑에서 밝혔다. 이로써 미국은 북한이 도발할 수 도 있는 행위에 대하여 군사적 보복조치를 확실하게 할 것이라는 점을 북한에게 경고했다. 기자들이 다시 미국 오바마 대통령에게 북한이 그렇게 하와이를 향하여 미사일을 발사한다면 북한에게 군사공격을 감행하겠느냐고 질문하였다. 이에 오바마 대통령은 "그런 가설적 상황에 대하여 추측하고 싶지는 않다."고 하면서도 북한이 미국의 안보방어기준을 넘어서면 즉각 군사적 보복조치를 취할 것임을 명확하게 함으로써 미국국민들을 안심시켰다. 즉, "t"의 가로선은 기준을 넘어선 것이며 "i"의 점은 기준을 넘어서지 않은 점이라는 것이다.[23)]

그러자 북한은 다시 2009년 7월 3일과 4일에 사정거리 1,100km ~ 1,160km의 단거리와 중거리 미사일 7발을 발사[24)] 함으로써 다시 미국을 시험하고자 하였다.

3. 북한의 요구분석

오바마 대통령과 미국 행정부가 분석하고 있는 북한의 전략과 요구사항은 다음과 같다.[25)]

1) 북한의 핵포기 불가

북한은 미국이 관계를 정상화하고, 경제적 지원을 해 준다고 해도 핵무기를 포기하지 않을 것이라고 분석했다. 북한은 핵무기를 포기하지 않을 전략으로 미국과 북한과의 외교 관계정상화가 먼저 시행되어야 함을 줄기차게 주장해왔다. 즉, 외교관계 정상화가 비핵화를 위한 첫 단계로서 비핵화보다 선행되어야 한다고 북한은 주장한다. 북한의 이러한 주장은 도리어 미국으로 하여금 북한이 핵무기를 포기할 의사가 전혀없음을 나타내는 것이었다.

---

23) Merle David Kellerhals Jr., President obama Says U.S. Prepared for Any North Korean Threat, http://seoul.usembassy.gov/nk_062209.html (검색일 2009년 9월 27일)

24) Stephen Kaufman, U.S. Sees Seriousness of Purpose on North Korean Sanctions, http://seoul.usembassy.gov/nk_070609.html (검색일 2009년 9월27일).

25) Larry A. Niksch, North Korea's Nuclear Weapons Development and Diplomacy, CRS Report for Congress, September 9, 2009, Congressional Research Service 7-5700, www.crs.gov. RL33590 pp. 11-12.

ii) 핵보유국 인정요구

북한은 자신을 핵무기 보유국으로 인정받기를 원한다. Woodrow Wilson 센터의 해리슨(Selig S. Harrison)박사가 평양방문 직후에 2009년 2월 4일 보고서에서 미국이 북한을 핵무기보유국으로 인정해주길 바란다고 요구하고 있다고 보고했다. 북한의 고위당국자와 군사지도자들은 북한의 핵개발의 목표는 미사일에 핵탄두를 장착하는 것이라고 주장했다.

iii) 플루토늄의 핵무기화 인정요구

북한은 2008년에 공표한 플루토늄 31kg의 비축하고 있는 것이 아니라 모두 무기화했다. 이것은 미국과의 협상에서 비축된 플루토늄을 협상대상으로 할 것이 아니라 플루토늄 핵무기를 협상대상으로 삼아야 한다는 것을 의미한다.

iv) 비핵화시 미국의 한국에 대한 핵우산철폐요구

북한은 비핵화를 한반도의 비핵화를 주장하며, 미국의 북한에 대한 "핵위협"도 제거되어야 한다고 주장한다. 즉, 한국과 미국사이에 체결된 한미동맹과 미국의 핵우산이 완전히 철폐되어야 한반도 비핵화가 이루어질 수 있는 것이며 북한의 비핵화도 가능하다고 주장한다.

v) 북핵 사찰시 한국의 미군기지 사찰포함

북한의 핵시설을 사찰하고 검증하기 위해서는 한국에 대한 사찰과 검증은 물론 주한미군기지의 사찰과 검증도 포함되어야 한다고 주장한다.

4. 미국의 가능한 정책[26)]

i) 포괄적 타결(Comprehensive Package Deal)

클린턴 국무장관은 북한의 완전한 비핵화를 위해 포괄적 타결을 하겠다고 밝혔다. 그녀는 2009년 7월 ASEAN 지역 포럼에서 북한의 비핵화가 비가역적인 절차를 진행한다면 미국은 이에 상응하는 포괄적 인센티브를 제공하겠다고 밝혔다. 이에는 미국과 북한의 완전한 관계정상화, 영구적인 평화체제 구축, 에너지와 경제적 지원 등이 있다. 여기서 미국은 북한의 핵무기와 플루토늄 비축, 검증시스템, 그리고 고농축 우라늄과 이란 이라크 등으로의 핵확산문제도 포함될 수 있다고 갈했다. 그러나 클린턴 국무장관은 북한이 제기하는 한반도에서의 "미국의 핵위협"과 관련된 미국의 군사력에 관해서는 일체 논의 대상이 안 된다고 단호하게 말한다.

ii) 영변핵시설 불능화-플루토늄 생산금지

만약 포괄적 타결이 불가능하다면, 미국은 북한의 영변지역에서의 추가적인 플루토늄의 생산을 금지시키는 것으로 협상목표를 축소할지도 모른다. 사실 그동안 중국은 부시행정부 내내 미국에게 다음과 같이 요구하였다. 즉, 북한의 기타 핵프로그램은 그대로 존치시키고 다만 영변의 플루토늄 생산만 금지시키는 것으로 북한 핵문제를 마무리하자고 압력을 가해왔다. 만약 이런 시나리오대로 진행된다면, 오바마 정부는 영변의 핵시설만 완전히 불능화시키는 것으로 협상목표를 잡게 될 것이다. 그리고 북한이 그동안 개발해 온 다른 핵무기나 핵시설

---

26) Larry A. Niksch, North Korea's Nuclear Weapons Development and Diplomacy, CRS Report for Congress, September 9, 2009, Congressional Research Service 7-5700, www.crs.gov. RL33590 pp. 13-14.

등에 관해서는 최대의 성과가 현상태 동결이거나 혹은 협상대상에서 제외될 수도 있을 것이다.

그동안 북한의 태도로 보아서는 영변의 핵시설에 대한 불능화에 대해서는 찬성할 것으로 보인다. 그대신 북한은 미국과의 관계 정상화를 요구할 것이며, 1994년 제네바합의에 의해 건설되다 중단된 경수로건설을 완료할 것을 요구할 것이다. 그리고 연변 핵시설의 완전한 불능화는 경수로건설이 완료되는 때에 비로소 이루어질 것이라고 주장할 것이다. 그 과정은 아마 10년 이상이 소요될 것으로 보인다. 또 그동안 북한은 지난번처럼 경수로가 완공될 때까지 중유를 계속 제공받기를 원할 것이다.

뿐만 아니라 미국이 북한을 다시 테러지원국으로 지정할 경우에 대비하여 북한을 상대로 한 모든 제재대상국에서 제외시키고, 미국의 "테러지원국" 명단에서 삭제해 줄 것을 요구할 것이다. 그래야 국제금융기구로부터 금융지원을 받을 수 있기 때문이다.

그러나 미국이 북한과의 외교관계를 정상화하는 것은 북한의 핵프로그램과 핵무기가 제거될 때야 비로소 가능하다고 2009년 7월 동아시아를 방문했을 때 강조한 바 있다. 또 북한의 경수로 건설에 대하여 미국은 또 다른 10여년이 소요되는 경수로 건설을 택할 것인지, 혹은 경수로 건설 없이 에너지만 제공해 준다고 할 지 선택할 것이다.

V. 결론

1. 미국의 지속가능한 안보와 세계전략

미국이 당면한 과제들은 아라크와 아프가니스탄에서 전개되는 두

개의 전쟁과 중동지역에서의 이스라엘과 아랍진영간의 갈등, 극단적 폭력주의자들의 위협, 핵확산문제, 세계적 경기침체, 기후변화, 식량 부족과 질병, 그리고 심각한 빈부격차의 문제 등이다. 이러한 문제들은 미국의 안보와 번영에 장애가 되는 요인들이며, 또한 세계적인 안정과 발전에도 걸림돌이다.

미국의 오바마 대통령은 이러한 문제들을 해결하기 위하여 적극적인 개입을 함으로써 새로운 지평을 열어가고 있다. 그러면서도 그는 국제사회의 공통된 이해와 공유하는 가치들, 상호존중이라는 기반위에서 파트너쉽을 가지고 정책을 전개하고 있다.

미국은 북한의 도발적인 행위에 대하여도 UN 안전보장이사회의 동의를 얻기 위하여 막대한 노력을 기울였다. 그리고 6자회담의 소속국들에게도 미국의 대북정책의 원칙과 한계에 대하여 명확하게 밝혔다. 그리하여 단기적으로는 이미 북한의 행태에 대하여 UN의 제재조치와 결의안에 대한 중국, 러시아, 인도 등의 협조를 이끌어냈다. 결국, 미국은 더 강력한 국제협조를 통하여 한반도의 완전하고 검증가능한 비핵화를 실현할 계획이다.[27]

2. 대한반도 방위정책

2009년 6월 16일 미국의 오바마 대통령은 미국을 방문한 이명박 대통령을 환영하면서 한반도의 비핵화에 대한 자신의 비전을 재확인했다. 아울러 북한은 협박이나 불법적인 무기를 가지고서는 북한의 안전을 확보할 수도 없으며 국제사회로부터 존중을 받지 못할 것이라고 확인해 주었다.[28] 또한 양국의 공동성명서인 "한미동맹을 위한 공동비

27) Secretary of State Hillary Rodham Clinton, U.S.-South Korea, http://seoul.usembassy.gov/rok_071509.html (검색일 2009년 9월 27일)

28) Remarks by President obama and Preident Lee Myung-bak of the Republic of

전"에서도 북한의 핵개발에 불안해하는 한국에 대하여 미국의 핵우산에 의한 지속적인 보장을 확고히 한다고 밝혔으며, 동맹관계의 재조정에도 불구하고 한국은 연합방위에서 주도적 역할을 담당하고, 미국은 한반도와 동북아 역내에서 충분한 군사력으로 지원할 것이라고 천명하였다.[29)]

2009년 10월 21일부터 22일까지 한국을 방문한 로버트 게이츠(Robert Gates) 미 국방장관은 한미 안보협의회 공동성명에서 북한의 핵 위협에 대한 미국의 핵우산제공, 재래식 타격능력 및 미사일 방어능력을 포함하는 모든 범주의 군사능력을 운용하여 한국을 위한 확장억지력(extended deterrence)을 제공한다고 재확인하였다.[30)]

미국의 한반도에 대한 이러한 확고한 방위공약은 한국과 충분한 협의를 거쳐 합의한 대로 수행한다는 방침이다. 한국과는 2006년의 합의사항이었던 미군의 전략적 유연성에 따른 주한미군의 재배치 및 분쟁지역 투입, 그리고 2012년 전시작전권 이양 합의 등에 따를 것이다. 실제로 미국에서 전개되는 정책변화는 이에 따라 전개되고 있음을 보여준다. 마이클 멀린 미국합참의장은 주한미군의 일부가 아프가니스탄으로 이동배치될 수 있다고 밝혔다. 또 한국을 포함한 아시아 주둔 미군이 중동지역으로 배치될 가능성도 있다고 미군언론인 "성조(Stars and Stripes)"지가 보도했다. 이것은 2006년에 한미 양국이 합의한 미군의 "전략적 유연성(strategic stability)"에 따라 주한미군이 한국정부의 동의하에 다른 분쟁지역에 투입될 수 있도록 한 합의에 기인한다. 이 때 발생하는 공백은 해군 및 공군전력으로 보강한다는 계획이다.[31)]

Korea in Joint Press Availability, http://seoul.usembassy.gov/pv_061609.html (검색일 2009년 9월 27일)

29) 한미동맹을 위한 공동비전, 2009년 6월 16일. http://seoul.usembassy.gov/pv_061609b.html (검색일 2009년 9월 27일)

30) 중앙일보, 2009년 10월 23일 pp.1-3.

3. 미국의 북한 비핵화 전략

미국의 대북 정책에서의 핵심은 북한의 핵문제에 관한 협상을 종식시키는 것이다. 그 결과 한반도의 비핵화 정책을 어떻게 할 것인지, 또는 최종 결과를 어떻게 끌어낼 수 있을지에 관해서는 많은 고심을 하고 있다. 미국은 북한이 미국과의 양자회담을 고집하면서 한편으로는 그 결과에 따라서 6자회담에 참여할 수도 있다고 주장하고 있으므로 미국과 북한간, 일본과 북한, 한국과 북한 등 북한을 중심으로 양자회담을 하면서 6자회담을 하는 방식으로 전략을 선회하고 있다. 이에 미국은 이러한 식의 북한과의 회담을 의미가 없다고 일축하면서도 북한을 6자회담을 통한 핵포기에 주력하기 위한 방안을 도색 중이다.

미국은 북한이 제안하는 양자회담에 대하여 적극적으로 대처할 예정으로 보도되고 있다. 그러나 어떠한 양자회담도 기존의 6자회담을 대신하는 것이 아니며, 오히려 6자회담 참가국들의 적극적인 협조아래 현재의 교착상태를 해결하기 위하여 양자회담을 고려하는 것이라고 2009년 9월 8일 보스워드(Stephen Bosworth) 북한 특별대표가 밝혔다.[32)]

미국의 이러한 원칙 천명에도 불구하고 미국의 대북한 접근자세는 점차적으로 변질되어가고 있다. 북한을 대화 테이블로 끌어들이지 못한채 강경태도만을 취했던 부시행정부의 실패를 교훈삼아 오바마 정부는 양자회담을 통해서라도 북한이 대화테이블로 나오도록 하는 것이 더 바람직하다는 의견이 더 힘을 얻는 것으로 보인다.

2009년 9월 11일 크롤리(Philip J. Crowley) 미국무부 공보담당차관보는 미국이 북한과 양자회담을 할 준비가 되어있다고 공식적으로 밝혔

---

31) 동아일보 2009년 10월 26일, p.1.

32) Stephen Kaufman, United states Weighting North Korean Offer of Bilateral Talks, U.S.-North Korea, http://seoul.usembassy.gov/nk_090809.html (검색일 2009년 10월 21일)

다. 물론 미북 양자회담은 6자회담을 촉진시키기 위한 것이며 북한의 비핵화를 설득하기 위한 것이라는 점을 강조했다. 결국 북한과 양자회담을 하지 않는다고 했던 미국정부가 오바마 정부에 들어 북한의 반복되는 도발과, 협상거부, 그리고 북한이 중국을 통하여 미국에게 요구하는 협상수용전략에 또 다시 미국이 말려들고 있는 것으로 보인다.

오바마 행정부는 출범초기부터 북한과의 양자회담을 절대 하지 않는다고 천명했다. 그러나 북한이 미사일을 발사하고, 제 2차 핵실험을 강행하자, 미국은 북한의 핵과 미사일 개발을 저지해야 할 필요성을 더욱 절박하게 느끼게 되었다. 그동안 미국은 UN안보리 결의 1718호와 1864호를 통하여 북한에 압박을 가하기 시작했다. 북한은 이미 핵과 미사일 개발을 상당히 완성했다고 판단한 후에는 미국과 국제사회가 가하는 압력으로부터 고통을 느끼기 시작한 것처럼 판단된다. 그리고 이러한 국제적 제재조치로부터 벗어나기 위하여 갑자기 유화적인 제스처를 취하기 시작했다.

중국의 부총리 원자바오가 방문했을 때, 미국과의 양자회담의 결과에 따라서 6자회담에 복귀할 용의가 있다고 미국에게 책임을 전가하였다. 북한의 끈질긴 양자회담 요구에 미국은 2009년 7월 아세안지역 안보포럼(ARF) 전후에 미국은 6자회담의 틀 안에서 북한과 양자회담을 가질 수 있다고 공언했다. 즉 북한이 국제적 제재조치에 압박을 받아 6자회담에 나오려고 하므로 양자회담을 통하여 북한을 적극적으로 6자회담 테이블로 유인하겠다는 전략이다.

미국의 북한의 핵에 대한 정책은 일관되게 완전한 비핵화를 주장하고 있다. 2009년 7월 22일 ARF에서 미국의 클린턴 국무장관이 제시한 포괄적 타결안(Comprehensive Package Deal)의 조건에서도 비가역적(irreversible)이고, 충분하며(Full), 검증가능한(verifiable) 비핵화(denuclearization)를 주장하고 있다. 미국과 동맹국은 북한이 핵무기를 보유하는 것을 용납할

수 없다고 주장한다.[33)]

북한은 파키스탄의 모델을 따라 핵개발과 핵무기 보유를 기정사실화하려는 전략을 추진한다. 이에 대하여 중국은 북한을 지지하며 북한의 핵보유국을 묵인하고 있다. 이러한 북한과 중국을 상대로 미국정부가 북한핵무기를 포기하게 만들기 위한 전략은 상당히 불가능에 가까운 것으로 보인다. 그렇지 않으면 상당히 많은 대가를 치러야 할 것으로 보인다. 그러한 대가는 북한의 의도대로 한반도를 무력적화할 수 있는 기반이 조성되는 상태라고 할 수 있다. 이러한 조건은 한국이 수용하기 어렵다.

중국과 미국의 일부 학자들이 주장하는 대로 북한이 보유한 영변일대의 플루토늄 시설과 핵만을 비핵화하는 방안이 고려되기도 한다. 북한 핵을 부분적으로만 비핵화하고, 다른 지역이나 고농축우라늄은 현 상태로 동결하는 방안이다. 이 방안은 실제로 검증하기 쉽고, 중국과 북한이 지지하고 있으며, 합의에 쉽게 이를 수 있는 방안이다. 그러면서도 북한이 핵무기를 더 이상 개발하지 않는다는 이점을 가지고 있다. 그러나 한국의 입장에서는 북한을 잠재적 핵 보유국으로 인정하는 이러한 방안에 관하여 받아들이기 어렵다.

게다가 북한이 이미 개발하여 무기화하고 있다고 주장하는 것을 완

---

33) Hillary Rodham Clinton, Remarks at the ASEAN Regional Forum, July 23, 2009, Sheraton Grande Laguna, Laguna Phuket, Thailand, http://www.state.gov/secretary/rm/2009a/july/126373.htm, 검색일 2009년 10월 23일; 문순보(미국의 대북정책, 점진적 후퇴의 끝은 어디인가?, 세종논평, No.166, (2009.9.14) http://www.sejong.org/pub_cm/PUB_CM_DATA/k-cm155.pdf 검색일 2009년 10월 23일)는 클린턴 국무장관이 포괄적 타결안은 "완전하고 불가역적인 비핵화에 동의"해야 한다는 것이었는데, 이것은 부시행정부의 비핵화 조건이었던 CVID(완전하고 검증가능하며 돌이킬 수 없는 핵폐기)에서 "검증가능한(Verifiable)"의 조건을 삭제함으로써 Bush 행정부의 대북핵 해결 조건보다 완화되었다고 주장하고 있는데 클린턴국무장관은 ARF연설에서 변함없이 북한의 CVID를 주장하고 있다.

전히 포기하고 비핵화하기 위해서는 북한이 주장하는 요구들에 대한 상당한 대가를 치러야 할 것이다. 여기에는 주한미군의 철수와, 평화조약 체결, 미국과 북한간의 불가침 조약, 한미방위동맹의 핵우산 철폐, 북한은 물론 한국의 핵시설 사찰 등 다양하다. 북한의 요구에 미국이 인정하는 부분은 평화조약 체결과 북한정권의 유지 등이다. 이러한 미국의 반응에 대하여 어떠한 정책으로 대응해야 할 것인지는 향후 과제라고 할 수 있다.

<참고문헌>

김형국, "제 1, 2차 북한 핵위기의 교훈과 6자회담" 숙명여자대학교 사회과학연구소, 사회교육과학연구, vol. 9(2006)

동아일보, 2009년 10월 26일 1면

세종논평, No.166, 2009년 9월 14일, http://www.sejong.org/pub_cm/PUB_CM_DATA/k-cm155.pdf (검색일 2009년 10월 23일)

신진, 북한과 한미외교정책의 소용돌이, 대전, 문경출판사, 2004.

조선일보, 1993년 12월 3일 6면

중앙일보, 2009년 10월 23일 1면~3면

중앙일보, 2009년 1월 9일, http://www.eai.or.kr/type_k/panelView.asp?catcode=1011000000&code=kor_eaiinmedia&idx=6904 (검색일 2009년 10월 23일)

코리안데일리뉴스, 2009년 8월 4일, http://www.koreadaily.com/news/read.asp?art_id=887076 (검색일 2011년 8월 28일)

한미동맹을 위한 공동비전, 2009년 6월 16일, http://seoul.usembassy.gov/pv_061609b.html (검색일 2009년 9월 27일)

Carter, Ashton B. and Perry, William J., Preventive Defense: A New Security Strategy for America(Washington, D.C.: Brookings Institution Press, 1999)

Chanlett-Avery, Emma and Squassoni, Sharon, North Korea's Nuclear Test: Motivations, Implicatioins, and U.S. Options, CRS Report for Congress, October 24, 2006, Congressional Research Service Order Code RL 33709, www.crs.gov. p. CRS-18.

____________________, North Korea's Nuclear Test: Motivations, Implicatioins, and U.S. Options, CRS Report for Congress, October 24, 2006, Congressional Research Service Order Code RL 33709, www.crs.gov. p. CRS-3

____________________, North Korea's Nuclear Test: Motivations, Implicatioins, and U.S. Options, CRS Report for Congress, October 24, 2006, Congressional Research Service Order Code RL 33709, www.crs.gov. p. CRS-7.

____________________, North Korea's Nuclear Test: Motivations, Implicatioins, and U.S. Options, CRS Report for Congress, October 24, 2006, Congressional Research Service Order Code RL 33709, www.crs.gov. p. CRS-16

____________________, North Korea's Nuclear Test: Motivations, Implicatioins, and U.S. Options, CRS Report for Congress, October 24, 2006, Congressional Research Service Order Code RL 33709, www.crs.gov. p. CRS-5

____________________, North Korea's Nuclear Test: Motivations, Implicatioins, and U.S. Options, CRS Report for Congress, October 24, 2006, Congressional Research Service Order Code RL 33709, www.crs.gov. p. CRS-6.

Clinton, Hillary Rodham, Remarks at the ASEAN Regional Forum, July 23, 2009, Sheraton Grande Laguna, Laguna Phuket, Thailand, http://www.state.gov/secretary/rm/2009a/july/126373.htm (검색일

2009년 10월 23일)

Congressional Research Service , Motivations, Implicatioins, and U.S. Options, CRS Report for Congress, October 24, 2006, Order Code RL 33709, www.crs.gov. p. CRS-8.

East Asia Institute, NSPPanel, 2009-02-14, http://www.eai.or.kr/type_k/panelView.asp?catcode=1011000000&category=23&code=kor_report&idx=8279 (검색일 2009년 10월 23일)

Chanlett-Avery, Emma and Squassoni, Sharon, North Korea's Nuclear Test: Motivations, Implicatioins, and U.S. Options, CRS Report for Congress, October 24, 2006, Congressional Research Service Order Code RL 33709, www.crs.gov. p. CRS-17

Friedberg, Aaron L., "An Offer Kim Can't Refuse," Washington Post -Opion Section. October 16, 2006.

Hildreth, Steven A. North Korean Ballistic Missile Threat to the United States, CRS Report for Congress, February 24, 2009, Congressional Research Service 7-5700, www.crs.gov. RS21473

Kellerhals, Merle David Jr., President Obama Says U.S. Prepared for Any North Korean Threat, http://seoul.usembassy.gov/nk_062209.html (검색일 2009년 9월 27일)

New York Times, 1993-12-2

Niksch, Larry A., North Korea's Nuclear Weapons Development and Diplomacy, CRS Report for Congress, September 9, 2009, Congressional Research Service 7-5700, www.crs.gov. RL33590 pp. 11-12.

_______________., North Korea's Nuclear Weapons Development and Diplomacy, CRS Report for Congress, September 9, 2009, Congressional Research Service 7-5700, www.crs.gov. RL33590 pp. 13-14.

Remarks by President Obama and Preident Lee Myung-bak of the Republic of Korea in Joint Press Availability,

http://seoul.usembassy.gov/pv_061609.html (검색일 2009년 9월 27일)
Secretary of State Hillary Rodham Clinton, U.S.-South Korea, http://seoul.usembassy.gov/rok_071509.html (검색일 2009년 9월 27일)
Selig, Harrison, "In a Test, a Reason to Talk, "Washington Post op-ed., October 10, 2006.
Washington Post, "If Necessary, Strike and Destroy," June 22, 2006.
Washington Times, "N.Korea Threatens to Make More Nukes", March 15, 2006

chapter 3 북한 핵과 동북아 안보협력균열

I. 서론

북한의 핵문제는 동북아시아의 안정과 번영에 가장 큰 장애물로서 세계평화까지도 위협하고 있다. 북한의 핵개발전략을 모방하는 이란의 핵개발이 중동의 평화정착문제를 더욱 어렵게 하고 있기 때문이다. 게다가 북한의 핵개발에 성공하여 핵보유국이 되면 동북아시아는 상호불신이 증가할 것이며 군비경쟁에 돌입할 것으로 예상된다. 따라서 북한 핵문제는 오히려 동북아시아의 안보협력문제를 가장 중요한 현안의 과제로 부상하고 있다.

지난 20여년간 동북아시아의 경제적 성장은 세계성장의 견인차적 역할을 하고 있다. 특히 세계경제에서 중국과 한국 일본, 대만의 경제성장은 중요한 역할을 수행하고 있다. 이러한 성장은 지역의 정치적 안정과 국제안보를 바탕으로 이루어지고 있다.

1994년 북한 핵 1차 위기 당시에도 제네바 협약에 의해 잠정적이기는 하지만 평화적으로 해결됨으로써 동북아시아의 경제성장은 지속될 수 있었다. 그러나 북한과의 갈등으로 무력충돌이나 전쟁발발, 혹은 정권의 붕괴 등의 현상이 나타났을 경우, 북한으로부터 탈출하는 북한 난민의 숫자는 중국으로 탈출하는 숫자는 약 200만 명, 한국으로 400만 명, 그리고 일본으로 약 70만 명으로 추산된다. 이러한 급변사태는 동북아의 경제성장을 멈추게 할 것이다. 그런데 북한이 1994년 이래로 계속 핵과 미사일을 개발함으로써 동북아시아의 안보가 위기에 처하게 되었다.

북한 김정일은 2003년 3월 미국의 침공으로 이라크가 붕괴되자 그 즉시 핵무기 개발의 필요성을 확신하며 핵무기 보유에 대한 강한 집념을 보였다.[34] 그 후 북한은 두차례에 걸쳐 핵실험을 하였으며, 핵무기를 보유하고 있다고 주장했다. 그러나 미국은 북한의 핵무기를 인정하기 않을 뿐 아니라 6자회담을 통하여 북한의 핵을 완전히 제거하고자 노력하고 있다. 중국은 북한의 핵문제에 관하여 미국과 다른 생각을 가지고 있다. 북한이 핵무기를 보유하는 것이 중국의 국익에 배치되는 것이 아니라는 입장이며, 사실상 북한의 핵개발과 보유를 묵인하고 있다. 그러나 중국과 북한을 제외한 전세계와 특히 아시아 국가들은 북한의 핵문제가 해결되지 않는 한, 동북아시아의 안보 위협요인은 해소되지 않을 것으로 보고 있다.

게다가 북한은 2006년과 2009년에 두 번의 핵실험을 하면서 장거리 탄도탄을 개발하는데에 성공함으로써 핵무기 보유를 주장하며 미국과 군축회담을 요구하고 있다. 중국은 6자회담의 의장국으로서 겉으로는 북한의 핵개발을 비난하지만, 내면적으로는 북한의 이러한 행동을 지지하고 있다. 2009년 10월 4일부터 6일까지 중국의 원자바오 총리가

---

34) "앞으로 전쟁을 막고 나라의 안전과 민족의 자주권을 수호하기 위해서는 강력한 물리적 억제력이 있어야 한다는 교훈을 얻었다." 2003년 4월 6일 북한 외무성 대변인 발표, 장준익, 북한의 핵 미사일 개발과 한국의 안보, 군사 제 52호 (2004.8), p.221.

북한을 방문하면서 북한에 2억 위엔의 원조를 해 주기로 약속하였다. 이것은 UN이 대북한 경제제재조치를 시행하고 있음을 고려하면, 사실상 UN의 북한제제조치를 무력화하고 북한에 대한 지지를 확고히 인식시켜주기 위한 것이었다.

즉, 북경당국은 북한이 중국을 대신하여 미국에 대항하는 역할을 지지하고 있는 것으로 보인다. 이러한 갈등은 미국으로 하여금 중국을 불신하게 만들고 결국 북핵문제 해결을 위한 협력보다는 갈등의 소지를 키움으로서 동북아시아의 안보와 안정, 번영에 장애요인이 되는 것이다.

세계는 복합적인 상호의존의 정도가 점점 깊어지는 바, 북한의 핵문제는 단순히 군사적 안보만의 문제가 아니라 동북아시아의 성장과 번영에 큰 장애요인으로 작용할 것이다. 이에 본 연구는 동북아시아의 지속가능한 안보협력의 조건들을 설명하고 동북아 관련 국가들이 북한핵을 해결하기 위한 과정에서 발생할 수 있는 갈등을 분석하고자 한다.

Ⅱ. 지속가능한 안보(sustainable security)

1. 개념

세계경제의 발전은 국제관계의 패러다임을 바꾸고 있다. 전통적 의미의 국경개념이 희박해져서 경제적 요소들은 국경의 장애를 받지 않는다. 이웃나라의 정세는 곧 자국의 경제에 영향을 미치며, 환경은 초국가적으로 대처해야 해결될 수 있는 단계에 이르렀다. 인신매매나 내전, 환경파괴, 기근, 질병(HIV/AIDS, SARS, H1N1신종플루) 등과 같은 인간안보의 문제는 어느 한 국가만의 문제가 아니라 국제사회가 공동으로 해결해야 할 과제 등이다. 또 국제관계의 행위자가 과거에는 국가에 국한되었었으나, 정부간 기구, 비정부단체(NGO), 다국적 기업 등 다양해졌다.

이러한 이유로 인해 최근에는 전통적인 안보개념에서 벗어나 지속가능한 안보(sustainable security)의 개념으로 국제협력과 안보문제를 접근하는 경향이 나타나고 있다. 이것은 전통적인 국가안보와 개인의 안전과 안락한 삶을 확보할 수 있는 인간안보, 그리고 세계 전체의 이익을 공유할 수 있는 집단안보라고 설명할 수 있다.

지속가능한 안보란 우선, 실시간적으로 국가에 대한 위협을 제거하고 동시에 예방할 수 있는 지속적인 능력을 확보하는 것이다. 또한 전 세계의 인간안보를 위협하는 요인들을 억제하며, 장기적으로 집단안보나 지구적 안보를 위협하는 요인들을 잘 관리하는 것을 말한다.

2. 주권의 제한

그렇다면 신성불가침의 주권 개념도 변모되어야 한다. 많은 국제기구들은 이제 국가의 주권의 경계선을 넘어서 인도주의적 접근이 이루어져야 한다고 주장한다. "개입과 주권에 관한 국제위원회(ICISS, International Commission on Intervention and State Sovereignty)"는 더 이상 주권이라는 울타리 속에서 위험에 처한 인간을 방치해서는 안된다고 주장한다. 이 위원회는 "위험에 처한 인간을 보호할 의무"라는 개념을 설정하고 개별국가가 해결하지 못하는 인도주의적 위기상황, 즉 인간의 존엄성이 훼손되는 상황에서는 국제사회가 강제로 개입해야 한다고 주장하고 있다.[35]

---

[35] International Commission on Intervention and State Sovereignty(ICISS), The Responsibility to Protect, Ottawa, 2001.

실제로 지난 10년간(1997-2006) 발생한 세계의 주요 폭력분쟁들은 34건이었는데, 이 중 3건만이 국가간의 전쟁이었을 뿐, 대부분은 내란 또는 이와 유사한 내부적 갈등이었다.[36] 이러한 내란은 인종이나 종교, 이데올로기 등에 의해 국가 내에서 발생한 것으로서 타협하기 어려운 성격을 가지고 있어서 해결하기도 어려울 뿐만 아니라 분쟁이 재발하기도 쉽다. 이러한 내란은 국경을 넘는 대규모 난민과 사상자를 유발한다. 특히 여성과 어린이의 피해가 심각하다. 내란이 장기화될수록 보복살인이 증가한다. 적대세력에 조금이라도 협조한 민간인들에 대한 보복적 집단살해행위가 만연하여 심각한 인권안보의 침해가 발생한다. 이러한 상황에서 국가의 주권만을 주장하면서 인간의 존엄성이 말살되는 현상을 방치할 수 없다. 이에 주권적 한계를 넘어서는 국제사회의 개입이 정당화되어야 할 필요성이 있다.

지속가능하고 포괄적인 안보는 국제적인 인권, 사회개발, 경제, 보건, 환경 등 중장기적으로 인간의 존엄성과 인간안보를 확보할 수 있는 개념이다. 북한이 자국민을 기아로 내몰면서 핵과 미사일 개발에 치중하는 것은 북한의 주권적 범위에서의 자주권적 결정사항이라고 할 수 없는 이유이며 인간안보에 위배되는 이유는 다음과 같다.

첫째, 북한의 핵과 미사일 개발은 동북아시아의 안보에 치명적인 위협요인이 된다. 동북아시아는 시장경제와 자유를 바탕으로 상호발전과 경제성장을 이루고 있는 지역이다. 북한의 핵과 미사일 개발은 동북아시아의 군비경쟁을 가속화 시킬 수 있으며, 군비경쟁은 동북아시아의 협력과 인간안보에 가장 큰 저해요인이다.

둘째, 북한정권의 경제실패로 인하여 2백만 명이 굶어죽고, 20만 명

---

[36] Stockholm International Peace Research Institute(SIPRI), SIPRI Yearbook 2007, Appendix 2A, Patterns of Major Armed Conflicts, 1997-2006, Oxford, Oxford University Press, 2007.

이상이 중국에 난민으로 떠돌면서 인권이 유린되고 있다. 지금도 북한 내에서는 평생 나오지 못하는 정치범수용소에서 인권이 유린되고[37] 탈북자들은 한없는 고통과 인간이하의 처벌을 받는다. 이러한 인권유린을 방치할 수 없는 상황에서 북한의 핵과 미사일문제, 그리고 북한의 인권에 관한 문제는 북한의 주권적 문제가 더 이상 아니다. 국제사회와 국제기구가 개입해야 하며, 특히 동북아시아의 안보협력체가 해결해야 하는 과제라고 할 수 있다.

Ⅲ. 동북아 안보협력체제

1. 집단안보의 필요성

지속가능한 안보는 자국을 방어할 수 있는 전통적 군사력 뿐만 아니라 국제사회의 위협요인을 제거하기 위해 전세계적인 노력을 이끌어 낼 수 있는 도덕적 권위가 뒷받침 되어야 한다. 또 인간안보란 국제관계나 경제, 개발, 갈등을 아우르는 융합적인 용어로서, 궁핍으로부터의 자유와 공포로부터의 자유를 목표로 하며, 궁극적으로 인간의 존엄성을 확보해 주는 근원적인 자유를 말한다. 또 국가안보가 눈앞에 있는 확실한 위협에 대하여 대비하는 것인 반면에 인간안보는 보다 장기적인 목표를 가지고 추진한다.

안보란 개인과 국가마다 다르다. 수십억의 세계사람들에게 있어서

---

37) 수용소 주변에는 죽창이 박힌 함정이 많이 있고 도주자는 경고없이 사살한다. 굶주린 사람들은 돼지먹이도 먹고, 소똥에 박힌 옥수수알도 꺼내먹는다. 수용소에서 탈출한 사람들의 가족은 나무에 묶어놓고 굶겨 죽인다. 엄마와 자식을 함께 묶어놓아 죽이기도 한다. 특히 여성은 성적으로 학대를 당하다가 죽는다. 수용소에서 임신하면 태아와 산모를 함께 죽인다. 탈북자 증언집 〈다!요덕〉, PSCORE, http://pscore.org/xe/movie/11436 (검색일 2009년 10월 24일)

대량살상무기는 북한이나 이란이 개발하려고 하는 핵무기가 아니라, AK소총과 같은 소형무기의 확산이다. 또 그들에게 있어서 자유란 독재자가 제거되는 것만이 아니라 안정된 식량의 확보와 경제적 기회의 증가를 말한다. 오늘날 세계가 당면한 문제들은 기후변화, 물부족, 식량불안, 환경악화의 문제들이다. 이러한 문제들은 세계인들과 관점과 전략을 공유하지 않고서는 극복할 수 없는 집단안보의 문제들이다. 따라서 오늘날 세계에서 안보라고 하는 것은 집단안보를 말한다.[38)]

미국의 경우, 이러한 지속가능한 안보를 추진하기 위해서 도덕적인 정당성 확보를 바탕으로 다음 세가지의 요소를 강조하고 있다.

첫째, 전세계 사람들을 통합할 수 있는, 잘 조직된 원칙과 철학 등을 유지할 것

둘째, 대외정책을 실현하는 도구들의 전략적 유용성의 증대시킬 것

셋째, 국제체제가 실질적으로 기능할 수 있도록 활성화하는 것 등이 필요하다. 미국은 세계를 지도해 가기 위해서는 막강한 군사력이나 경제력 뿐만 아니라 지구적 안보와 공통의 인도주의를 추구할 때 능력이 최대가 된다고 천명하고 있다.[39)]

전통적으로 안보란 군사적 의미에서 국가의 주권을 확보하고 국민

---

38) Gayle Smith, "In Search of Sustainable Security: Linking National Security, Human Security, and Collective Security to Protect America and Our World", Center for American Progress, June 19, 2008, http://www.americanprogress.org/issues/2008/06/sustainable_security.html (검색일 2009년 10월 24일). 미국의 이러한 정책은 부시행정부의 세계의 동의 없는 "선과 악의 싸움"에 대한 반성에 기인한다. 테러에 대항하는 전쟁을 수행하면서 "독재자(tyranny)가 없는 세상"을 건설하고자 "악의 축(axis of evil)"을 상대로 전쟁하면서 세계 국가들의 동의를 요청하지 않았다. 또한 "우리편에 서지 않으면 적대국"이라고 밀어붙임으로서 오히려 세계의 지도력을 잃었다고 반성한다.

39) Gayle Smith, "In Search of Sustainable Security: Linking National Security, Human Security, and Collective Security to Protect America and Our World", Center for American Progress, June 2008, http://www.americanprogress.org/issues/2008/06/pdf/sustainable_security1.pdf, p. 20.

의 생명과 재산을 보호하는 것을 의미하는 것이었으나, 1990년대 이후 국제체제가 복합적으로 상호의존성을 심화시키면서 한 국가의 문제는 주권의 범주 안에 머무르지 않고 타국의 내정에도 영향을 미치는 상태가 되었다. 또 세계적인 인구의 증가와 환경의 파괴 등이 현재와 같은 계속된다면, 지구의 자정능력이 파괴되어 인류가 모두 재앙에 직면하게 될 것이라는 경고가 나오기도 한다.[40] 따라서 그동안의 안보는 협의의 개념에서 벗어나 보다 포괄적인 안보개념으로 확대되어야 할 필요성이 있다. 즉, 지속가능한 안보를 포함하는 포괄적 안보의 개념으로 변모되는 것이 바람직하다.

2. 동북아의 집단안보체제

동북아시아 국가로는 한국과 중국, 일본 및 러시아, 북한을 들 수 있다. 그리고 이들 국가들간에 광의의 안보협력체제가 존재한다. NEACD와 6자회담(Six Party Talks)이 광의의 안보협력체제라고 할 수 있다.

아시아지역의 안보협력체제의 초기에는 ASEAN과 ASEAN+3, ARF, APEC 등이 있다. 1967년에 창설된 ASEAN은 동남아시아 국가들로 구성되어 이 지역이 자유와 평화, 그리고 중립지역으로서 역내 경제협력을 통하여 구성원의 삶의 질 향상을 목표로 했다. ARF(Asian Regional Forum)는 ASEAN에 의해 아시아 태평양지역의 정치와 안전보장 문제를 다루기 위하여 1994년 출범했다. 동북아안보대화(NEASED, North East Asia Security Dialogue)는 동북아 지역의 국가들인 한국과 북한, 중국과 러시아, 일본, 미국 등 6개국이 주권과 영토의 존중, 상호불가침, 내정불간섭, 분쟁의 평화적 해결, 평화공존, 민주주의 등의 원칙으로 상

---

40) Jessica T. Matthews, "Redefining Security" Foreign Affairs 68, No.2(Spring), pp.162-164.

호간 신뢰를 구축하고자 1994년 한국이 제안한 협의체다.

정부와 민간의 공동참여 기구로서 동북아협력대화(NEACD, North East Asia Cooperation Dialogue)는 1993년에 미국무부의 후원으로 캘리포니아 샌디에고 대학교의 세계분쟁협력연구소의 주관으로 설립되었다. 동북아시아 국가간 대화를 통해 신뢰구축과 협력증진을 목표로 하고 있으며, 한국과 북한, 중국과 러시아, 일본, 미국 등 6개국이 참여한다. 여기에는 북한대표도 참여하여 자국의 입장을 표명하는 등 전통적 안보이슈 외에 포괄적 안보로서의 이슈들이 논의되고 있다.

동북아시아지역에 안보협력체제가 정착한 것은 아니지만, NEACD와 북한 핵문제를 중심으로 형성된 6자회담 기구는 중요한 협력체제라고 할 수 있다. 특히 6자회담의 구성국들은 NEACD와 동일하게 한국과 북한, 중국과 러시아, 일본, 미국 등 6개국이다. 6자회담은 북한의 핵문제를 해결하기 위한 목적으로 구성되어 2003년 8월 27일부터 29일까지 제 1차 회담을 북경에서 개최하였다.

6자회담에 임하는 각국의 목적이 다르기 때문에 6자회담은 성과를 거두기 어려운 구조로 형성되었다. 즉, 미국은 북한의 미사일 문제까지 6자회담에서 해결하기를 바란다. 일본은 북한으로 납치된 일본인의 문제가 해결되기를 원한다. 중국은 북한이 중국으로의 불법적인 북한이탈주민의 월경을 방지하기를 원한다. 한국은 북한의 핵과 미사일뿐만 아니라 한국의 안보를 확보할 수 있는 방안을 모색하려고 한다.

이러한 각국의 관심사들은 6자회담이 다루어야 하는 의제들을 다양하게 만들고 있어서 6자회담의 본래의 의도인 북한 핵문제 해결의 장애물이 되고 있다. 그러나 다른 한편으로는 6자회담을 현재 동북아시아의 중요한 안보협력체제로 작동하게 만들고 있다. 향후, 6자회담의 경험을 바탕으로 공식적인 동북아 안보협력체제가 구성될 수 있는 기반이 마련되었다.

Ⅳ. 김정일 정권에 공헌한 북한 핵

김일성은 국제사회의 핵사찰 압력을 1993년의 김정일 권력승계작업에 활용했다. 그리고 1994년의 제네바 합의와 합의에 따르는 국제사회의 대북한 경제원조들은 김정일의 정치기반을 확고히 해주고 정통성을 인식시키는 데에 크게 기여했다. 특히 제네바합의에 따라 한국 등의 국제사회가 북한에 경수로를 건설해 주기 위하여 중장비를 가지고 북한에 들어간 것은 김정일의 국제사회에서의 위상을 보여준 것이라고 선전하였다. 1994년부터 경수로 건설기간동안에 미국이 북한에게 제공했던 매년 중유 50만 톤은 당시 "고난의 행군기간"의 파탄에 처했던 북한경제에 크게 기여하였으며, 김정일의 권력승계를 정당화 해주는 역할을 하였다.

1. 제네바협상과 미국기만

김정일의 권력승계와 정치기반조성 및 향후 권력유지를 위해서 핵개발은 중요했다. 북한은 모든 기만과 술수를 통해서라도 핵개발에 절대적으로 필요한 시간을 확보하는 것이 가장 중요한 외교적 과제였다. 1990년부터의 시간은 핵개발 과정에 절대적으로 중요한 시간이었다. 이 기간동안에는 핵개발 과정이 절대로 중단돼서는 안되는 시간이었다. 따라서 평양당국은 1991년경부터 1992년 말까지 핵문제가 제1차적으로는 한반도 문제이므로 한국와의 협상을 통해서 해결한다는 술책을 통해 시간을 확보하고자 하였다.

그 후에는 미국과의 직접 교섭을 통해 시간끌기 협상전술을 사용하였다. 1993년 핵개발을 위한 절대적인 시간을 충족시키고, 김정일 권력승계를 마치자 평양당국은 협상을 원했다. 게다가 1994년 미국이 군사적 공격을 준비하게 되자 카터 전 미국대통령의 중재를 통하여 북한 핵의 "현상태 동결"과 동시에 막대한 경제적, 정치적 지원을 보상받기로 하였다. 당시 미국은 북한의 핵문제가 외교적으로 해결되지 않으면, 군사적 정밀타격을 통하여 핵을 제거하기로 하였다.

그러나 북한은 이렇게 급박한 상황을 의도적으로 유도함으로써 김정일의 권력승계를 원활하게 마치고 핵개발까지 상당한 정도로 완료했다. 즉 가장 중요했던 것은 김일성으로부터 김정일에게로의 권력승계작업이었다. 핵개발 문제는 권력승계를 이루기 위한 도구적 사업이었다. 북한의 공산화혁명사업에 기여한 바 없었던 김정일에게 권력을 승계하기 위해서는 군부의 지지를 확보하는 것이 핵심적 과제였다. 이에 김일성이 그동안 추진해 오던 핵개발은 군부의 지지를 확보할 수 있는 좋은 수단이었다. 그러나 북한의 의도적 도발행위들 때문에 미국이 북한을 군사적으로 공격하는 것이 확실하게 되자 즉시 협상을 통하여 공격을 회피하고자 하였다. 1994년에 체결된 제네바합의는 결국 북한의 의도대로 북한에게 돈과 시간을 제공해 줌으로써 북한이 비밀리에 핵개발을 완성시키는 데에 도움을 주게 되었을 뿐이었다. 김정일은 국제사회를 기만하고 핵개발을 추진하였다.

2. 남북한기본합의서를 활용한 시간지체

그런데 1990년부터 미국과 IAEA의 대북 핵사찰 요구가 이어졌으며, 핵개발의 원활한 진행을 위해서는 시간확보가 절대적으로 필요했다. 이에 북한은 미국과 IAEA의 대북 핵사찰을 연기하기 위한 방편으로 한국과의 협상을 통해 핵개발에 필요한 시간을 확보하고자 하였다. 북한은 북한의 핵문제가 우선적으로는 한반도의 문제이므로 남북협상에서 해결할 수 있도록 시간적 여유를 달라고 주장한 바 있었다.[41]

이로써 북한의 핵처리 프로그램의 절대적으로 필요한 시간을 확보하고자 하였다. 그리하여 1991년 12월 13일 "남북합의서"를 채택하고 그 후속 조치를 취하기로 약속하였다. 일반적으로 북한의 협상전략은 "선결조건"이라는 것을 내세워 협상을 지연시키고, 협상의 의제를 협의하기에 앞서 선결조건을 내세워 해결하는 과정에서 많은 양보를 획득한다. 그러나 이번 협상에서는 그러한 선결조건을 내세우지 않았다. 협상은 일사천리로 진행되었으며, 협상에서 의견충돌이 발생할 때에는 즉각 평양으로 연락하여 북한측의 양보를 통하여 협상을 성공시켰다. 이러한 협상의 진척과정에는 북한이 이 협상을 성사시켜야 할 절대적인 필요성이 있음을 보여주었다.

그리하여 1992년 2월 20일 한국의 정원식 국무총리가 북한을 방문하여 김일성과 회담을 하였다. 이에 앞서 김일성은 1992년 1월 1일 신년사에서 "남북합의서는 7.4 공동성명과 더불어 가장 정당한 조국통일 강령"이며 "핵사찰과 관련한 부당한 압력은 이를 용납하지 않을 것"이라고 주장했다. 그리고 2월에 정원식 총리가 평양을 방문한 자리에서는 다시 주한미군의 철수를 주장하여 남북합의서 제1조와 제2조인 "남과 북은 상대방의 내부문제에 간섭하지 아니한다"라는 조항을 준수할 의사가 없음을 보여주었다.[42)]

실제로 1991년 12월 13일에 남북이 합의한 남북합의서는 미국과 IAEA 등의 대북한 핵사찰을 저지하기 위한 방패로 사용되고 있다는 것을 보여주었다. 핵문제에 관하여 남북한 간에 "남북사이의 화해와 불가침 및 교류와 협력에 관한 합의서"를 공표함으로써 국제적으로 압력을 행사하지 못하도록 막고 있었다. 합의문에는 "합의서 발효 후 3개월 이내에 군사공동위원회를 설치하며, ...위원회에서 대량살상무기와

---

41) 신진, 위기의 북한 위험한 외교정책, 대전 문경출판사, 1994, p.32

42) 신진, 위기의 북한 위험한 외교정책, 대전 문경출판사, 1994, p.17

공격능력의 제거를 비롯한 단계적 군축 실현문제, 검증문제 등 군사적 신뢰조성과 군축을 실현하기 위한 문제를 협의 · 추진한다."고 명시하였다. 이로써 국제사회는 북한의 핵문제가 남북한 사이에 해결될 수도 있을 거라고 하는 기대를 가지고 3-4개월을 기다리며 시간을 보냈다. 그러나 그 후 군사공동위원회는 설치되지 않았으며, 당연히 대량살상무기와 공격능력의 제거를 위한 어떠한 시도도 없었다. 단지 북한의 의도대로 시간만 벌어주었을 뿐이었다.

남북한 기본합의서에도 불구하고 북한의 핵문제가 해결될 가능성이 보이지 않자, 1992년 초에 국제사회의 대북 핵사찰과 제재조치를 위한 대북한 압력이 점차 커졌다. 이 때 평양에서는 김정일에게 권력을 승계하기 위한 작업을 진행하고 있었다. 김정일에게 권력을 승계하기 위해서는 군부의 지지와 함께 김정일이 국방위원회로 소속을 바꾸는 작업이 필요했다. 이에 김일성은 김정일을 1990년 5월에 국방위원회 제1부위원장에 임명하였다. 그리고 김정일을 국방위원장에 임명하기 위한 자격조건을 준비하였다. 1991년 12월에 김정일을 조선인민군 총사령관에 임명하였다. 이때 북한은 개발하고 있는 핵문제로 국제사회로부터 대북 핵사찰을 강력하게 요구받고 있었고, 북한은 시간확보를 위해 남한과 기본합의서를 채택하게 되었다.

1992년 2월 남북한 기본합의서가 발효되었음에도 불구하고 남북한 간에 북한의 핵문제에 관한 진전이 보이지 않자 IAEA는 대북 제재조치를 논의해야 한다고 하였다. 그동안 북한에서는 1992년 4월에 김정일을 북한군 원수로 임명하였다.

김정일은 군대경력이 없었기 때문에 북한군으로부터의 지지가 더욱 절실했다. 특히 공산주의의 권력은 국민의 지지가 아니라 폭력에 기반을 두고 있기 때문에 북한군의 지지는 김정일 권력승계에 가장 절대적으로 필요한 것이었다.

김정일은 북한군이 자신을 지지하도록 만들기 위해 대규모의 승진인사를 김정일 이름으로 추진하였다. 1992년 4월 23일에 664명의 북한군 장성들이 김정일 조선인민군 최고사령관의 이름으로 승진되었다.

승진한 북한 군 장성들과 북한군대가 자신을 지지할 것을 확신하는 가운데, 김정일과 김일성은 국방위원회를 "국가 주권의 최고군사기관"이며 헌법상 독립기관으로 그 위상을 높였다(1992년 북한 헌법 제 111조). 당시 국방위원회는 최고인민회의 산하 부문별 하나의 위원회에 불과한 기관이었다. 이 기관을 헌법상 독립기관이면서 무력을 보유한 국가 최고의 기관으로 만듦으로써 군부의 지지를 확실하게 받게 되었다.

그리고 주석이 보유했던 일체 무력의 지휘통솔권을 국방위원장에게 이관하였다(1992년 북한헌법 제 113조). 그리고 국방위원장에게 "국가의 전반적 무력과 국방건설사업을 지도"하는 권한을 주었다(1992년 북한헌법 제 114조 1).

북한의 권력구조는 노동당이 북한군을 통제하도록 되어 있었다. 군은 당의 혁명적 무장의 수단이기 때문이다. 북한의 헌법과 당의 구조는 북한 노동당 중앙 군사위원회가 북한 인민군의 전체 통솔권을 장악하고 있었다. 김일성이 당의 총비서이자 주석으로서 군부의 지휘통솔권을 장악하고 있었다.

이러한 무력지휘 통솔권을 국방위원회로 이관하는 것은 북한군이 노동당의 통제로부터 벗어나 오히려 노동당을 통제하는 기구가 되었음을 의미하였다. 이것은 김정일 승계를 위한 권력 쿠데타라고 할 수 있다. 북한 내부에서는 당의 조직적 반발도 우려할 수 있었다. 군부는 자신들의 권한이 크게 강화되는 것을 지지했다.[43]

이러한 승계를 위한 제도를 완비한 후에도 군사경험이 전혀 없는 김정일을 국방위원장으로 임명하기 위해서는 특단의 조치가 필요했다.

[43] 신진, 북한과 한미외교정책의 소용돌이, 대전 문경출판사, 2004, pp.43-44.

1993년 3월이 되어도 IAEA와 미국은 북한의 핵문제를 해결하기 위한 준비만 할 뿐 가시적인 조치를 취하지는 않고 있었다.

이에 북한은 그동안 한-미 간에 연례적으로 실시해 왔던 한미 Team Spirit 훈련의 한국에서의 합동훈련을 핑계로 1993년 3월 8일 북한에 "준전시상태"를 선포하였다.[44] 이와는 무관하게 한국의 김영삼 정부는 1993년 3월 11일 비전향 장기수였던 이인모를 인도적 차원에서 북한과의 관계개선을 바라며 전격적으로 대북 송환결정을 내렸다. 그럼에도 불구하고 북한은 예정된 수순으로 1993년 3월 12일 핵확산금지조약(NPT)에서 탈퇴를 선언했다. 이로서 그동안 국제사회가 경고했던 대로 상당한 국제적 위기를 조장하고자 하였다.

북한은 계엄령의 효과를 극대화하기 위하여 1993년 3월 9일과 3월 10일에 평양을 비롯한 전국에서 "군중집회"를 개최하고 북한 전역에서 150만 명의 제대군인들을 자원입대의 형식으로 징집하여 복귀시켰다.[45] 그리고 등화관제훈련과 방공훈련을 실시하는 등 실제 전쟁이 발발할 것이라고 믿게 하였다. 그리고 평양당국자는 "북한에 대한 압력은 곧 전쟁을 도발하는 것"이라고 하여 북한 스스로 전쟁을 도발하겠다는 의지를 대내외적으로 천명하였다.[46] 이러한 조치에도 불구하고 휴전선 일대에서는 전쟁도발과 관련된 아무런 움직임도 보이지 않았다. 따라서 이러한 "준전시상태" 조치들은 김정일의 권력승계를 위한 국내용 조치라고 판단된다.[47]

북한의 이러한 내막도 모르는 채, 한국은 북한 핵문제에만 골몰하였

---

44) 로동신문 1993년 3월 9일

45) 로동신문 1993년 3월 9일-3월 10일

46) 조선인민공화국 정부성명(3월 12일), 외교부 비망록(3월 15일), 조선반핵평화위원회 성명(3월 22일), 내외통신, 종합판(48) 1993.4.1.~6.30., 내외통신사, p.221; 신진, 북한과 한미외교정책의 소용돌이, 대전 문경출판사, 2004, p.45.

47) 신진, 북한과 한미외교정책의 소용돌이, 대전 문경출판사, 2004, p.46.

다. 그리하여 한국정부는 1993년 3월 19일 T/S에 참가했던 미국병력의 철수계획과 T/S 훈련 중지와 종료를 발표하여 북한이 NPT 탈퇴를 포기하고 복귀하도록 유도하고자 하였다.

3. 중국의 북한제재 반대

반면에 1993년 3월 22일 중국의 전기침(錢其琛) 외교부장이 "NPT탈퇴에 대한 대북한 제재 및 북한 핵문제의 UN안보리에 상정하는 것을 반대"한다고 주장하여 북한을 지지하고 나섰다.[48)]

IAEA 특별위원회가 북한의 핵문제를 UN 안보리에 회부하기 위한 결의안을 심의하기로 한 것은 1993년 3월 31일 이었다.[49)] 북한은 이미 1993년 3월 24일 "준전시상태"를 해제하였다.[50)] 그러므로 UN이나 IAEA 등의 북한 핵문제와 후속조치로서 제재조치 등의 논의는 북한이 대내적으로 "준전시상태"를 선포하는 데에 아무런 영향을 주지 않았으며, 오히려 국제적 제재조치들을 논의하도록 야기함으로써 대내적 권력승계를 위한 분위기 조성에 활용하였다.

김일성은 북한의 "준전시상태"선포와 해제 직후의 삼엄한 분위기를 이용하여 김정일을 국방위원회 위원장으로 만들었다. 김일성은 1993년 4월 7일부터 4월 9일까지 3일간 최고인민회의(제9기 5차 회의)를 소집하였다. 최고인민회의 마지막 날인 4월 9일에 국방위원회는 김정일을 국방위원회 위원장으로 선출하였다.[51)]

---

48) 신진, 위기의 북한 위험한 외교정책, 대전 문경출판사, 1994, p.22.

49) 신진, 위기의 북한 위험한 외교정책, 대전 문경출판사, 1994, p.23.

50) 모스코바 방송에 따르면, 준전시상태가 해제된 3월 24일은 IAEA의 '대북 특별사찰 수용 촉구 결의안'의 시효가 만료되는 시점으로서 이날 오히려 전쟁이 발발할 것이라고 알려졌었다. ;내외통신사, p.339; 신진, 북한과 한미외교정책의 소용돌이, 대전 문경출판사, 2004, p.45.

51) 신진, 북한과 한미외교정책의 소용돌이, 대전 문경출판사, 2004, p.46.

김정일의 권력승계가 완료되자 북한은 핵개발을 지속하기 위해 오히려 기만적인 평화회담을 제의하였다. 1993년 5월 17일에는 북한의 "조평통" 대변인의 이름으로 전민족 10대 강령에 기초하여 각당과 각파, 각계각층의 인사들이 남북회담을 개최하자고 제의하였으며, 남북한 정상회담까지 제의하였다.[52] 그리고 5월 25일에는 북한의 정무원 총리인 강성산이 남북한 부총리급의 특사교환을 제의하면서 남북한 현안문제를 타결하자고 하였다. 마치 북한의 핵문제를 남북한간에 해결이라도 할 것 같은 제의였으나, 결국 선전에 불과했다. 북한은 핵문제를 미국과의 협상을 위한 도구로 사용했으며, 1993년 5월 27일 주UN북한부대사 허종과 미국간의 고위급회담을 개시로 6월 11일 미국과 북한은 북한의 NPT탈퇴 유보 공동성명을 발표하였다.[53]

북한은 1994년 제네바 합의로 인해 약 22억 9천만 달러를 국제사회로부터 지원받았다.[54] 1992년부터 1999년까지 북한이 경제실패를 인정했던 "고난의 행군기간"이라는 것을 고려한다면, 이러한 재정지원이 북한 김정일 정권에 정당성과 정통성을 부여해 주었다는 것을 부인하기 어렵다.

핵개발을 하지 않겠다는 제네바합의에도 불구하고 북한은 지속적으로 비밀리에 핵개발을 계속했다, 그리하여 2006년과 2009년에는 2차례에 걸쳐 핵실험을 하였으며 이제는 핵탄두를 장착하는 핵무기를 보유했다고 주장하고 있다.

---

52) 신진, 위기의 북한 위험한 외교정책, 대전 문경출판사, 1994, pp.29-30.

53) 공동성명서에서 "북한은 NPT조약으로부터의 탈퇴효력을 필요하다고 인정하는 만큼 임시정지시키기로 하였다." 이때 북한이 내세운 것은 "미국의 대북한 핵무기 사용금지, 미국의 한반도 핵우산 제공금지, 주한미군철수" 등이었다.; 신진, 위기의 북한 위험한 외교정책, 대전 문경출판사, 1994, pp.34-36.

54) Tony Chang, N. Korea received US$2.3 billion through past nuke agreements: lawmaker, Yonhap News Agency, 2009/10/05, http://english.yonhapnews.co.kr/northkorea/2009/10/05/0401000000AEN20091005006600315.HTML

V. 동북아 안보협력체제의 갈등

1. 북한의 도발에 대한 미국의 의지

미국에 민주당정부가 들어서자 해결해야 할 과제가 산적했다. 특히 그동안 미국의 일방주의적 외교방식에서 벗어나 새로운 접근을 시도하는 오바마 대통령에게 주어진 과제들은 다음과 같다.

오바마 정부가 해결해야 하는 국제정치적 과제들[55]

55) 손열, 중국, 일본, 경제회생 이끌 수는 있지만, 미국 대신할 리더쉽 보여주지 못해, 2009 세계질서의 변화와 한국의 선택 (1) 오바마 행정부과제, 중앙일보 2009-01-02, http://www.eai.or.kr/type_k/panelView.asp?catcode=1011000000&code=kor_eaiinmedia&idx=6900 (검색일 2009년 10월 23일)

미국의 오바마 대통령은 지속가능한 안보라고 하는 새로운 외교정책을 추진했다. 적극적인 개입과 대화로서 이러한 문제들을 해결하고자 노력했다. 9.11로 야기된 미국주도의 신고립주의보다는 상호존중의 외교정책으로 전환했다. 즉, 미국의 일방적인 정책과 미국의 결정을 따르라고 외치는 것 대신에 오히려 국제사회의 공통된 이해와 공유하는 가치들을 기반으로 관계국들과 파트너쉽을 가지고 정책을 전개하고자 하였다.

그러나 북한은 오바마 행정부가 출범하자, 오히려 2009년 4월에는 대륙간 탄도탄 급인 대포동2호 미사일을 발사했으며, 2009년 5월 25일에는 제 2차 핵실험을 하였다. 이어서 평양당국은 이러한 핵무기 외에도, 북한의 국경선에 근접해 오는 적군을 타격할 수 있는 단거리미사일과 지대공미사일, 지대함 미사일등을 발사했다.

북한의 이러한 도발적인 행위에 대하여도 미국은 UN 안전보장이사회의 동의를 얻는 절차를 수행했다. 그리고 6자회담의 소속국들에게도 미국의 대북정책의 원칙과 한계에 대하여 명확하게 밝혔다. 그리하여 직접적이고 실효성있는 UN의 제재조치와 결의안을 이끌어 냈으며, 북한에 대한 제재조치에 대하여 중국, 러시아, 인도 등의 협조를 이끌어냈다. 결국, 미국은 더 강력한 국제협조를 통하여 한반도의 완전하고 검증가능한 비핵화를 실현할 계획이었다.[56)]

미국의 행정부와 미군은 북한의 도발에 대하여 단호하고 강력한 응징을 권위있게 천명함으로 미국민과 북한당국 모두에게 확인시켰다. 미국의 오바마 대통령은 2009년 6월 22일 CBS 인터뷰에서 "북한이 하와이를 향하여 대륙간 탄도 미사일을 발사한다면 미국은 이에 적극적으로 대응할 수 있도록 만반의 준비가 되어있다."고 밝혔다. 이와 아

---

56) Secretary of State Hillary Rodham Clinton, U.S.-South Korea, http://seoul.usembassy.gov/rok_071509.html (검색일 2009년 9월 27일)

울러 로버트 게이트 미국방장관은 2009년 6월 18일 미국방부 언론 브리핑에서 "북한이 하와이를 향하여 대륙간 탄도탄을 발사한다면 이에 대비한 추가적인 예방조치(additional precautions)들을 명령해 놓았다." 고 밝혔다. 이로써 미국은 북한이 도발할 수 도 있는 행위에 대하여 군사적 보복조치를 확실하게 할 것이라는 점을 북한에게 경고했다. 기자들이 오바마 대통령에게 북한이 그렇게 하와이를 향하여 미사일을 발사한다면 북한에게 군사공격을 감행하겠느냐는 질문에 대하여 북한이 미국의 안보방어기준을 넘어서면 즉각 군사적 보복조치를 취할 것이라고 명확하게 밝혔다. 즉, "t"의 가로선은 기준을 넘어선 것이며 "i"의 점은 점이라는 것이다.[57]

미국 대통령의 이러한 천명과 미 국방장관의 북한 도발에 대한 엄중한 보복의지에 대하여 북한은 다시 단거리 미사일을 발사했다. 그러나 이번에는 미국의 영토내로 들어가지 않도록 조심스럽게 발사하였다. 2009년 7월 3일과 4일에 사정거리 1,100km ~ 1,160km의 단거리와 중거리 미사일 7발을 발사했다.[58]

2009년 6월 16일 미국의 오바마 대통령은 미국을 방문한 이명박 대통령에게 한반도의 비핵화에 대한 자신의 비전을 재확인했다.[59] 또한 양국의 공동성명서인 "한미동맹을 위한 공동비전"에서도 북한의 핵개발에 불안해하는 한국에 대하여 미국의 핵우산에 의한 지속적인 보장을 확고히 한다고 밝혔으며, 미국은 한반도와 동북아 역내에서 충분한

---

57) Merle David Kellerhals Jr., President obama Says U.S. Prepared for Any North Korean Threat, http://seoul.usembassy.gov/nk_062209.html (검색일 2009년 9월 27일)

58) Stephen Kaufman, U.S. Sees Seriousness of Purpose on North Korean Sanctions, http://seoul.usembassy.gov/nk_070609.html (검색일 2009년 9월 27일)

59) Remarks by President obama and President Lee Myung-bak of the Republic of Korea in Joint Press Availability, http://seoul.usembassy.gov/pv_061609.html (검색일 2009년 9월 27일)

군사력으로 지원할 것이라고 천명하였다.[60)]

미국의 대북 정책에서의 핵심은 북한의 핵을 제거(denuclearization)하는 것이다. 그 과정에서 한반도의 비핵화 정책을 어떻게 할 것인지, 또는 최종 결과를 어떻게 끌어낼 수 있을지에 관해서는 많은 고심을 하고 있다. 북한이 미국과의 양자회담의 결과에 따라 6자회담에 참여할 수도 있다고 주장하므로 미국은 북한과 양자회담을 하기로 전략을 선회했다. 이에 미국은 이러한 식의 북한과의 회담은 북한을 6자회담을 통해 핵포기에 주력하기 위한 방안이라며 북한에 대한 UN제재조치들 집행하고 있다.

2. 상하이협력기구

중국 외교정책은 아직 "도광양회" 정책을 유지하고 있다. 아직은 미국 등 강대국과 직접 다툴 수 있을 만큼 강력하지 않으므로 갈등을 유발하지 않고 조용히 국력을 증강시킨다는 정책이다. 그 수단으로 "비동맹원칙"과 "우호적 상호관계 구축"의 정책을 채택하고 있다. 그리고 상당히 국력이 증강되면 그 때 "대국굴기"를 보여줄 것이라고 천명하고 있다. 즉, 때가 되면 중국이 우뚝서면서 중국의 독자적인 주장을 할 것이라는 것이다.

미국이 일본과 미일동맹을 강화하고, 파키스탄과 인도와의 동맹체제를 확대하여 중국을 견제하는 것이 대하여 중국도 미국의 중국 포위 정책에 맞설 대응책을 마련하였다.

중국은 상하이 협력기구의 확대 강화, 동아시아 안보공동체 구상을 통한 지역국가들의 공동체 편입유도와 아시아통화기금(Asian Monetary

---

60) 한미동맹을 위한 공동비전, 2009년 6월 16일, http://seoul.usembassy.gov/pv_061609b.html (검색일 2009년 9월 27일)

Fund)의 구축을 통한 지역국가들과의 유대강화 등 다양한 시도를 하고 있다.

특히 2001년 6월 15일에 창설된 상하이 협력기구(The Shanghai Cooperation Organization)는 2011년 현재 중국과 러시아, 그리고 중앙아시아 4개국 즉, 카자흐스탄, 키르키스스탄, 타지키스탄, 우즈베키스탄 등이 참여하여 6개국이 되었다. 그리고 이란과 파키스탄, 인도 몽골까지 옵서버로 참석하고 있어서 아시아 최대의 국제기구가 될 전망이다.[61]

중국과 러시아 중심의 상하이협력기구는 미국과 일본, 한국중심의 동북아 안보협력체에 대한 경쟁적 안보기구로 나타나고 있다. 상하이 협력기구는 동북아시아 지역에서의 미국 등 자유세계적 가치관을 가지고 있는 안보협력기구에 대한 대응세력으로 나타나 현재의 동북아 안보상황을 더욱 갈등과 긴장으로 몰고 갈 수 있다.

이러한 상황에서 북한은 미국의 중국포위정책에 대항하여 가장 적극적으로 미국의 중국 포위망을 찢는 첨병 역할을 해 주고 있는 국가다. 평양당국자는 북한의 핵개발을 저지하려면 미국이 한미동맹에 의거한 "핵우산"까지고 제거해야 한다고 주장한다. 이로써 중국은 유사시 한반도에 들어올 수도 있는 미국의 핵능력을 북한이 사전에 차단해 줌으로써 동북부의 미국 포위망을 뚫어주고 있는 셈이다. 따라서 북한은 중국의 가장 절친한 동맹일 수밖에 없다.

세계의 핵 보유국들은 미국, 영국, 프랑스, 러시아, 중국, 인도, 파키스탄, 이스라엘 등 8개국이다. 이들 중 중국과 인접한 나라들은 러시아, 인도, 파키스탄 들이며 중국은 가능한 이들 국가와 선린관계를 유지하려고 애쓰고 있으며 이들 핵보유국들과 패권경쟁을 억제하고 있

61) The Shanghai Cooperation Organization, http://www.sectsco.org/EN/ (검색일 2011년 7월 30일)

다. 실제로 중국의 고위 정치인들은 중국과 국경을 접하고 있는 국가들로서 핵을 보유한 국가는 중국과 우호관계를 유지하고 있기 때문에 북한이 핵보유국으로 하나 더 증가한다고 해도 전혀 우려하지 않는다고 밝혔다. 북한은 핵실험을 하기 20분전에 중국에 사전 통보를 할만큼 중국과 긴밀한 관계를 유지하고 있는 만큼 북한 군사력의 증강과 핵무기 보유는 중국에게 오히려 이익이 된다고 판단된다.[62]

현실적으로 러시아는 아시아보다는 유럽에 관심을 가지고 있어서 아시아의 패권경쟁에 치열하지 않으며, 파키스탄은 중국과 경쟁하지 않으며, 인도는 서남 아시아에 관심을 가지고 있으며 중국과 선린우호 관계를 유지하려 애쓰고 있다. 그렇다면 중국이 바라보는 북한 역시 중국에 인접한 또 하나의 핵보유국가로서 중국에 위협적 요인이 되지는 않는다. 북한은 오히려 미국과 대척점에 있는 국가로서 북한을 통하여 중국 국익의 첨병역할을 할 수 도 있으며, 미국의 대중국 포위전략을 훼손시킬 수 있는 가장 좋은 국가라고 할 수 있다.

3. 중국의 북한 핵개발 지지

현 상황에서 미국과 국제사회가 핵확산을 적극적으로 억지하고 있어서 북한의 핵보유가 일본과 한국, 나아가 대만의 핵무기 확산으로 이어질 가능성은 지극히 적기 때문이다. 따라서 북한은 이미 핵개발을 완료한 상태에서 핵보유에 대한 국제적 승인만 남겨둔 상태라면, 중국이 북한의 핵개발을 적극적으로 저지해야 할 필요가 없다.

실제로 중국의 속내는 북한의 핵개발을 용인하고 있다고 보아야 한다. 그 이유는 다음과 같다.

---

62) 박승준, 후진타오와 김정일의 귀엣말, http://news.chosun.com/svc/news/www/printContent.jtml?type= (검색일 2009년 10월 9일)

첫째, 북한의 1차 핵실험을 했을 때에는 중국은 북한에 대한 실질적인 제재조치에는 적극적으로 반대하였다. 2006년 북한의 제 1차 핵실험 직후에 미국이 북한을 제재하기 위한 결의안을 제출했을 때, 중국과 러시아의 훼방으로 인하여 제재조치의 강도가 대단히 약화되었다. UN 안보리가 만장일치로 결의한 UN 결의안 1718호는 북한에게 핵과 미사일 실험을 하지 말라는 것이다. 그러나 결의 과정에서 중국의 주장이 받아들여져서 "요구(require)"라는 단어 대신에 "요청(request)"이라는 단어를 사용하여 표현하게 되었다. 또한 안보리 결의 1718호에 의해 북한 선박을 검색하는 과정에서 군사력을 사용할 수 있는가의 여부는 중국의 요구에 의해 명백하게 UN결의안 조치에서 제외되었다.[63]

둘째, 북경은 평양에 파견하는 대사를 서울에 보내는 대사보다 더 높은 직책의 외교관을 보냄으로써 정치 안보적으로는 북한과 혈맹이라는 점을 강조하고 있다.

셋째, 중국과 북한의 가장 중요한 안보동맹조약인 1961년의 "朝・中友好合作互助条约"은 지난 50년동안 글자 하나 바꾸지 않고 지속적으로 유지하고 있다. 중국의 북한 핵에 대한 전략은 핵확산으로 인해 대만이 핵을 보유하는 상황을 초래하지 않는다면 북한핵보유를 인정하겠다는 전략이다. 북경당국이 가장 회피하고자 하는 것은 대단이 핵을 보유하는 것이다. 대만의 핵무기 보유는 북경의 대만에 대한 통일과정에서 절대적인 장애요인이 될 것이기 때문이다. 따라서 대만의 핵보유를 야기하는 문제만 아니라면 북한의 핵보유는 북경당국이 절대적으로 반대하지는 않는다.

그러면서도 중국은 국제사회에 대하여 아시아지역의 안보를 책임질

---

[63] Emma Chanlett-Avery and Sharon Squassoni, North Korea's Nuclear Test: Motivations, Implicatioins, and U.S. Options, CRS Report for Congress, October 24, 2006, Congressional Research Service Order Code RL 33709, www.crs.gov. p. CRS-3

수 있는 국가로 인식되기를 원한다. 즉 아시아지역의 맹주로서 역할을 하고 인정받기를 원하고 있다. 그러면서도 북한의 핵무장에 대하여는 묵인하는 정책을 보여주고 있다.

국제사회로부터 중국의 역할을 인정받고 싶어하는 중국의 지도부들은 북한이 제 2차 핵실험을 했을 때 북한에 대하여 심각한 질타와 비난을 하였으며 중국의 국익에 위배된다고 공식적으로 밝혔다. 북한이 2009년 5월 25일 제2차 핵 실험을 했을 때, 중국 외교부는 "북한이 국제사회의 보편적 반대를 무시하고 다시 핵실험을 강행한데 대해 중국정부 는 단호히 반대한다"고 발표했다. 즉 중국은 국제사회의 의사인 "보편적 반대"를 대변하는 맹주역할을 하고 있다는 표현이다. 또 북한의 2차 핵실험에 대하여 국제사회와 여론이 강력한 반대와 우려를 하게 되자 2009년 5월27일 양광렬(梁光烈) 중국 국방부장은 북한의 핵무기 개발을 절대 반대하며, 북한은 현상태로 핵무기 개발을 정지시키라고 강력히 경고했다. 또한 중국의 차기 최고지도자 1순위인 시진핑(習近平) 국가부주석도 2009년 5월 27일 베이징 인민대회당에서 열린 이상희 국방장 관과의 회동에서 "북한 핵실험은 중국의 국익에 위배된다"고 밝혔다.[64]

중국의 이러한 행위로 보아서는 북한의 핵개발을 반대하는 것으로 보이며, 아울러 동아시아 지역의 안보를 책임질 수 있는 국가처럼 보인다. 그러나 그 후, 중국의 북한에 대한 적극적인 경제적 원조 등은 유엔의 대북한 제재조치들을 무력화시키고 북한의 핵개발에 관한 도발적 행동들을 지지하는 것이었다. 이러한 북경의 실질적인 행태들은 중국이 국제사회의 보편적 가치를 추구하기보다는 북한과의 혈맹을 더

---

64) 한석희, 북한 핵문제에 대한 중국의 입장, 2009-07-15 중국연구패널, Issue Briefings, East Asia Institute, http://www.eai.or.kr/type_k/panelView.asp?catcode=1013000000&category=24&code=kor_report&idx=8521 (검색일 2009년 10월 23일)

중시하며, 북한의 핵개발을 국익차원에서 옹호하고 있는 것으로 사료된다.

워싱턴은 북경당국이 북한의 핵개발에 대하여 이중적인 행태를 보이는 것을 알면서도 현실적으로 북경당국이 김정일을 지원하는 것을 방지할 수 있는 방법이 없다. 미국은 모처럼 UN 안전보장이사회 결의 1874 호를 통하여 북경의 평양에 대한 지원을 어느 정도 차단하고, 북한 핵개발에 대한 공동제재조치를 취하는데 성공했다.

그러나 2009년 10월 5일 원자바오 중국 국무원총리의 방북에서 북한에 대한 지원을 재개함으로써 이러한 공동제재의 효과를 반감시키고, 6자회담 참가국간의 공조체제에도 균열을 야기하고 있다.

이러한 현실에도 불구하고 중국은 장차 중국의 경제성장 파트너는 한국이 될 것이라는 믿음을 가지고 있다. 북한은 점점 믿을 수 없게 행동하고 있으며, 중국의 경제성장의 핵심요소인 동북아 지역의 안정과 안보를 위태롭게 하고 있다고 인식하고 있다. 시간이 지나면서 중국의 한국과의 안보협력관계가 점차 강화될 수 있는 가능성이 있다.

4. 미국의 대중국정책

미국의 각종 보고서들은 중국을 미래의 잠재적 적국 또는 도전국이라고 경계하고 있다. 실제로 예상보다 급격하게 부상하는 중국의 경제규모와 군사력은 중국의 미래를 예측불가능하게 만들고 있다. 중국이 국제사회에서 세계평화와 자유시장에 대한 지도자로서의 품격을 갖추는 데에는 부족하기 때문에 자유주의 선진국들은 중국의 패권을 걱정하고 있다.

미국은 중국이 아시아에서 패권을 장악하는 것을 좌시하지 않을 것이다. 여기에 아시아 지역에서의 패권다툼에 러시아와 일본까지 끼어들면서 아시아 지역은 세계 4대 강대국들의 첨예한 경쟁지역이 될 것이다. 그러나 아시아의 패권경쟁에서 가장 큰 경쟁은 결국 중국과 미국간의 갈등이 될 것이다.[65]

미국이 중국과의 이러한 미래경쟁에서 중국 주변의 국가들과의 동맹관계를 형성한다면 중국을 포위하여 경쟁의 우위를 장악할 수 있다. 특히 중국과 국경을 직접 접한 나라와 동맹관계를 형성하다면 미국으로서는 중국에 대한 전략적 우위를 차지할 수 있을 것이며, 중국으로서는 절대적으로 회피해야 할 상황인 셈이다.

미국의 오바마 행정부는 부시행정부와는 달리 참여와 협력을 통해 세계안보를 구축한다는 전략을 가지고 있다. 중국이 아직도 세계적인 안보담당국가 수준에는 못 미치지만, 중국의 역할을 높이 평가하면서 중국이 아시아지역의 안보를 담당하도록 격려하고 있다.

오바마 대통령이 집권한 후 클린턴 국무장관의 첫 해외순방외교로서 아시아를 선택했으며, 중국방문에서는 갈등을 유발할 수 있는 중국 인권문제나 티벳 분리독립문제, 중국의 환율조작국 논쟁 등의 휘발성 있는 이슈들을 거론하지 않았다. 오히려 강대국 미국이 중국과의 협력을 통하여 해결할 수 금융위기나 기후변화문제, 안보위협요인 등에 관한 의제를 다룸으로써 중국을 아시아의 실질적인 리더로 격상시켜 주었다.

미국의 아시아정책은 미일동맹이 기반으로 아시아지역 안보의 기반이며, 일본이 미국의 책임을 분담하고 있다. 중국의 급격한 경제적 성장은 중국이 국제사회의 책임있는 국가로 성장하는 것이 아시아지역의 안보를 확보하는 데에 핵심적 요소가 되었다. 나아가 중국과 일본의 상호견제 속에 이루어지는 세력균형(Balance of Power)은 미국이 균

---

[65] 이춘근, 미국의 대전략, Strategy 21, 한국해양전략연구소, 통권 제 23호 Summer 2009 Vol.12, No.1, pp.24-25.

형자(Balancer) 혹은 조정자로서 균형력(Power of Balance)을 유지함으로써 동아시아 안보를 확보하고 이 지역의 주도권을 유지하고자 한다.

중국이 미국의 대중국 포위전략에 반대하여 아시아지역 국가들로 구성된 다양한 다자주의 구상을 전개(상하이 협력기구, 동아시아 안보공동체, 아시아통화기금(Asian Monetary Fund)) 하는 것에 대하여 미국은 이들 국제기구에 미국과 일본이 참여함으로써 아시아 지역에서의 패권적 지위를 유지하려고 한다. 반대로 중국은 이러한 국제기구들을 통하여 아시아지역에서 미국의 패권을 축출하고 중국의 패권적 지위를 확보하려고 한다.[66] 중국은 베트남 앞바다인 남중국해(South Ahina Sea)일대를 모두 중국의 영해라고 주장하면서 베트남의 석유탐사선을 충돌하고, 베트남 선박의 케이블을 절단하는 등 이 해역에서 중국의 영유권을 갑자기 주장하고 나섰다. 이에 미국과 베트남과의 공동선언을 통해 2011년 6월 17일, 남중국해는 국제사회의 공동이익 구역이며, 이 해역에서 평화와 안정, 안전, 그리고 항해의 자유가 보장되어야 한다고 발표했다.[67] 미국의 이러한 개입으로 인해 중국의 국제법을 무시하고 인접국을 위협하는 행위가 억제되었다. 미국은 이러한 균형자적인 역할을 통하여 아시아지역에서의 집단안보체제를 유지하고 있다.

5. 일본 민주당 정부와 미일관계

부시행정부는 미일동맹의 강화를 바탕으로 일본의 군사력이 아시아 지역의 평화와 안보를 지탱해주는 역할을 하도록 부추겼다. 그러나 아

66) 이동률, 클린턴 미 국무장관의 중국방문과 중미관계, EAI Issue Briefing No. C2009-01, http://www.eai.or.kr/data/bbs/kor_report/2009052911343614.pdf (검색일 2009년 10월 23일)

67) 미국과 베트남, 남중국해에서의 평화촉구, DefenseNews, http://www.defensenews.com/story.php?i=6854536&c=AME&s=SEA (검색일 2011년 7월 31일)

시아국가들 대부분은 일본이 미국을 대체하여 아시아지역의 지도적 역할을 수행하는 것에 반감이 증가했다. 일본이 과거사를 외면하고 현재도 주변국들에게 도발적 행동을 계속 자행하고 있었기 때문에 일본은 미국이 기대하는 신뢰를 아시아지역에서 얻지 못하고 있다.

게다가 미국이 잠재적 적국이라고 우려했던 중국이 경제적 성장을 계속하여 아시아지역의 세력균형을 위협하기에 이르렀다. 이에 미국은 일본과 호주와의 동맹관계를 기초로 아시아지역에서의 다자간 협력기구에의 참여를 통하여 미국의 영향력을 지속시키려고 하고 있다. 한국의 이명박 정부에 들어서는 한국을 PSI등 다자간 협력기구에 가입을 통하여 한국과의 협력도 확대하고 있다.

일본에서 민주당 정부가 들어선 것은 일본의 양당제가 정착하는 첫 걸음이라고 할 만큼 역사적이다. 지난 50년간의 자민당 일당지배에서 벗어났기 때문에 일본의 대미 외교정책에서도 큰 변화가 나타날 것으로 보았다. 이에 미국은 한국을 아시아 지역에서의 중요한 파트너로 격상시키고자 하였다.

실제로 일본 민주당은 미국과의 동맹을 대등한 관계로 끌어올린다고 하면서 미국과의 외교마찰을 초래하였다. 주일미군의 재편과 미일지위협정 등의 개정을 고려하고 있기 때문이다. 미일지위협정은 주일미군의 법적 지위를 정하는 것이다. 일본해상자위대의 인도양에서의 급유활동은 미국의 아프카니스탄 전쟁의 지원 일환으로 수행되는 것인데, 근거법의 만기가 도래하는 2010년 1월 이후에는 기한연장을 하지 않겠다고 오카다 외상이 밝힌 바 있다. 2009년 9월 23일 뉴욕에서의 미일 정상회담에서 밝힌 일본의 6자회담에 대한 의지는 일본인의 납치문제와 핵과 미사일 문제가 중요하다고 밝힘으로써 6자회담의 의제로 일본인 납치문제가 추가되는 형태가 되었다.[68]

---

68) 김성철, 일본 민주당정부와 미일관계, 정세와 정책 2009년 10월호, 세종연구소,

하토야마 민주당정권은 아시아와의 관계를 강화를 중시한다. 따라서 중국과의 대립보다는 협력관계를 통하여 아시아의 안보를 확브하는 계기가 될 것으로 보인다. 하토야마 정권이 추진하는 동아시아 공동체 구상은 굳건한 미일동맹과 융화되어 결국 미국과 일본, 중국의 3자 외교가 근간이 될 것으로 보인다.

이에 미국이 추구하는 중국의 아시아지역 안보 책임의 한 축으로의 격상은 결국 미국과 일본, 중국이 아시아의 안보를 담당하는 국가들로 자리매김을 하게 될 것으로 보인다.

6. 러시아의 대북정책

러시아는 과거와는 달리 한국과 보다 적극적인 경제적, 정치적 협력관계를 구축하고 있다. 북한에 대한 러시아의 입장에서도 과거와는 달리 보다 객관적이며 세계 지도국가로서의 시각을 보여주고 있다. 강대국으로서 아시아 지역에서의 안보가 러시아의 발전에도 중요하다고 주장한다.

특히 북한에 대한 과거의 편향된 시각에서는 완전히 벗어난 것으로 보인다. 2009년 9월부터 사용하게 되는 러시아의 고등학교 3학년 역사교과서에 기술된 북한의 핵문제에 대한 인식은 지극히 부정적이다. 2006년 북한이 핵실험을 한 후, 6자회담이 재개되었을 때, "북한이 핵프로그램 중단의 대가로 끊임없이 경제적 지원을 요구해 왔다"고 부정적으로 비판하고 있으며, 북한의 핵개발 이유와 과정에 대하여도 '북한 당국이 주민들에게 북한이 한국과 미국으로부터 공격위협을 받고 있다고 가르치고 있다"고 기술하면서, 국민을 기만하는 북한 김정일

---

http://www.sejong.org/pub_ci/PUB_CI_DATA/k2009-10_3.PDF (검색일 2009년 10월 23일)

정권의 독재체제를 비판하고 있다.[69)]

Ⅵ. 결론

동북아안보에 관련하여 안보협력체제의 구성원인 미국의 오바마 대통령이 세계 공통의 가치라고 할 수 있는 핵무기 감축과 핵없는 세상을 구현을 천명한 것은 동북아 안보협력체가 나아가야 할 길을 제시한 것이라고 할 수 있다. 핵무기에 관한 오바마 대통령의 의지는 확고하다. 그는 2009년 7월 7일 러시아의 모스코바에 있는 신경제학교 졸업식에서도 핵무기 감축과 확산방지에 대한 확고한 의지를 밝혔다. 러시아 메드베데프 대통령과의 회담을 통하여 핵탄두와 미사일 감축계획에 서로 합의했으며, 아시아와 중동지역에서도 핵무기 확산을 방지하기로 합의했다고 밝혔다. 특별히 북한과 이란의 핵무기확산에 공동으로 대처하여 반대하며, 북한과 이란의 미사일 개발에도 공통적인 우려를 가지고 있다고 밝혔다.[70)]

특히 클린턴국무장관도 세계 핵무기 비확산체제에 있어서 북한과 이란의 핵을 비핵화하는 것이 가장 핵심적인 문제라고 지적한다. 이를 위한 6자회담의 틀 안에서는 북한과 양자회담을 할 준비가 되어있으며, 북한이 회담 테이블로 돌아오는 것만 가지고는 불충분하며 북한이 핵을 포기하지 않고서는 북한에 대한 어떠한 제재조치를 해제하지 않겠다고 밝혔다. 현재의 제재조치는 북한이 검증가능하고, 완전한 비핵화를 위한 비가역적인 단계를 밟아갈 때까지 해제하지 않을 것이라고

---

69) 헤럴드경제, 2009년 10월 29일 p.4.

70) Gostinny Dvor, Remarks By the President at the New Economic School Graduation, http://seoul.usembassy.gov/press_070709.html (검색일 2009년 9월 27일)

밝혔다.[71]

오바마 대통령은 워싱턴을 방문한 이명박 대통령과의 면담에서 북한은 이미 자신의 약속을 파기했으며, 국제법도 위반했다고 주장했다. 그리고 북한의 핵과 미사일 프로그램은 아시아와 세계의 평화와 안보에 중대한 위협이 된다고 설명했다. 아울러 그는 한반도의 비핵화를 결단코 실현할 것이며, 북한의 핵무장을 어떤 조건에서도 절대로 용납하지 않을 것이라고 천명하였다.[72]

오바마 대통령의 대북 정책은 명확하다. 북한의 협상전략에 말려들지도 않을 것이며, 과거에 미국이 북한에게 부상을 해 주었던 것은 잘못된 것이며 다시는 그러한 호전적이고 도발적인 행태에 대하여 절대로 부상을 해주지 않을 것이라는 점이다.

러시아와 중국을 포함한 UN 안보리는 2009년 5월 25일 만장일치로 북한을 비난했다. 특히 미국의 클린턴 국무장관은 6자회담 참가국들이 북한의 핵무기 포기를 위해 노력하고 있으며, 궁극적 목표는 한반도 비핵화라고 밝혔다. 또한 북한이 핵기술이나 핵과 관련된 무기를 수출하려고 한다면, 어떠한 수단과 방법을 가리지 않고서라도 이를 차단하거나, 사전에 예방할 수 있는 조치를 취할 것이라고 밝혔다. 물론 북한자금의 동결도 포함한다고 밝혔다.[73]

나아가 미국은 중국과 러시아, 일본과 한국 및 프랑스와 영국 등과 함께 2009년 6월 12일 북한에 대한 추가적 제재조치를 만장일치로 채

---

71) Hillary Rodham Clinton, "Remarks at the United States Institute of Peace", U.S. - North Korea, http://seoul.usembassy.gov/nk_102109.html (검색일 2009년 10월 24일)

72) Merle David Kellerhals Jr., Presidential Visit, http://seoul.usembassy.gov/pv_061609a.html (검색일 2009년 9월 27일)

73) Merle David Kellerhals Jr., U.S. Seeking Strong Response to North Korea's Nuclear Actions, p.1, http://seoul.usembassy.gov/rok_060809.html (검색일 2009년 9월 27일)

택하였다. 오바마는 특별히 대북한 제재조치에 국제사회가 동참하는 것에 큰 의미를 두고 있으며 국제적 협력체제로서 이 문제를 풀어가고자 노력하고 있다.[74]

2009년 10월 21일 한국을 방문한 미국 로버트 게이츠 국방장관은 북한의 핵 위협에 대하여 한국과의 방위동맹을 더욱 강화하고, 미국의 핵우산을 제공하며, 재래식 공격능력 및 미사일 방어능력 등의 미국 군사적 능력의 확장된 억지력으로서 한국을 방어한다는 미국의 공약을 한미 안보협의회(SCM) 공동성명에서 재확인했다.[75]

북한의 핵문제와 북한의 위협에 직면한 한국의 안보문제를 해결하는 데에 이러한 것만 가지고서는 불충분하다. 북한과의 핵협상 실패시 미국의 핵억지력 뿐만 아니라 한국군의 군비증강을 약속해야 한다. 이러한 강한 반발과 약속만이 북한으로 하여금 핵을 포기하게 만들 것이다.

실제로 북한이 개발한 대포동 미사일은 하와이까지 도달할 수 있다. 미국이 하와이에 북한의 핵공격을 받을 위험을 감수하면서 서울을 보호하기 위해 핵우산을 제공할 것이라고 생각하는 것은 쉽지 않다. 또 북한이 한국에게 핵무기로 공격을 한 직후에 한국이 미국에게 요청하여 북한을 핵무기로 공격해 달라고 요청할 수 있을 것인가? 북한이 한국의 주요도시 전역에 생화학무기 탄두를 장착한 미사일로 공격하였을 경우에도 미국에게 북한을 핵무기로 공격해 달라고 요청할 수 있을 것인가?[76] 이러한 사례에 대비하기 위해서는 북한의 핵을 저지할 수 있는 한국의 군비증강만이 북한의 핵을 포기하게 만들 수 있다.

---

[74] Merle David Kellerhals Jr., President obama Says U.S. Prepared for Any North Korean Threat, http://seoul.usembassy.gov/nk_062209.html (검색일 2009년 9월 27일)

[75] 중앙일보, 2009년 10월 23일 pp.1-3.

[76] Victor Cha, Future of North Korea and South Korea-U.S. Alliance: Adjusting to Emerging Realities, Policy Brief No.3, Ilmin Forum for International Affairs and Security(IFIAS) September 17, 2009.

북한 핵개발과 핵무기 보유문제는 국제사회의 평화유지에 가장 큰 해결과제 중의 하나다. 그런데 동북아시아에서 중국은 북한의 핵개발을 사실상 지지하고 있으며 중국과 러시아 중심의 상하이협력기구와 같은 안보공동체를 활발하게 구축하고 있다.

미국은 일본과 한국을 중심으로 안보협력체를 구상하고 있으나, NEACD와 6자회담(Six Party Talks)은 아직 그다지 큰 성과를 내지 못하고 있다. 또한 ASEAN과 ASEAN+3, ARF, APEC 등이 활동을 하고 있으며, 동북아안보대화(NEASED, North East Asia Security Dialogue)와 동북아협력대화(NEACD, North East Asia Cooperation Dialogue)도 결성과 연례적 활동만 하고 있다. 반면에 상하이협력기구는 석유등 에너지 자원을 중심으로 활동을 전개할 예정이어서 구성국들간에 적극적인 이익의 공유와 활동이 예상된다. 문제는 동북아시아의 안보협력기구들이 미국 중심의 기구들과 중국 중심의 기구들로 분리 설립되면서 북한 핵문제를 둘러싸고 오히려 긴장과 갈등이 점증하는 점이라고 할 수 있다.

<참고문헌>

김성철, 일본 민주당정부와 미일관계, 정세와 정책, 2009년 10월호, 세종연구소, 2009.

로동신문 1993년 3월 9일

로동신문 1993년 3월 9일~3월 10일

박승준, 후진타오와 김정일의 귀엣말, http://news.chosun.com/svc/news/www/printContent.jtml?type= (검색일 2009년 10월 9일)

손열, 중국, 일본, 경제회생 이끌순 있지만, 미국대신할 리더쉽 보여주지 못해, 2009 세계질서의 변화와 한국의 선택 (1) 오바마 행정부과제, 중앙일보 2009-01-02, http://www.eai.or.kr/type_k/panelView □槃嚇?catcode=1011000000&code=kor_eaiinmedia&idx=6900 (검색일 2009년 10월 23일)

신진, 북한과 한미외교정책의 소용돌이, 대전 문경출판사, 2004.
신진, 위기의 북한 위험한 외교정책, 대전 문경출판사, 1994.
외교부 비망록(3월 15일)
이동률, 클린턴 미 국무장관의 중국방문과 중미관계, EAI Issue Briefing No. C2009-01, http://www.eai.or.kr/data/bbs/kor_report/2009052911343614.pdf (검색일 2009년 10월 23일)
이춘근, 미국의 대전략, Strategy 21, 한국해양전략연구소, 통권 제23호 Summer 2009 Vol.12, No.1.
장준익, 북한의 핵 미사일 개발과 한국의 안보, 군사 제52호, 2004. 8.
조선반핵평화위원회 성명(3월 22일)
조선인민공화국 정부성명(3월 12일)
종합판(48) 1993년 4월 1일 ~ 6월 30일
중앙일보 2009년 10월 23일, 1면~3면
탈북자 증언집 〈아!요덕〉, PSCORE, http://pscore.org/xe/movie/11436 (검색일 2009년 10월 24일)
한미동맹을 위한 공동비전, 2009년 6월 16일.
한석희, 북한 핵문제에 대한 중국의 입장, 중국연구패널, Issue Briefings, East Asia Institute, 2009. 07. http://www.eai.or.kr/type_k/panelView.asp?catcode=1013000000&category=24&code=kor_report&idx=8521 (검색일 2009년 10월 23일)
헤럴드경제, 2009년 10월 29일, 4면
Cha, Victor, Future of North Korea and South Korea-U.S. Alliance: Adjusting to Emerging Realities, Policy Brief No.3, Ilmin Forum for International Affairs and Security(IFIAS) September 17, 2009.
Chanlett-Avery, Emma and Squassoni, Sharon, North Korea's Nuclear Test: Motivations, Implicatioins, and U.S. Options, CRS Report for Congress, October 24, 2006, Congressional Research Service Order Code RL 33709, www.crs.gov. p. CRS-3
Clinton, Hillary Rodham, "Remarks at the United States Institute of Peace",

U.S. - North Korea, http://seoul.usembassy.gov/nk_102109.html (검색일 2009년 10월 24일)
DefenseNews, 미국과 베트남, 남중국해에서의 평화촉구, http://www.defensenews.com/story.php?i=6854536&c=AME&s=SEA (검색일 2011년 7월 31일)
Dvor, Gostinny, Remarks By the President at the New Economic School Graduation, http://seoul.usembassy.gov/press_070709.html (검색일 2009년 9월 27일)
International Commission on Intervention and State Sovereignty(ICISS), The Responsibility to Protect, Ottawa, 2001.
Kaufman, Stephen, U.S. Sees Seriousness of Purpose on North Korean Sanctions, http://seoul.usembassy.gov/nk_070609.html (검색일 2009년 9월 27일)
Kellerhals, Merle David, Jr,. Presidential Visit, http://seoul.usembassy.gov/pv_061609a.html (검색일 2009년 9월 27일)
_______________________., President obama Says U.S. Prepared for Any North Korean Threat, http://seoul.usembassy.gov/nk_062209.html (검색일 2009년 9월 27일)
_______________________., U.S. Seeking Strong Response to North Korea's Nuclear Actions, p.1, http://seoul.usembassy.gov/rok_060809.html (검색일 2009년 9월 27일)
Matthews, Jessica T., "Redefining Security" Foreign Affairs 68, No.2(Spring)
Remarks by President obama and President Lee Myung-bak of the Republic of Korea in Joint Press Availability, http://seoul.usembassy.gov/pv_061609.html (검색일 2009년 9월 27일)
Secretary of State Hillary Rodham Clinton, U.S.-South Korea, http://seoul.usembassy.gov/rok_071509.html (검색일 2009년 9월 27일)
Smith, Gayle, "In Search of Sustainable Security: Linking National Security, Human Security, and Collective Security to Protect America and Our World", Center for American Progress, June 2008,

http://www.americanprogress.org/issues/2008/06/pdf/sustainable_security1.pdf

Stockholm International Peace Research Institute(SIPRI), SIPRI Yearbook 2007, Appendix 2A, Patterns of Major Armed Conflicts, 1997-2006, Oxford, Oxford University Press, 2007.

The Shanghai Cooperation Organization, http://www.sectsco.org/EN/ (검색일 2011년 7월 30일)

chapter 4 북한내부갈등과 국제적 도발

I. 서론

2010년 11월 23일 북한이 서해안 연평도를 포격한 것은 1950년 한국전쟁 이후 가장 대규모의 무력공격이었다. 이보다 앞선 2010년 3월 26일에는 북한군이 서해상에서 훈련 중이던 한국 해군의 천안함을 격침시켜 한국의 해군 46명이 희생되었다.

이러한 도발에 대하여 한국과 국제사회는 북한을 강력하게 비난하고 제재조치를 강구했다. 북한의 일련의 이러한 강성 무력도발은 그 배후에 상당한 이유가 있을 것이라고 사료된다. 평양당국은 일련의 이러한 도발로 인해 받게 될 국제사회로부터의 불이익을 계산하고서도 그 효과가 더 크다고 판단했기 때문에 이러한 도발을 했을 것이다.

또 북한은 2009년에 두 번째 핵실험을 강행하면서 국제사회에서 북한을 핵 보유국으로 기정사실화 하는 전략을 추구하고 있다. 김정일 정권은 미국과의 양자회담을 요구하면서 미국과의 핵군축 회담을 요구하고 있다.

북한 김정일에게 있어서 최대의 과제는 정권의 유지 및 권력승계와 경제난 해결이라고 할 수 있다. 북한이 추구하는 선군정치는 김정일의 정권유지 및 권력승계를 위한 핵심적 요소다. 김정일은 선군정치의 도구로서 핵개발과 미사일 개발을 추진하고 있다고 할 수 있다.

김정일의 선군정치라고 하는 국가정책은 부족한 자원을 핵무기와 미사일 개발에 집중하여 투자함으로써 북한경제의 자원 불균형 배분구조가 더욱 심화되었다. 특히 두차례에 걸친 핵무기 실험으로 인해 야기된 대북한 국제적 경제제재조치들은 북한경제를 더욱 악화시켰다. 북한이 1990년대 고난의 행군이 시작된 이래 계속되는 경제실패와 식량부족 등은 주민들에 대한 평양당국의 통제를 이완시키는 쐐기 역할을 하고 있다.

이에 북한은 식량부족과 경제건설을 위해 대남 원조를 요청하였다. 그러나 다른 한편에서는 핵실험과 미사일 실험발사를 계속하고, 금강산 관광객을 총살하는 등 도발적인 행위를 계속하여 한국과 국제사회는 북한에게 경제적 지원을 할 수 없게 되었다. 이에 북한은 더욱 격렬한 군사적 도발행위를 감행하기에 이르렀다.

지난 20년간 북한은 핵과 미사일 개발을 하면서 북한의 전략에 따라 국제적 갈등을 야기하는 도발을 하고, 그 후 국제사회와의 유화적인 협상을 통하여 경제적 지원을 받는 전략을 번갈아 사용해 왔다. 즉, 강력한 군사적 도발을 하여 국제사회에 전쟁의 가능성이나, 국지적 분쟁 등의 가능성을 보여 준 후에는 갈등해소 차원에서 북한에 대한 지원을 받는 전략이었다. 특히 북한의 군사적 도발이 가장 격화되는 시기는 북한의 식량공급 부족이 최대점에 이를 때 나타나는 경우가 많다. 이에 본 논문은 이러한 북한의 일련의 군사적 및 국제적 갈등을 도발하는 행위들의 배후에 북한 핵문제와 권력 승계 문제, 그리고 식량 부족 문제 등이 상호 어떤 관계에 있는 지 분석하고자 한다.

Ⅱ. 국제적 도발과 북한내부 요인들

1. 북한의 권력승계와 핵개발 의지

1989년 프랑스 상업위성이 북한의 핵개발 징후를 포착하였다. 북한이 핵확산금지조약(NPT)에 가입해 있었으므로 미국과 IAEA가 북한의 핵시설을 시찰하겠다고 하자 북한이 이를 거부함으로써 갈등이 시작되었다. 1993년 김정일이 권력승계를 마칠때까지 북한은 미국 등 국제사회를 상대로 언제든지 전쟁을 하겠다고 협박하였다. 그리하여 1993년 김정일의 권력승계가 마무리되고 1994년 제네바 회담에서 북한의 핵개발을 현상태로 동결하는 대신 북한에 대한 막대한 경제적 지원을 하기로 함에 따라 1차 핵위기는 해결되는 듯 보였으며, 북한의 국제사회에 대한 도발도 큰 성과를 거두었다. 그러나 1994년 제네바 합의에 의해 북한이 핵개발을 중단하는 대가로 많은 경제적 지원을 받으면서도 북한은 비밀리에 핵개발을 계속하였다. 결국 2006년에는 실제 핵실험을 하는 수준까지 도달하였다.

2006년 제 1차 핵실험 직후에 UN 안보리는 만장일치로 UN 결의안 1718호를 가결하여 북한을 제재했다. 결의안은 북한의 핵실험을 "세계평화와 안보에 대한 명백한 위협"이라고 규정하였으며, 북한으로 오고가는 중무기나 사치품을 금지시키는 한편 대량살상구기나 이와 관련된 어떠한 화물에 대하여도 각 나라가 이를 검색할 수 있도록 권한을 주었다. 또한 모든 나라들에게 북한의 비전통적 무기 프로그램과 관련된 자금을 동결하도록 요청했다. 그리고 북한에게는 핵과 미사일 실험을 하지 말 것과 북한이 NPT 체제로 복귀할 것을 요구하는 것이었다.

그러나 미국이 제안한 UN결의안 1718호의 원 취지는 안보리 이사국인 중국과 러시아에 의해 크게 훼손되었다. 중국은 "요구(require)"라는 단어 대신에 "요청(request)"을 사용해야 한다고 하였다. 또 중국의 요구에 의해 북한 선박을 검색하는 과정에서 군사력의 사용을 명백하게 제외하게 되었다. 그러나 이러한 완화된 표현에도 불구하고 북한은 이러한 제재조치는 전쟁행위라고 비난하였으며, 제 2차 핵실험을 지속하겠다고 주장했다.[77] 그러면서 북한은 실제로 제 2차 핵실험을 단행했다

북한은 2009년 5월 25일 제 2차 핵실험을 했다고 발표했다. 이보다 한달 앞서 평양당국은 2009년 4월 14일에는 더 이상 6자회담에 참가하지 않겠다고 선언했다. 북한의 6자회담 참가는 김정일 정권과 부시행정부 사이에 체결된 협약이며 그 뒤 6자회담 소속국들에 의해 비준된 협약인데 이것을 파기한 것이다. 그러한 일련의 협약에 의해 2008년 6월 27일에 영변의 핵시설도 붕괴시켜 불능화하는 행사도 했던 것이며 미국으로부터 250만 달러의 보상금도 받았었다.[78]

북한의 핵개발을 저지하기 위해 2003년 8월에 북한과의 합의하에 6자회담이 개최되었다. 그러나 북한은 비밀리에 핵개발 프로그램을 지속하였다. 영변에서는 5개 내지 8개의 핵무기를 제조할 수 있는 플루토늄을 생산했다. 그리고 2006년 10월 9일에 제 1차 플루토늄 핵실험을 단행했다. 이어서 2009년 5월에는 2차 핵실험을 했다. 미국이 북한의 고농축 우라늄 프로그램을 진행하는 것에 대해 증거를 가지고 계속 추궁하자 2009년 6월에는 북한이 이를 인정했다. 그리고 북한은 미국과 핵협상이 아니라 핵군축회담을 하자고 요구했다.

---

[77] Emma Chanlett-Avery and Sharon Squassoni, North Korea's Nuclear Test: Motivations, Implicatioins, and U.S. Options, CRS Report for Congress, October 24, 2006, Congressional Research Service Order Code RL 33709, www.crs.gov. p. CRS-3

[78] Yongbyon Nuclear Scientific Research Center, http://en.wikipedia.org/wiki/Yongbyon_Nuclear_Scientific_Research_Center (검색일 2011년 7월 30일)

평양정권은 핵무기를 개발하려고 하는 이란과 시리아과 공동개발을 하고 있었다. 이에 미국은 즉각 UN안보리 이사국들로 하여금 북한의 핵개발과 미사일 실험에 대하여 제재조치를 취하는 안보리결의 1874호를 2009년 6월에 얻어냈다. 이 결의는 UN회원국들로 하여금 그들의 영토에서 북한의 대량살상무기(weapons of mass destruction, WMD)와 관련된 모든 금융거래를 금지시키는 것이었다. 또한 북한이 WMD을 타국으로 수송하기 위해 이들 영토를 활용하는 것을 금지시키는 것이었다. UN결의 1874호를 이행하는 데에 있어서는 중국이 가장 중요했다. 북한이 중국의 은행을 이용하여 금융거래를 했으며, 중국의 공항과 항구를 이용하여 이란으로 WMD 거래를 했기 때문이다.[79]

이러한 압박을 가하자 북한은 2009년 빌 클린턴 전 미국 대통령을 불러들여 억류하고 있던 미국 여기자 2명을 석방하였으며, 한국의 현정은 현대관광 회장을 초대하여 당시 억류하고 있던 개성공단 근로자도 석방하였다. 그리고 노무현 대통령의 장례식에 참석하기 위해 서울에 왔던 북한 조문대표단은 이명박 대통령을 만나 대북한 제재조치를 억제하기 위해 노력했다.

그리고 북한은 중국을 방문하여 중국의 지원을 받아 유엔의 제재조치를 경감하고자 시도하여 성과를 거두었다. 김정일의 중국방문에 이어 중국의 총리가 북한을 방문하면서 북한에게 한 경제적 지원을 약속함으로써 유엔의 제재조치를 약화시키는 한편, 국제사회와의 약속을 어기고 핵무기개발을 한 북한의 주장에 동조하였다.

이와 더불어 북한의 미사일 개발은 잠재적으로 미국을 위협하고 있다. 워싱턴 당국은 현재까지 북한은 많은 탄도미사일을 개발하였지만,

---

79) Larry A. Niksch, North Korea's Nuclear Weapons Development and Diplomacy, CRS Report for Congress, September 9, 2009, Congressional Research Service 7-5700, www.crs.gov, RL33590

미국 본토를 직접 위협할 수 있는 미사일시스템을 갖추고 있지 않다[80]고 분석하고 있었다. 그러나 2011년 1월 미국과 중국간의 정상회담에서는 북한의 미사일이 향후 심각한 문제가 될 것으로 인식하여 미국과 중국간에 논의가 있었다.

2. 북한의 식량부족과 김정은 권력승계

북한에게 있어서 식량부족은 북한정권유지에 핵심적인 과제다. 김정일이 군부를 장악하고 있는 한 정권붕괴는 발생하지 않겠지만, 식량부족으로 인하여 민심이 돌아서고 있다. 게다가 정권은 식량을 구하러 여행하는 주민들을 용인하는 것은 상당한 변화조짐이라고 할 수 있다. 주민들의 이동제한이 약화됨으로써 정보의 확산이 가능하고, 빨라졌기 때문이다. 이러한 변화가 김정일 정권의 통제력 약화와 관련이 있다고 추정된다.

지난 1992년부터 1999년까지 북한의 아사자 발생 현황에서 나타난 바와 같이 북한의 주민들 중 상당수가 식량부족으로 희생되었지만, 북한 정권에 대한 주목할 만한 조직적 저항이나 권력투쟁 등의 증거는 아직 없다. 현재 북한에서는 식량부족문제와 선군정치의 목표가 상충할 경우에는 북한정권은 선군정치의 목표를 우선시 한다. 즉, 북한정권의 핵심목표는 핵과 미사일 개발이며, 권력유지와 승계라고 할 수 있다. 그런데 통계적으로 북한에 식량부족이 심각할 경우에는 북한의 군사적 도발이 보다 심각하게 나타남을 볼 수 있다.

그럼에도 불구하고 북한정권을 유지하는 데에 있어서 식량은 아킬레스건이다. 북한의 주민의 이동제한 통제체제가 붕괴된 것은 1990년

---

80) Steven A. Hildreth, North Korean Ballistic Missile Threat to the United States, CRS Report for Congress, February 24, 2009, Congressional Research Service 7-5700, www.crs.gov. RS21473

대부터 시작된 만성적이고 심각한 식량부족현상 때문이었다. 북한정권 수립이래 50여년간 주민들이 자기 주거지역을 떠나 타지로 이동할 때에는 통행증을 반드시 소지하게 되어 있었다. 이러한 통행증이 주민들을 통제하는 주요한 수단으로 활용되었다. 그러나 식량부족으로 인해 아사자가 발생하자, 주민들은 당국의 통제와 처벌에도 불구하고 식량을 구하기 위해 제한된 주거지역을 벗어나 타지로 가야만 했다. 군과 보안당국도 아사자들이 속출하는 상황에서 식량을 구하기 위해 이동하는 주민들을 막을 수가 없었다. 일부는 뇌물을 받고 통행을 허가하기도 하고, 일부는 처벌하기도 했지만, 식량을 구하러 가는 주민의 욕구를 꺾을 수는 없었다. 결국 이러한 주민들의 왕래가 북한의 기존의 통제체제를 이완시키는 데에 큰 역할을 했다.

식량부족은 주민간 통행을 허용하여 통제체제를 이완시켰을 뿐만 아니라 김정일 체제에 대한 불만도 증가시켰다. 김정일 정권은 주민들의 이러한 불만을 해결하고 해명해야 할 압박에 직면했다. 이에 2010년 1월 9일 로동신문에서 김정일은 북한의 경제실패를 인정하고, 식량부족으로 인해 국민들에게 불만을 야기한 책임을 인정하고, 향후 더욱 분발할 것을 밝힌 바 있다.

"지난날 수령님께서는 늘 우리 인민들이 흰쌀밥에 고기국을 먹으며 비단옷을 입고 기와집에서 살게 하여야 한다고 하시었는데 우리는 아직 이 유훈을 관철하지 못하고 있다. 나는 단기간에 인민생활문제를 풀어 우리 인민들을 남부럽지 않게 잘 살도록 한데 대한 수령님의 유훈을 반드시 관철하고자 한다." 김정일이 주민들에게 자신의 잘못을 인정하는 발표를 한 것은 북한의 역사상 대단히 드문 일이었다. 그런데 김정일이 식량부족 문제를 인정한 것은 북한내에 식량문제가 심각할 뿐만 아니라 주민들의 불만이 상당하다는 것을 의미한다.

북한 식량사정의 심각성은 김정은을 후계자로 공식 지명한 뒤인

2011년 1월 8일 김정은의 생일조차 대규모 배급없이 초라하게 지냈다.[81)]

2010년에 들어서면서 북한은 최대의 당면과제를 안고 있다. 김정일에서 김정은으로의 권력승계문제와 경제건설의 문제라고 할 수 있다. 특히 김정은의 업적을 만들고, 권력승계를 정당화 하며, 북한 내부의 반발을 제거하기 위해 대남 도발을 강화하는 것으로 알려지고 있다. 즉, 대남도발을 하여 한국측에 심각한 피해를 준 것을 김정은의 탁월한 군사전략이라고 선전함으로써 군대경험이 없는 것을 호도하고자 하고 있다.

그런데 북한의 이러한 대남 무력공격들은 북한의 식량사정이 한계에 이르렀을 때 자주 나타나는 성향을 보인다. 북한의 식량부족은 만성적이기는 하지만, 식량부족이 누적되어 주민의 불만이 고조되고, 북한당국이 더 이상 주민들을 통제하기 어려운 시점에 대남 군사공격의 성향이 나타나는 것으로 보인다.

북한의 대남 군사도발은 김정은으로의 권력승계를 위해 전략적으로 계획된 것이다. 이러한 계획에서 군부의 전략이 김정일의 승인을 얻고 평양의 지도부내에서 설득력을 갖기 위해서는 북한 내부의 압박요인으로 식량부족이 큰 역할을 한 것으로 보인다. 2010년 3월 천안함 격침사건과 2010년 11월 연평도 포격사건은 북한의 군사적 도발은 북한은 한국과의 관계에서 금강산 관광객 총격 사살 사건으로 인해 금강산 관광이 중단으로 현금유입이 중단된 상태였으며, 북한에 대한 식량과 비료지원 등이 현격하게 감소 내지는 중단된 상태에서 도발했다.

---

81) MK 뉴스, 2011년 1월 12일, http://news.mk.co.kr/v3/view.php?year=2011&no=24503 (검색일 2011년 1월 21일)

Ⅲ. 권력승계를 위한 위기조성

북한의 식량 공급량 추이

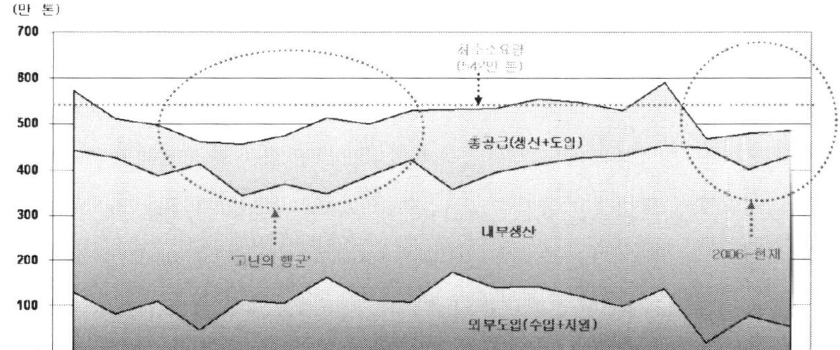

	91/92	92/93	93/94	94/95	95/96	96/97	97/98	98/99	99/00	00/01	01/02	02/03	03/04	04/05	05/06	06/07	07/08	08/09
계	572	510	498	462	456	474	512	500	529	532	535	554	546	529	590	468	479	486
생산	443	427	388	413	345	369	349	389	422	359	395	413	425	431	454	448	401	431
도입	129	83	109	49	111	105	163	111	107	173	140	141	121	98	136	20	73	55

자료: 한국농촌경제연구원, 북한농업통계.; KOTRA, 북한경제.; 통일부의 통계를 재구성

출처: 임수호, Issue Paper, 최근 북한의 식량사정과 시사점, 2009. 10.6, 삼성경제연구소, 인용

1. 김정일 권력승계 활용

1989년부터 1994년에 이르는 시기는 북한에게 있어서 핵개발은 절대적으로 필요한 것이었으며, 어떠한 외부의 압력에도 포기할 수 없는 것이었다. 김일성에서 김정일로 권력을 승계하는 문제와 연결되었기 때문이었다. 북한은 북한의 핵문제로 인하여 국제적 압력이 증가하자, 국제적 압력을 전쟁분위기로 위장하여 전 국민에 대한 공포분위기를 조성하였다. "준전시상태"를 선포하고 마치 전쟁이 발발할 것 같이 총동원령을 내려 제대군인을 재소집하였다가 준전시상태를 해제한 직후 최고인민회의를 소집하여 김정일을 국방위원회 위원장으로 선출함으로서 권력승계를 완료하였다.

1994년 북한의 핵 개발을 정지시키기로 한 제네바 합의에 따라 그 대가로 국제사회가 막대한 양의 대북한 경제원조를 제공했다. 그러한 경제적 지원은 김정일의 정치기반을 확고히 해주고 정통성을 인식시키는 데에 크게 기여했다. 특히 제네바합의에 따라 한국 등의 국제사회가 북한에 경수로를 건설해 주기 위하여 중장비를 가지고 북한에 들어간 것에 대하여 김정일은 국제사회에서의 김정일의 위상을 보여준 것이라고 대내적으로 선전하였다. 그리고 매년 미국이 제공했던 연간 중유 50만 톤은 당시 "고난의 행군기간"에 파탄에 처했던 북한경제에 크게 기여하였으며, 김정일의 권력승계를 정당화 해주는 역할을 하였다.

김정일의 권력승계와 정치기반조성 및 향후 권력유지를 위해서 핵개발은 중요했다. 북한은 모든 기만과 술수를 통해서라도 핵개발에 절대적으로 필요한 시간을 확보하는 것이 가장 중요한 외교적 과제였다. 따라서 평양당국은 핵문제가 제1차적으로는 한반도 문제이므로 한국와의 협상을 통해서 해결한다는 술책을 통해 시간을 확보하고자 하였다. 그 후에는 미국과의 직접 교섭을 통해 시간끌기 협상전술을 사용하였다. 핵개발을 위한 절대적인 시간을 충족시키고, 김정일 권력승계를 마치자 평양당국은 협상을 원했다. 게다가 미국이 군사적 공격을 준비하게 되자 카터 전 미국대통령의 중재를 통하여 북한핵의 "현상태동결"과 동시에 막대한 경제적, 정치적 지원을 보상받기로 하였다. 당시 미국은 북한의 핵문제가 외교적으로 해결되지 않으면, 군사적 정밀타격을 통하여 핵을 제거하기로 하였다.

그러나 북한은 이렇게 급박한 상황을 의도적으로 유도했다. 그리하여 애초에 의도했던 목적을 달성하고자 하였다. 즉 가장 중요했던 것은 김일성으로부터 김정일에게로의 권력승계작업이었다. 핵개발 문제는 권력승계를 이루기 위한 도구적 사업이었다. 북한의 공산화혁명사업에 기여한 바 없었던 김정일에게 권력을 승계하기 위해서는 군부의 지지를 확보하는 것이 핵심적 과제였다. 이에 김일성이 그동안 추진해 오던 핵개발은 군부의 지지를 확보할 수 있는 좋은 수단이었다.

그런데 1990년부터 미국과 IAEA의 대북 핵사찰 요구가 이어졌으며, 핵개발의 원활한 진행을 위해서는 시간확보가 절대적으로 필요했다. 이에 북한은 미국과 IAEA의 대북 핵사찰을 연기하기 위한 방편으로 한국과의 협상을 통해 핵개발에 필요한 시간을 확보하고자 하였다.

이로써 북한의 핵처리 프로그램의 절대적으로 필요한 시간을 확보하기 위해 한국을 활용하고자 하였다. 북한은 한국에게 핵문제를 위한 회담을 제의하여 전격적으로 1991년 12월 13일 "남북합의서"를 채택하였다. 그리고 그 후속 조치를 취하기로 약속하였다. 일반적으로 북한의 협상전략은 "선결조건"이라는 것을 내세워 협상을 지연시키고, 협상의 의제를 협의하기에 앞서 선결조건을 내세워 해결하는 과정에서 많은 양보를 획득한다. 그러나 이번 협상에서는 그러한 선결조건을 내세우지 않았다. 협상은 일사천리로 진행되었으며, 협상에서 의견충돌이 발생할 때에는 즉각 평양으로 연락하여 북한측의 양보를 통하여 협상을 성공시켰다. 이러한 협상의 진척과정에는 북한이 이 협상을 성사시켜야 할 절대적인 필요성이 있음을 보여주었다.

그리하여 1992년 2월 20일 한국의 정원식 국무총리가 북한을 방문하여 김일성과 회담을 하였다. 이에 앞서 김일성은 1992년 1월 1일 신년사에서 "남북합의서는 7.4 공동성명과 더불어 가장 정당한 조국통일 강령"이며 "핵사찰과 관련한 부당한 압력은 이를 용납하지 않을 것"이라고 주장했다. 그리고 2월에 정원식 총리가 평양을 방문한 자리에서는 다시 주한미군의 철수를 주장하여 남북합의서 제1조와 제2조인 "남과 북은 상대방의 내부문제에 간섭하지 아니한다"라는 조항을 준수할 의사가 없음을 보여주었다. 실제로 1991년 12월 13일에 남북합의한 남북합의서는 미국과 IAEA 등의 대북한 핵사찰을 저지하기 위한 방패로 사용되고 있다는 것을 보여주었다. 핵문제에 관하여 남북한 간에 "남북사이의 화해와 불가침 및 교류와 협력에 관한 합의서"를 공표함으로써 국제적으로 압력을 행사하지 못하도록 막고 있었다. 합의문에는 "합의서 발효 후 3개월 이내에 군사공동위원회를 설치하며, … 위원회에서 대량살상무기와 공격능력의 제거를 비롯한 단계적 군축 실현문제, 검증문제 등 군사적 신뢰조성과 군축을 실현하기 위한 문제를 협의 · 추진한다."고 명시하였다.[82]

이로써 국제사회는 북한의 핵문제가 남북한 사이에 해결될 수도 있을 거라고 하는 기대를 가지고 3-4개월을 기다리며 시간을 보냈다. 그러나 그 후 군사공동위원회는 설치되지 않았으며, 당연히 대량살상무기와 공격능력의 제거를 위한 어떠한 시도도 없었다. 단지 북한의 의도대로 시간만 벌어주었을 뿐이었다.

남북한 기본합의서에도 불구하고 북한의 핵문제가 해결될 가능성이 보이지 않자, 1992년 초에 국제사회의 대북 핵사찰과 제재조치를 위한 대한 압력이 점차 커졌다. 이 때 평양에서는 김정일에게 권력을 승계하기 위한 작업을 진행하고 있었다. 김정일에게 권력을 승계하기 위해서는 군부의 지지와 함께 김정일이 국방위원회로 소속을 바꾸는 작업이 필요했다. 이에 김일성은 김정일을 1990년 5월에 국방위원회 제 1부위원장에 임명하였다. 그리고 김정일을 국방위원장에 임명하기 위한 자격조건을 준비하였다. 1991년 12월에 김정일을 조선인민군 총사령관에 임명하였다. 이때 북한은 개발하고 있는 핵문제로 국제사회로부터 대북 핵사찰을 강력하게 요구받고 있었고, 북한은 시간확보를 위해 남한과 기본합의서를 채택하게 되었다.

1992년 2월 남북한 기본합의서가 발효되었음에도 불구하고 남북한 간에 북한의 핵문제에 관한 진전이 보이지 않자 IAEA는 대북 제재조치

---

82) 신진, 위기의 북한 위험한 외교정책, 대전 문경출판사, 1994, p.17.

를 논의해야 한다고 하였다.

그동안 북한에서는 김정일에게 권력을 넘겨주기 위한 작업을 진행하고 있었다. 북한에서 모든 권력은 폭력에 기반을 두고 있다. 따라서 북한군을 통제할 수 있는가와 군으로부터의 지지를 받을 수 있는가 하는 것이 권력을 장악하는 데에 가장 중요한 요소다. 김일성은 1992년 4월에 김정일을 북한군 원수로 임명하였다. 이로부터 약 18년 뒤 김정일은 2010년 10월 27일 자기 아들인 28세의 김정은에게 권력을 승계하기 위하여 북한군 대장으로 임명하였다.[83)]

그리고 이어서 북한군의 주요인사들을 대대적으로 승진시켰다. 김정일에 의해 추천받아 승진한 북한군 인사들은 김정일을 지지할 것이기 때문이다. 또 승진검토과정에서 평소에 김정일의 지지세력으로 인정된 인사들만 승진시킴으로서 김정일 지지세력으로 확인하였다. 1992년 4월 23일에 김정일 조선인민군 최고사령관의 이름으로 승진한 북한군 장성들은 664명에 달했다. 이어서 김일성은 김정일이 북한의 노동당과 군부를 확실하게 장악할 수 있도록 1992년에 북한 헌법을 개정하였다. 즉, 북한 노동당의 지휘 감독을 받고 있던 북한군을 북한 최고의 독립 기관으로 만들었다. 북한군은 북한의 조선노동당 중앙군사위원회가 통제하고 있었으며 조선노동당은 당의 총비서이면서 국가 주석인 김일성이 장악하고 있었다.

그런데 최고 인민회의 산하의 하나의 부문별 위원회이었던 국방위원회를 헌법상 독립기관으로 만들면서 "국가 주권의 최고군사기관"의 권한을 부여했다(1992년 북한 헌법 제 111조). 그리고 국방위원장이 "국가의 전반적 무력과 국방건설사업을 지도"하는 권한을 갖게 하였다(1992

---

83) 북, 김정은에 대장 칭호, 후계 공식화, chosun.com, http://news.chosun.com/site/data/html_dir/2010/09/28/2010092800173.html (검색일 2011년 8월 29일)

년 북한헌법 제 114조 1).

공산주의 체계에서 군은 당의 혁명적 무장력으로서의 수단이기 때문에 북한군은 당에게 복종하게 되어 있었다. 그러나 이렇게 헌법을 개정하면서 노동당이 북한군을 통제하는 것이 아니라 북한군이 노동당을 통제하는 구조로 만들었다. 이것은 김정일에게 권력을 승계시키기 위한 궁정혁명이라고 할 수 있다. 북한 내부에서는 노동당의 조직적 반발도 우려되는 상황이었다. 북한군은 자신들의 권한이 크게 강화되는 것을 적극적으로 지지하고 있었다.[84]

이러한 승계를 위한 제도를 완비 한 후에도 군사경험이 전혀 없는 김정일을 국방위원장으로 임명하기 위해서는 특단의 조치가 필요했다. 1993년 3월이 되어도 IAEA와 미국은 북한의 핵문제를 해결하기 위한 준비만 할 뿐 가시적인 조치를 취하지는 않고 있었다.

이에 북한은 그동안 한-미 간에 연례적으로 실시해 왔던 한미 Team Spirit 훈련의 한국에서의 합동훈련을 핑계로 1993년 3월 8일 북한에 "준전시상태"를 선포하였다.[85] 이와는 무관하게 한국의 김영삼 정부는 1993년 3월 11일 비전향 장기수였던 이인모를 인도적 차원에서 전격적으로 대북 송환결정을 내렸다. 한국정부는 북한이 핵무기개발을 포기하고 한국과의 관계를 개선할 것을 기대하였다.

그러나 한국의 기대와는 달리 1993년 3월 12일 핵확산금지조약(NPT)에서 탈퇴를 선언했다. 오히려 국제적 갈등과 긴장이 증가되었다.

북한은 계엄령의 효과를 극대화하고 실제 전쟁분위기를 연출하기 위하여 1993년 3월 9일과 3월 10일에 평양을 비롯한 전국에서 "군중집회"를 개최하고 북한 전역에서 150만 명의 제대군인들을 자원입대의 형식으로 징집하여 복귀시켰다.[86] 그리고 등화관제훈련과 방공훈련

---

84) 신진, 북한과 한미외교정책의 소용돌이, 대전 문경출판사, 2004, pp.43-44.

85) 로동신문 1993년 3월 9일

을 실시하는 등 실제 전쟁이 발발할 것이라고 믿게 하였다. 그리고 평양당국자는 "북한에 대한 압력은 곧 전쟁을 도발하는 것"[87]이라고 하여 오히려 국제적 긴장을 더욱 악화시키기 위한 전략을 사용했다. 그러나 북한의 이러한 엄포에도 불구하고 휴전선 일대에서는 북한군의 특이한 동향이 나타나지 않았다. 따라서 이러한 "준전시상태" 조치들은 김정일의 권력승계를 위한 국내용 조치라고 판단된다.

북한의 이러한 내막도 모르는 채, 한국은 북한 핵문제에만 골몰하였다. 그리하여 한국정부는 1993년 3월 19일 T/S에 참가했던 미국병력의 철수계획과 T/S 훈련 중지와 종료를 발표하여 북한이 NPT 탈퇴를 포기하고 복귀하도록 유도하고자 하였다. 북한의 강경조치에 대하여 예나 다름없이 북한의 요구를 들어주고 한국과 미국이 양보하는 조치를 취하였다. 그러나 이러한 유화조치들은 북한의 양보나 정책변화를 전혀 이끌어내지 못하고 있음을 다시 증명하고 있다.

중국은 2010년 3월 북한이 한국의 해군함정 천안함을 침몰시켰을 때나, 2010년 11월 연평도를 포격했을 때나 마찬가지로 1993년 3월 22일에도 북한을 적극적으로 지지하고 나섰다. 중국의 전기침(錢其琛) 외교부장이 "NPT탈퇴에 대한 대북한 제재 및 북한 핵문제의 UN안보리에 상정하는 것을 반대"한다고 주장하여 북한을 지지하고 나섰다. 중국의 이러한 반대로 인하여 국제사회는 북한문제에 대하여 진전이 없었다. 결국 10일 정도 후인 1993년 3월 31일이 되어서야 IAEA 특별위원회는 북한의 핵문제를 UN 안보리에 회부하기 위한 결의안을 심의하기로 결정하였다. 북한은 이미 1993년 3월 24일 "준전시상태"를 해제하였다.[88] 그러므로 UN이나 IAEA 등의 북한 핵문제와 후속조치로서

---

86) 로동신문 1993년 3월 9일-3월 10일

87) 조선인민공화국 정부성명(3월 12일), 외교부 비망록(3월 15일), 조선반핵평화위원회 성명(3월 22일), 내외통신, 종합판(48) 1993.4.1.~6.30., 내외통신사, p.221

88) 모스코바 방송에 따르면, 준전시상태가 해제된 3월 24일은 IAEA의 '대북 특별사

제재조치 등의 논의는 북한이 대내적으로 "준전시상태"를 선포하는 데에 아무런 영향을 주지 않았으며, 오히려 국제적 제재조치들을 논의하도록 야기함으로써 대내적 권력승계를 위한 분위기 조성에 활용하였다.

김일성은 북한의 "준전시상태"선포와 해제 직후의 삼엄한 분위기를 이용하여 김정일을 국방위원회 위원장으로 만들었다. 김일성은 1993년 4월 7일부터 4월 9일까지 3일간 최고인민회의(제9기 5차 회의)를 소집하였다. 최고인민회의 마지막 날인 4월 9일에 국방위원회는 김정일을 국방위원회 위원장으로 선출하였다.[89)]

김정일의 권력승계가 완료되자 북한은 핵개발을 지속하기 위해 오히려 기만적인 평화회담을 제의하였다. 1993년 5월 17일에는 북한의 "조평통" 대변인의 이름으로 전민족 10대 강령에 기초하여 각당과 각파, 각계각층의 인사들이 남북회담을 개최하자고 제의하였으며, 남북한 정상회담까지 제의하였다.[90)] 그리고 5월 25일에는 북한의 정무원 총리인 강성산이 남북한 부총리급의 특사교환을 제의하면서 남북한 현안문제를 타결하자고 하였다. 마치 북한의 핵문제를 남북한간에 해결이라도 할 것 같은 제의였으나, 결국 선전에 불과했다. 북한은 핵문제를 미국과의 협상을 위한 도구로 사용했으며, 1993년 5월 27일 주UN북한부대사 허종과 미국간의 고위급회담을 개시로 6월 11일 미국과 북한은 북한의 NPT탈퇴 유보 공동성명을 발표하였다.[91)]

북한은 1994년 제네바 합의로 인해 약 22억 9천만 달러를 국제사회

찰 수용 촉구 결의안'의 시효가 만료되는 시점으로서 이날 오히려 전쟁이 발발할 것이라고 알려졌었다. ;내외통신사, p.339; 신진, 북한과 한미외교정책의 소용돌이, 대전 문경출판사, 2004, pp.22-46.

89) 로동신문, 1993년 4월 10일.

90) 신진, 위기의 북한 위험한 외교정책, 대전 문경출판사, 1994, pp.29-30.

91) 공동성명서에서 "북한은 NPT조약으로부터의 탈퇴효력을 필요하다고 인정하는 만큼 임시정지시키기로 하였다." 이때 북한이 내세운 것은 "미국의 대북한 핵무기 사용금지, 미국의 한반도 핵우산 제공금지, 주한미군철수" 등이었다.; 신진, 위기의 북한 위험한 외교정책, 대전 문경출판사, 1994, pp.34-36.

로부터 지원받았다.92) 1992년부터 1999년까지 북한이 경제실패를 인정했던 "고난의 행군기간"이라는 것을 고려한다면, 이러한 재정지원이 북한 김정일 정권에 정당성과 정통성을 부여해 주었다는 것을 부인하기 어렵다.

2. 핵협상과 김정일 체제지원

반면 미국은 동아시아에서 핵무기가 확산되는 것을 지켜볼 수는 없었으며, 1995년도에 개최될 핵확산 금지조약의 갱신을 위한 회의에 앞서 북한 핵문제를 해결해야 할 필요가 있었다.

미국은 북한의 핵무기 개발을 미국의 안보에 직접적인 위해 요인이라고 판단하였다. 그리하여 북한의 핵문제가 해결되지 않을 경우에는 북한의 핵관련 시설을 파괴하기 위한 구체적 군사작전을 계획하였다. 미국방부와 합동참모본부는 5027군사작전계획에 따라 정밀타격(surgical strike)으로 북한핵 관련 시설만을 파괴할 것을 결정하였다. 그리고 1994년 6월 16일에는 유엔 안보리의 대북 제재추진안에 대하여 클린턴 대통령이 구체적 추진계획을 승인하였다.93)

미국의 클린턴 대통령은 북한의 핵문제를 해결하기 위하여 외교적 노력을 계속하지만, 해결이 안될 경우, 군사적 공격을 통하여 북한의 핵을 제거할 수 있는 방안을 강구하였다. 클린턴 대통령은 래리 애스핀 국방장관과 존 살리카시빌리 합참의장과 함께, 직접 한국방위계획

---

92) Tony Chang, N. Korea received US$2.3 billion through past nuke agreements: lawmaker, Yonhap News Agency, 2009/10/05, http://english.yonhapnews.co.kr/northkorea/2009/10/05/0401000000AEN20091005006600315.HTML

93) Ashton B. Carter and William J. Perry, *Preventive Defense: A New Security Strategy for America*(Washington, D.C.: Brookings Institution Press, 1999), p.128.

을 재검토하기 시작했다. 북한이 미국의 제재조치가 곧 선전포고라고 위협하는 가운데, 미국은 한국과 중국, 일본의 정치적 지원을 확보한 후, 대북 제재에서 북한과의 군사적 충돌가능성을 최소화하기 위하여 단계적 제재조치를 취하기로 하였다. 그리고 미국의 애스핀 국방장관 보좌관들은 한국에 미국의 군사력이 적절한 시기에 보강된다면 북한에 대한 군사적 제재조치 후 예상되는 북한의 군사적 공격을 성공적으로 격퇴할 수 있을 것이라고 보았다. 물론 북한의 공격으로 인해 서울의 일부가 파괴될 수 있으며, 또 대북한 공격으로 수백만 명의 북한 난민이 한국으로 월남할 것이라고 보았다.[94)]

클린턴 정부당시 1993년에 고려하였던 북한의 핵시설에 대한 군사적 공격은 미군 사상자 약 52,000명, 한국의 군인 사상자 약 50만 명, 그리고 예측할 수 없는 다수의 민간사상자를 예측했었다. 그러나 북한의 핵시설에 대한 정밀타격(surgical strike)이라고 해도 완벽하게 성공하리라는 확신은 없었다.[95)]

따라서 미국은 외교적 해결방법을 포기하지 않았다. 첫째, 북한의 핵관련 시설의 정확한 위치와 구조를 파악하기 어려웠기 때문에 미사일 공격만으로는 북한의 핵관련시설을 완파한다는 것은 쉽지 않다고 판단했다. 당시 북한의 영변핵시설은 암반으로 둘러쌓인 산지에 있었다. 북한은 많은 시설들을 지하에 숨기고 있었고, 추가적인 핵시설을 어디에 은닉했는지 정보도 부족했다. 미국이 가지고 있는 미사일 등의 무기로서는 북한의 핵관련시설들을 완전히 제거할 수 있을지에 대한

---

94) 조선일보, 1993년 12월 3일 p.6; New York Times 12/02/1993.

95) "If Necessary, Strike and Destroy," Washington Post. June 22, 2006; Emma Chanlett-Avery and Sharon Squassoni, North Korea's Nuclear Test: Motivations, Implicatioins, and U.S. Options, CRS Report for Congress, October 24, 2006, Congressional Research Service Order Code RL 33709, www.crs.gov. p. CRS-17 재인용.

회의도 있었다.

둘째, 북한의 핵시설에 대한 군사공격을 감행했을 경우, 또 북한이 어느 정도로 군사적 보복을 할 것인가에 대한 두려움도 있기는 했었다. 북한은 휴전선 일대의 미군기지와 서울 등 한국에 대하여 장사정포와 방사포 등으로 보복공격을 할 것이 예상 되는 바, 이러한 피해는 감내하기 어려운 점도 있었다. 특히 한국의 김영삼 대통령의 미국의 군사적 조치에 대한 반대는 미국측에 가장 큰 부담이었다.[96]

그럼에도 불구하고 미국은 북한의 핵 개발에 대하여 가능한 모든 외교적, 군사적 방법을 동원하여 제거하고자 계획하였다. 실제 국제사회는 1981년 이스라엘이 이라크 원자로시설을 공습하여 파괴한 것을 국제법상 자위권발동이라고 하여 공인해 준 바 있다. 미국의 대 북한 핵 관련시설 파괴는 이러한 자위권적 차원의 공격이라고 충분히 여론이 조성되었다. 이에 북한은 미국의 군사적 공격이 임박하다고 믿었다.

이러한 가운데 전 미국대통령 카터의 평양방문은 평양으로 하여금 물러설 수 있는 명분을 주었다. 또한 미국에게도 협상할 수 있는 여지를 주었다. 당시 북한은 이미 권력승계를 마쳤기 때문에 계속되는 국제적 압력으로부터 벗어나길 원했다. 미국의 강압적인 외교조치와 해결노력에 의해 북한은 1994년 10월 21일 북한의 강석주 대표와 미국의 갈루치 대표 사이에 북한 핵문제에 관한 제네바 기본합의가 채택 되었다.

게다가 북한에는 1992년부터 만상적이고 체계적인 식량부족 현상이 나타나고 있었다. 북한은 1991/1992 곡물년도에는 572만 톤의 곡물공급량을 가지고 있어서 최소소요량 542만 톤보다는 많았다. 그러나 92/93년도에는 510만 톤을 확보하여 32만 톤이 부족하였으며, 93/94 곡물년도에는 498만 톤을 확보하여 44만 톤이 부족했다.[97] 식량부족

---

[96] 김형국, "제 1, 2차 북한 핵위기의 교훈과 6자회담" 숙명여자대학교 사회과학연구소, 사회교육과학연구, vol. 9(2006), p.49.

의 압박을 느끼기 시작한 평양정권은 제네바합의를 통하여 국제적 식량지원이 절실했다.

제네바합의에 따라 북한은 핵개발을 현상태로 동결하고 더 이상의 핵개발을 포기할 것을 약속했다. 그 보상으로서 한국 등 국제사회는 북한에게 경수로를 건설해 주고, 건설기간동안의 에너지 부족을 보상하기 위하여 미국이 매년 중유 50만 톤을 제공하였다. 북한에게 경수로를 건설해 주기 위하여 한반도 에너지개발기구(KEDO)가 설립되었으며 그 비용은 한국이 70% 이상을 지원하고 일본과 유럽 등의 국가가 지원하였다.

북한의 핵문제를 해결하기 위한 북-미간의 제네바 합의는 태생적 한계를 가지고 있었다. 북한과 미국 양쪽은 합의를 파기한 상대방에 대하여 제재를 가할 수 있는 수단을 확보하지 못했다. 제네바합의는 핵무장을 원했던 북한에게 오히려 핵개발을 할 수 있는 시간을 벌어주었으며, 나아가 핵개발에 필요한 경제적 지원까지 한 셈이 되었다.

3. 군사적 도발을 통한 김정은 우상화 작업

2008년 여름 이후 김정일의 건강이 급격하게 악화되고 있다는 정보들이 나왔다. 실제 김정일은 2008년 9월 9일 북한 정권창립일에 나타나지 않았으며, 그 이후, 김정일의 뇌졸중과 신장 투석 등 건강문제가 심각하게 나타났다. 그러자 곧 김정일은 아들 김정은을 후계자로 만들고 권력을 승계하기 위한 작업에 착수했다.

김정일과는 달리 김정은은 나이도 어리고 아직 내세울만한 업적이 없었기 때문에 당과 군에서 반대가 심할 것으로 추정된다. 이에 위키

97) 임수호, Issue Paper, 최근 북한의 식량사정과 시사점, 2009. 10.6, 삼성경제연구소, p.1.

릭스의 폭로문건에 의하면, 2009년 11월 30일 북한이 단행한 화폐개혁이 김정은 후계체제에 반대하는 세력을 색출하기 위한 것이라고 보도된 바 있다. 즉, 김정은이 화폐개혁을 원했기 때문에 화폐개혁에 반대하는 세력은 김정은을 반대하는 세력으로 분류하여 색출, 처벌하고자 하였다.[98]

이어서 김정일은 김정은을 대장에 임명하고, 국방위원회 부위원장에 임명했지만, 아직도 북한군과 노동당, 그리고 주민들에게 김정은을 차기 지도자라고 설득시킬만한 요소를 만들지 못하였다. 특히 군 경력이 없던 김정일이 권력승계를 한 과정과 마찬가지로 군대 경력이 없는 김정은에게 권력을 승계시키기 위한 전략은 김정일과 유사하다고 할 수 있다. 북한과 중국같은 공산주의 국가들은 "권력이 총구로부터 나온다"는 모택동의 말대로 우선적으로 군부를 장악해야 권력장악이 가능하다. 이에 김정일은 김정은이 북한 군부를 장악할 수 있도록 하기 위해서 북한군 대장이라는 칭호를 주었다. 그리고 노동당 군사위원회 부위원장에도 임명하였다. 그러나 이러한 작업에도 불구하고 북한 주민과 엘리트들을 설득할 수 있는 설득력이 모자랐다.

게다가 2010년의 북한의 식량부족은 심각한 지경에 이르고 있다. 2005/2006 곡물연도에 식량의 여유가 생긴 이래로 3년간 계속해서 식량부족현상이 누적되어 왔다. 매년 542만 톤이 필요한데 지난 3년간의 부족분 누적량은 193만 톤이었다. 2006/2007 곡물년도에는 총공급량이 468만 톤, 부족량은 74만 톤이며, 2007/2008곡물연도의 총공급량은 479만 톤으로 부족량은 63만 톤이다. 그리하여 2008/2009년도에는 총공급량으로 486만 톤만을 확보했을 뿐이어서 부족량은 56만 톤에 이

98) 세계일보, 북 화폐개혁은 김정은 권력승계용, 2010년 12월 2일, http://www.segye.com/Articles/NEWS/INTERNATIONAL/Article.asp?aid=20101201004256&subctg1=&subctg2= (검색일 2011년 1월 24일)

르고 있다. 북한 내부에서 생산한 곡물은 431만 톤인데, 국제적 지원 35만 톤과 수입된 물량 20만 톤을 합쳐 55만 톤이 합쳐졌다. 그래도 여전히 최소소요량보다 상당히 부족하다.[99] 이러한 식량부족현상은 2008/2009 곡물연도에만 국한된 것이 아니라는 데에 식량부족의 심각성이 있다. 지난 1월 8일은 후계자로 지명한 김정은의 생일이었음에도 불구하고 대규모 배급없이 초라하게 지냈다.[100] 경제적으로는 김정은의 업적을 만들기가 불가능해졌다고 보인다. 이에 북한 당국은 군사적 도발을 더욱 강화시켰다.

이러한 사실은 김정일이 권력승계 과정에서 보여준 국제적 강력한 도발행위들과 유사한 패턴을 보여준다. 1993년 당시 북한의 김일성은 당시 핵개발을 강력하게 추진했으며, 국제적 압력이 높아지자, 북한이 NPT를 탈퇴하고, 준전시상태를 포고하는 등, 삼엄한 분위기를 조성했다. 그리고 김정일로의 권력승계를 마쳤으며, 이후 극적인 타협을 통해 미국과 한국 및 국제사회로부터 막대한 지원을 받아 북한경제 유지에 도움을 받았다.

북한에게 있어서 핵개발은 김정일 정권의 기반을 강화시킨 역할을 하였으며, 재정적으로도 지대한 공헌을 하였다. 향후에도 북한이 핵을 가지고 있는 한 계속해서 협상을 통하여 실질적 이익을 확보할 수 있기 때문에 절대로 포기할 수 없는 성질의 것이라고 할 수 있다. 북한은 1994년 제네바 합의가 이루어진 후 현재까지 핵개발 덕분에 22억 9천만 달러(2조 7천 억원)의 외부세계 지원을 받았다.[101]

---

99) 임수호, Issue Paper, 최근 북한의 식량사정과 시사점, 2009. 10.6, 삼성경제연구소, p.2. http://www.seri.org/db/dbReptV.html?g_menu=02&s_menu=0201&pubkey=db20091006001 (검색일 2011년 1월 24일)

100) MK 뉴스, 2011년 1월 12일, http://news.mk.co.kr/v3/view.php?year=2011&no=24503 (검색일 2011년 1월 21일)

101) Tony Chang, N. Korea received US$2.3 billion through past nuke agreements: lawmaker, Yonhap News Agency, 2009/10/05.

이와 마찬가지로 김정일에게서 김정은으로의 권력승계 과정 역시 김정일은 국제적 긴장을 의도적으로 조성하려고 하는 것으로 분석된다. 이러한 긴장조성으로 내부의 반대세력을 탄압하고 반대세력이 결집하는 것을 막을 수 있다. 그리고 외부적으로는 국제사회가 북한에 대하여 적대적 행위를 하도록 도발함으로써 북한에 준전시상태를 포고하든지, 혹은 전쟁분위기를 조성하여 외부의 적에 대항하기 위한 일체감을 형성하고자 하는 것이다. 이러한 국제적 긴장 이후에는 긴장을 완화하기 위해 북한과 협상이 진행된다. 그리고 협상의 타결에 따라서 북한에 대규모의 경제적 지원을 결정하는 것이 그 동안의 관례였다고 할 수 있다.

평양정권은 2009년 11월 10일에는 대청해전을 도발했다. 북한은 경비정을 보내 북방한계선을 침범하여 남하하면서 총격을 가했다 북한 경비정은 한국해군의 경고사격을 무시하고 2.2km를 계속 남하하면서 북한경비정은 한국해군에게 조준사격을 가했다. 이에 한국군이 대응사격하자 북한 경비정은 함포와 기관포가 파괴되어 응사가 불가능해졌다. 이에 북한경비정이 퇴각함으로써 교전이 종료되었다.[102]

이러한 도발은 이명박 대통령이 금강산 관광을 전면 중단시키면서 대북지원이 중단된 데에 대한 보복이면서 또한 남한과의 협상을 재개하기 위한 전략이라고 할 수 있다. 2008년 7월 11일 금강산 관광 중이던 박광자씨를 북한군이 조준사격으로 살해하면서 금강산 관광이 전면 중단되었다.

---

http://english.yonhapnews.co.kr/northkorea/2009/10/05/0401000000AEN20091005006600315.HTML

102) 중앙일보, 2010년 11월 8일, "대청해전때 북한병사 전사했다." http://article.joinsmsn.com/news/article/article.asp?ctg=10&total_id=4625480 (검색일 2011년 1월 24일): 대청해전, 위키백과, http://ko.wikipedia.org/wiki/%EB%8C%80%EC%B2%AD%ED%95%B4%EC%A0%84 (검색일 2011년 1월 24일)

이에 김정은의 권력승계를 도와줄 군부 엘리트의 지원으로 군사적 업적을 만들기 위한 전략으로 다시 군사적 도발을 감행하였다. 제2의 연평해전을 도발한지 4개월 후에 북한은 2010년 3월에 한국의 천안함을 공격하여 한국군 46명을 희생시켰는가 하면, 2010년 11월 23일 연평도 포격사건을 도발하였다.[103)]

일본 아사히 신문이 2010년 12월 1일 보도한 바에 의하면, 김정은이 11월초에 연평도 포격준비를 시켰다고 하였다. 아사히신문은 김정은이 강력한 지도자라는 이미지를 심어주기 위해 도발했다고 한다. 미국의 자유아시아방송(RFA)도 북한 당국이 강연회나 인민반회의를 통해 "김정은 대장이 남측의 계속된 도발에 본보기를 보여주었다"고 주민들에게 선전하고 있다고 보도하였다. RFA는 북한이 김정은을 미국도 함부로 건드릴 수 없는 배짱과 전략을 가진 영도자로 내세워 주민들의 시선을 사로잡기 위해 군사적 도발을 선책했다고 분석했다.[104)] 북한당국은 연평도 포격사건은 김정은의 탁월한 군사적 지식을 바탕으로 포사격의 기술을 획기적으로 개선한 것이라고 선전한다. 김정은의 대학논문인 GPS를 활용한 재래식 포사격의 정확성을 높였다고 한다. 그리하여 군사력을 한층 개선했다고 선전한다.

북한당국은 2010년 9월 30일 김정은의 사진을 북한 노동신문에 전격적으로 공개함으로써 김정은으로의 권력승계 작업을 공식화하기 시작했다. 사진은 평양 금수산 기념궁전에서 당 중앙기관 성원 및 제 3차

---

103) 세계주요 외신들도 2010년의 북한의 연이은 도발행위를 김정은의 군사적 업적 쌓기의 일환으로 분석보도하고 있다: 이투데이, "연평포격" 외신, 김정은의 권력승계위한 도발로 추정", 2010년 11월 24일, http://www.etoday.co.kr/news/section/newsview.php?TM=news&SM=2299&idxno=380019 (검색일 2011년 1월 24일)

104) 한국일보, 2010년 12월 1일, "김정은 대장이 연평도 표격지시", http://economy.hankooki.com/lpage/politics/201012/e2010120112211993140.htm (검색일 2011년 8월 12일)

노동장 대표자 대회 참가자와의 기념촬영사진이다. 첫째줄 김정일을 중심으로 그의 오른쪽에 리영호 인민군 총참모장, 김정은, 김영춘 국방위 부위원장 겸 인민무력부장, 조명록 군 총정치국 국장 순서로 서열화 함으로써 김정은의 공식지위를 확인시켜주었다.[105]

평양당국은 한국에 대하여만 아니라 미국과 국제사회에 대하여도 긴장을 조성하기 위한 전략적 행동을 계속하였다. 오바마 대통령이 적대국과도 대화와 협상을 통해서 문제를 해결하겠다는 의지를 밝히면서 출범한 오바마 대통령이 이라크와 아프가니스탄 문제에 전념하고 이란의 핵문제 집중하였다. 오바마 행정부가 북한에게는 아무런 관심을 보이지 않았다. 이에 김정일은 2009년 4월에는 대륙간 탄도탄 급인 대포동2 호 미사일을 발사했으며, 2009년 5월 25일에는 제 2차 핵실험을 강행하였다. 이어서 평양당국은 이러한 핵무기 외에도, 북한의 국경선에 근접해 오는 적군을 타격할 수 있는 단거리미사일과 지대공미사일, 지대함 미사일 등을 발사했다. 이것은 북한 핵무기에 대한 군사적 제재조치에 대하여는 군사적 조치로서 항거하겠다는 무언의 군사적 시위라고 할 수 있다. 이것은 김정일이 미국과의 협상을 재개할 것을 기대하는 한편, 오바마 민주당정부가 북한에 대한 유화정책과 협상을 시작할 것을 기대하고, 핵무기 개발과 보유를 기정사실화(fait accompli) 하고자 전략이라고 할 수 있다. 북한은 다시 2009년 7월 3일과 4일에 사정거리 1,100km ~ 1,160km의 단거리와 중거리 미사일 7발을 발사했다[106](http://seoul.usembassy.gov/nk_070609.html, 검색일 2009-09-27).

---

105) 조선일보, "북한 후계자 김정은 사진 첫 공개", 2010년 9월 30일, http://news.chosun.com/site/data/html_dir/2010/09/30/2010093001238.html (검색일 2011년 1월 24일)

106) Stephen Kaufman, U.S. Sees Seriousness of Purpose on North Korean Sanctions, http://seoul.usembassy.gov/nk_070609.html (검색일 2009년 9월 27일)

Ⅳ. 식량부족과 도발증가

1. 대포동 미사일 발사와 긴장조성

1998년경은 북한이 비밀리에 핵개발을 지속하고 있는 것이 미국에 의해 발각되어 미국 등 국제사회로부터의 지원이 중단되고 북한의 식량부족이 최대점에 달한 때였다. 이에 평양당국은 미국과 협상을 하기 위한 구실이 필요했으며, 그동안 개발해 온 미사일에 대한 과학적, 기술적 성능테스트가 필요했다.

북한이 1998년 8월 31일 발사한 대포동 1호 미사일은 대륙간 탄도탄급 미사일(ICBM)로서 성능개량에 따라서는 미국 본토에까지 도달할 수 있는 것이었다. 이에 미국은 북한이 핵무기로서 미국의 안보를 위협할 수 있는 수송수단을 갖추게 되자 생존의 위협을 느끼게 되었으며, 곧 위협요인을 제거해야 할 필요가 발생했다.

이에 미국의 대북 정책은 그동안의 절대적 이익추구를 위한 정책에서 상대적 이익을 위한 정책으로 전환되었다. 비용의 다소를 막론하고 미국의 안보를 위협하는 요인을 제거하기 위해 최선을 다할 수 밖에 없는 구조가 되었다. 그리하여 북한의 대포동미사일 발사성공은 미국의 대외정책을 완전히 바꾸는 계기가 되었다.

미국 민주당 정부는 북한이 미사일 개발에 성공하고 또한 은밀하게 핵개발을 지속적으로 추진하고 있다는 정보를 확보함에 따라 대북포용정책을 바꿔야만 했다. 클린턴 대통령은 페리 전 국방장관을 북한에 특사로 보내 북한의 핵과 미사일문제를 해결하고자 하였다. 그리고 방문결과에 관하여 '페리보고서'를 의회에 제출하였는 바, 다양한 정책적 대안을 제시하였다. 결과적으로는 어느 것도 북한의 핵개발 의지를 저지할 수 없었다.

북한에는 당시 1992년부터 시작되어온 북한의 식량부족현상이 심각하여 많은 아사자가 발생하고 있던 시점이었다. 특히 92/93년도에는 510만 톤 확보로 32만 톤이 부족했으며, 93/94년도에는 498만 톤 확보로 44만 톤 부족, 94/95년도에는 462만 톤을 확보하여 80만 톤 부족, 95/96년도에는 458만 톤을 확보하여 84만 톤이 부족했다. 그리고 97/98년도에는 512만 톤 확보에 그쳐 30만 톤이 부족한 실정이었다.[107] 이렇게 누적적으로 식량부족이 심화된 결과 1997년부터 1999년까지는 북한이 지적한대로 '고난의 행군기간 중 강행군 기간'이라고 할 만큼 식량부족이 가장 심각했고, 그만큼 굶어죽는 주민이 많이 발생했다.

내부적으로 이렇게 심각한 식량난으로 북한 내부사회에 대한 통제가 붕괴되었으며, 주민들은 식량을 구하기 위해 자유롭게 이동할 수 있게 되었다. 이러한 이동은 북한 내부의 정보교환을 의미했으며, 북한당국은 북한 주민을 통제할 필요가 발생했다.

이렇게 심각한 식량난에 미국이 평양당국의 비밀 핵개발 정보를 토대로 대북지원을 중단한 상태이므로 미국과의 협상을 통해 경제원조를 다시 확보할 필요가 발생했다. 미사일 발사를 통해 미국에 대한 강경한 입장을 천명하면서 동시에 내부적으로는 통제강화를 위해 국제적 긴장을 조성할 필요를 느끼게 되었다.

그런데 미국이 "같은 말을 두 번 사지 않는다" 또는 "불법에는 굴복하지 않는다"며 북한의 경제지원요구에 응하지 않았다. 이에 김정일은 한국과 미국을 비롯한 국제사회에 미국에 대하여 북한 핵문제에 대하여 보다 강경한 입장을 천명하고자 시도했다.

---

107) 임수호, Issue Paper, 최근 북한의 식량사정과 시사점, 2009. 10.6, 삼성경제연구소, p.1., http://www.seri.org/db/dbReptV.html?g_menu=02&s_menu=0201&pubkey=db20091006001 (검색일 2011년 1월 25일)

1999년 6월 15일 서해안에서 북한의 공격으로 연평해전을 도발했다. 북한해군은 남북한 긴장을 조성하기 위하여 의도적으로 도발했다. 1999년 6월 5일 북한해군이 서해 북방한계선(NLL) 너머로 한국해군에게 함포 3발을 쏘았다. 한국해군이 이에 대응하지 않고 지켜만 보고 있자, 전략을 바꿨다. 북한군 당국은 1999년 6월 6일부터 북한군 경비정을 북방한계선을 넘어 침범하여 몇시간씩 머물다 돌아가게 함으로써 도발시도를 계속하였다. 이러한 침범이 계속되자 한국 해군은 6월 15일에 해군함정을 보내 북한군 함정을 밀어내고자 하였다. 선체충돌을 당한 북한해군함이 기관포 총격을 가하면서 양측간에 교전이 시작되었다.[108]

이 시기는 한국의 김대중 정부가 북한에 대하여 쌀과 비료 등 지원을 하고 있었던 시기였다. 김대중 정부가 들어선 후 1998년도에는 대북지원액이 875억 원에 불과했다. 그리고 1999년에는 343억 원이었다. 그리고 군사적 도발 직후에 이루어진 2000년에 남북한 정상회담을 거친 후부터는 5,307억 원, 2001년에 5,544억 원, 계속 증가하여 2002년에는 6495억 원을 지원했다.[109] 평양당국은 한국정부로부터의 지원

---

108) 조성식, "박정성 전해군 2함대사령관의 연평해전 비화" 신동아 2008년 6월 25일 입력, http://news.naver.com/main/read.nhn?mode=LSD&mid=sec&sid1=100&oid=262&aid=0000001554 (검색일 2011년 1월 24일)

109) 이조원, "정부차원의 지원사업에 대한 평가와 향후과제", 제2차 북핵실험과 한반도 안보정세변화, 2009 발표세미나, p.17; 노무현정권의 출발했던 2003년에는 7708억 원을 지원했다. 김대중 정부는 1조 8567억 원을 북한에 지원했으며, 노무현 정부는 2조 3925억 원을 지원했다.

또한 1995년 북한의 대홍수와 식량난을 계기로 추진된 정부의 공식적 대북식량지원은 2000년 남북한 정상회담을 거치면서 2007년까지 일상적으로 이루어졌다. 2000년에는 9,105만 달러어치의 식량지원을 했으며, 2001년도에는 1,921만 달러, 2002년도에 1억 5023만 달러, 2003년도에는 1억 4652만 달러 등을 지원하여 2000년부터 2007년까지 8억 7862만 달러어치의 식량을 지원했다. 이것은 공식적으로 정부가 지원한 것만 합산한 것이며, 민간차원의 지원액까지 합치면 훨씬 많아진다.

정부와 민간 모두 대북지원액은 2000년에는 2억 863만 달러, 2001년에는 1억

은 미국이 제공해 줄 것으로 기대하는 양에 비하여는 미미하다고 판단했다. 그리고 미국과의 협상을 촉진하기 위하여 연평해전을 도발했다. 또한 한반도가 여전히 분쟁지역이라는 사실을 미국과 국제사회에 알리기 위한 의도도 있었다. 특히 서해상은 북한과의 븐쟁지역이라는 사실을 확인시키고자 하였다. 그 후 분쟁을 조장하고 그 해결을 위히 남북정상회담을 하고 난 이후에 한국정부는 대북지원액을 획기적으로 증가시켰다. 북한도 이러한 전략 사용이 한국의 국민들을 설득할 것이라는 것을 알고 도발했으며, 김대중 정부도 북한의 도발을 무마하기 위해서는 이러한 필요하다고 역설했다. 지금도 일부 대북 지지층에서는 북한이 도발을 하지 않도록 하기 위해서는 더 많은 대북 지원이 필요하다고 주장한다.

북한의 도발은 이와 같이 대내외적 다양한 목적을 가진 외교정책의 하나로 판단된다. 1999년 6월을 연평해전도 북한 대내적으로는 주민통제를 강화하기 위한 수단으로 사용되고, 대외적으로는 북한의 의지를 표현하는 수단으로 사용되었음을 보여준다. 한국에 대하여는 김대중 정부가 들어서서 북한에 대한 유화정책과 대북지원사업이 활발하게 진행되고 있었으므로 서해상의 북방한계선(NLL)을 무력화시키고자 하는 시도도 있었다. 또 미국과 국제사회에 대하여는 북한의 핵과 미사일 무기 개발의지를 확고히 표현함으로써 대북 식량지원과 경제원조를 확보하고자 하는 시도였다고 할 수 있다.

그러나 미국의 민주당 클린턴 정부는 페리보고서를 보고받고 북한에 대한 뚜렷한 대책을 마련하지 못한 채, 선거에 돌입하였으며, 결국 공화당의 부시대통령에게 정권을 넘겨주게 되었다. 이러한 기간동안

5135만 달러, 2002년에는 2억 7789만 달러, 2003년에는 2억 9055만 달러이며 계속 증가하다가 노무현 정권 말기인 2007년에는 3억 7876만 달러까지 증가한다. 그리하여 2000년부터 2010년 10년간 대북지원액 총합은 24억 5147만 달러에 달한다. KDI 북한경제리뷰, 2011.2. pp.17-18.

북한은 미국으로부터 아무것도 얻어낼 수 없었다.

2. 제 2 연평해전과 핵개발 시인

새로 취임한 미국의 부시대통령(George Walker Bush)[110]은 북한에 관한 보고를 들은 후, 북한을 이란, 이라크와 함께 “악의 축(Axis of Evil)”으로 분류하였다. 그리고 미국정부는 중동의 이라크 문제 와 이스라엘 문제 때문에 북한에 대하여는 아무런 관심을 보이지 않았다. 따라서 북한과의 협상이나 원조는 요원해 보였다.

그 후 북한이 도발한 제 2연평해전과 핵개발 시인은 미국과의 재협상을 위한 포석이었다. 북한은 새로 집권한 부시대통령 정부에 대하여 보다 강력한 메시지를 전달하고자 하였다. 그리하여 2002년 6월 29일, 한일월드컵 경기로 국제사회가 평화로울 때, 평양당국은 다시 서해상에서 제2연평해전을 도발했다. 북한 해군함정이 서해상의 북방한계선을 의도적으로 침범한 후, 한국해군함정을 조준하여 함포사격을 가했다. 이러한 의도적인 조준사격으로 인해 한국해군 6명이 전사하고 18명이 부상을 당하는 심각한 피해를 입혔다.[111]

게다가 북한은 북한 핵개발에 관한 명백한 증거를 가지고 북한을 방문한 제임스 켈리 미 국무장관에게 2002년 10월 3일 북한은 그동안 핵개발을 해왔다는 사실을 인정함으로써 미국과 북한간의 관계는 새로운 국면을 맞이한다. 부시대통령은 제네바협상이 북한의 약속위반으로 파기되었다고 선언하는 한편 북한의 핵문제를 안보상의 중대한 위

---

110) 부시대통령(George Walker Bush)는 제 43대 미국 대통령으로서 41대 대통령인 조지 허버트 워커 부시(George Herbert Walker Bush 1989.1.20 - 1993.1.20)대통령의 장남으로 2001년 1월 20일부터 2009년 1월 20일까지 집권했다.

111) 제2 연평해전, http://enc.daum.net/dic100/search.do?cpcode=10&query=%EC%A0%9C2%EC%97%B0%ED%8F%89%ED%95%B4%EC%A0%84 (검색일 2011년 1월 24일)

협요인으로 파악하게 되었다.

Ⅴ. 결론

북한은 권력승계, 식량원조와 같은 중요한 문제를 해결하기 위해서는 의도적으로 국제적 도발을 야기하는 것으로 나타났다. 1993년 김일성에서 김정일로의 권력승계 과정에서도 북한은 핵확산금지조약을 탈퇴하고, 핵개발을 강행하였다. 국제사회가 대북한 제재조치를 시작하자 북한은 과도한 반응을 보였다. 국내적으로 준전시상태를 포고하고 김정일로의 권력승계작업을 마쳤다.

그리고 2009년부터 계속된 북한의 대남 도발행위들은 북한 권력승계와 밀접한 관계를 가질 뿐만 아니라 북한의 가혹한 식량부족과도 깊은 관계가 있는 것으로 나타났다. 김정은으로의 권력승계과정에서 군부의 지지를 받아야 할 뿐만 아니라, 김정은의 업적을 만들어 북한 주민을 설득해야 할 필요성을 가지고 있다. 김정일이 원하는 대로 경제성장이나, 국제적 원조를 받지 못하게 되자 북한 주민들의 불만이 증가했다. 이에 군부는 김정은 권력승계를 지지하면서 주민들의 불만을 무마하고 김정은의 업적을 만들기 위한 수단의 하나로써 대남 도발을 강화한 것으로 분석된다. 2009년의 5월의 제 2차 핵실험, 2009년 11월의 대청해전 도발, 그리고 2010년 3월의 천안함 공격사건, 2010년 11월의 연평도 포격사건 등은 북한의 식량부족이 심각한 상태에서 주민들의 지지를 확보하고, 김정은의 업적을 쌓기 위해 군부가 주도적으로 도발 한 것으로 분석된다.

따라서 김정은으로의 권력승계가 마무리될 때까지는 국제적 긴장조성을 위한 북한의 군사적 도발행위들이 계속 이어질 것으로 추정된다.

특히 북한의 식량부족 현상이 심각해질수록 주민들의 반발을 무마하기 위해서 군사적 도발이 더욱 심해질 것으로 추정된다. 평양당국으로서는 그 이외에 다른 방법이 거의 없기 때문이다. 군부는 이로써 더욱 충성경쟁을 벌이고, 군부의 세력을 확대할 수 있기 때문이다.

이와 더불어 북한은 김정은으로의 권력승계가 나타나기 시작한 2009년 초부터 지속적으로 국제적 도발을 증가시키고 있으며, 북한에 대한 국제적 적대행위를 조장하고 있다. 북한의 이러한 도발행위들 때문에 한국을 비롯한 국제사회로부터의 대북한 경제원조나 식량원조가 중단 또는 감소되었다.

북한은 김정은으로의 권력승계 때문에 딜레마에 빠진 것으로 분석된다. 김정은의 업적쌓기가 이루어져야 권력승계의 정당성을 확보할 수 있기 때문이다. 이를 위해서는 경제성장을 성공시키든지, 혹은 군사적 업적을 이룩하든지 해야 할 것이다. 그러나 2009년 화폐개혁으로 인해 오히려 경제가 마비되는 등 경제회복이 불가능해진 상태에서는 김정은이 군사적으로 업적을 쌓을 수 밖에 없었다. 대남 도발과 핵실험, 미사일 발사 등 군사적 성과를 발표함으로써 주민들의 지지를 받고자 하였다. 그러나 이러한 국제적 도발행위들은 국제적 긴장을 조성하고 국제사회가 대북한 제재조치를 통하여 북한경제를 더욱 어렵게 하고 있다. 북한 지도부가 진정 바라는 것은 2004년도 제네바 회담처럼 북한에 협조적인 태도들 가지고 북한의 핵과 미사일을 적당한 선에서 인정해주고 그 대신 향후 더 개발을 하지 않는 조건 하에서 식량을 비롯한 경제적 지원을 대폭적으로 해주기를 바라고 있다. 이렇게 되면 김정은으로의 권력승계 작업도 원활하게 마무리 될 수 있기 때문이다.

<참고문헌>

김형국, "제 1, 2차 북한 핵위기의 교훈과 6자회담" 숙명여자대학교 사회과학연구소, 사회교육과학연구, vol. 9, 2006

로동신문 1993년 3월 9일

로동신문 1993년 3월 9일-3월 10일

로동신문, 1993년 4월 10일

세계일보, 북화폐개혁은 김정은 권력승계용, 2010년 12월 2일, http://www.segye.com/Articles/NEWS/INTERNATIONAL/Article.asp?aid=20101201004256&subctg1=&subctg2=, (검색일 2011년 1월 24일)

신동아, "박정성 前해군 2함대사령관의 연평해전 비화", 2008년 6월 25일 입력, http://news.naver.com/main/read.nhn?mode=LSD&mid=sec&sid1=100&oid=262&aid=0000001554, 검색일 2011년 1월 24일

신진, 북한과 한미외교정책의 소용돌이, 대전 문경출판사, 2004

신진, 위기의 북한 위험한 외교정책, 대전 문경출판사, 1994

외교부 비망록(3월 15일)

위키백과, 대청해전, http://ko.wikipedia.org/wiki/%EB%8C%80%EC%B2%AD%ED%95%B4%EC%A0%84, (검색일 2011년 1월 24일)

이조원, "정부차원의 지원사업에 대한 평가와 향후과제", 제2차 북핵실험과 한반도 안보정세변화, 2009

이투데이, "연평포격" 외신, 김정은의 권력승계위한 도발로 추정", 2010년 11월 24일, http://www.etoday.co.kr/news/section/newsview.php?TM=news&SM=2299&idxno=380019, 검색일 2011년 1월 24일.

임수호, Issue Paper, 최근 북한의 식량사정과 시사점, 2009. 10. 6, 삼성경제연구소

제2 연평해전, http://enc.daum.net/dic100/search.do?cpcode=10&query=%EC%A0%9C2%EC%97%B0%ED%8F%89%ED%95%B4%EC%A0%84, 검색일, 2011년 1월 24일

조선반핵평화위원회 성명(3월 22일)

조선인민공화국 정부성명(3월 12일)

조선일보, "북한 후계자 김정은 사진 첫 공개", 2010년 9월 30일, http://news.chosun.com/site/data/html_dir/2010/09/30/2010093001238.html, (검색일 2011년 1월 24일)

조선일보, 1993년 12월 3일, 6면.

종합판(48) 1993년 4월 1일 ~ 6월 30일

중앙일보, 2010년 11월 8일, "대청해전때 북한병사전사했다." http://article.joinsmsn.com/news/article/article.asp?ctg=10&total_id=4625480, (검색일 2011년 1월 24일)

한국일보, 2010년 12월 1일, "김정은 대장이 연평도 표격지시", http://economy.hankooki.com/lpage/politics/201012/e2010120112211993140.htm, (검색일 2011년 8월 12일)

Carter, Ashton B. and Perry, William J., *Preventive Defense: A New Security Strategy for America*, Washington, D.C.: Brookings Institution Press, 1999

Chanlett-Avery, Emma and Squassoni, North Korea's Nuclear Test: Motivations, Implicatioins, and U.S. Options, CRS Report for Congress, October 24, 2006, Congressional Research Service Order Code RL 33709, www.crs.gov. p. CRS-3

______________________________, North Korea's Nuclear Test: Motivations, Implicatioins, and U.S. Options, CRS Report for Congress, October 24, 2006, Congressional Research Service Order Code RL 33709, www.crs.gov. p. CRS-17

chosun.com, 북, 김정은에 대장칭호, 후계공식화, http://news.chosun.com/site/data/html_dir/2010/09/28/2010092800173.html, (검색일 2011년 8월 29일)

Hildreth, Steven A., North Korean Ballistic Missile Threat to the United States, CRS Report for Congress, February 24, 2009, Congressional Research Service 7-5700, www.crs.gov. RS21473

Kaufman, Stephen. U.S. Sees Seriousness of Purpose on North Korean Sanctions, http://seoul.usembassy.gov/nk_070609.html, (검색일 2009년 9월 27일)

KDI 북한경제리뷰, 2011.2.

MK 뉴스, 2011년 1월 12일, http://news.mk.co.kr/v3/view.php?year=2011&no=24503, (검색일 2011년 1월 21일)

New York Times 1993년 12월 2일.

Niksch, Larry A., North Korea's Nuclear Weapons Development and Diplomacy, CRS Report for Congress, September 9, 2009, Congressional Research Service 7-5700, www.crs.gov, RL33590

Washington Post, "If Necessary, Strike and Destroy," June 22, 2006

Yongbyon Nuclear Scientific Research Center, http://en.wikipedia.org/wiki/Yongbyon_Nuclear_Scientific_Research_Center, (검색일 2011년 7월 30일)

Yonhap News Agency, Tony Chang, N. Korea received US$2.3 billion through past nuke agreements: lawmaker, (검색일 2009년 10월 5일) http://english.yonhapnews.co.kr/northkorea/2009/10/05/0401000000AEN20091005006600315.HTML chapter 5

천안함사태 이후 동맹체제 대립과 안보

I. 서론

북한의 핵문제와 천안함 사건은 동북아시아의 안정과 번영에 새로운 과제를 제시하는 계기가 되었다. 중국이 세계적인 경제대국으로서 성장하는 것에 그치지 않고 아시아 지역에서 군사적 강대국으로서 패권을 주장하는 계기가 되었기 때문이다. 특히 중국은 서방사회 공통의 가치관과는 다른 가치관과 외교정책을 가지고 국제분쟁에 개입하고 있기 때문에 아시아는 물론 국제사회에 새로운 도전과 갈등을 야기하고 있다고 할 수 있다. 미국과 서방이 이란을 제재하는 동안 중국은 이란과 경제적 협력을 강화하여 실리를 추구함으로써 서방세계의 대이란 제재조치를 무력화시키고 있다.

특히 북한의 핵문제가 핵확산 금지를 위한 세계적인 노력에 큰 도전이 되고 있다. 그러나 중국은 동맹국 북한에 대하여 정치적, 경제적으로 대대적인 지원을 하고 있기 때문에 미국과 유엔, 그리고 국제사회의 핵확산 금지를 위한 정책이 효과를 보지 못하고 있다. 이에 국제사회는 중국에 대하여 우려하고 있다.

2010년 3월 26일 북한의 천안함 폭침사건과 관련하여 중국정부의 일방적인 북한 지원정책은 아시아 지역에서 새로운 갈등을 유발하였다. 미국은 한국정부와 함께 북한의 재도발을 방지하기 위한 시위적 성격으로 서해상에서 한미합동군사훈련을 시도하였다. 그러나 중국이 서해에서의 미국항모 진입을 강력하게 반대하면서 미국과 중국간에 또 다른 갈등이 야기되었다.

중국은 서해를 중국의 영해이며 내해로 간주하기 대문에 미국의 항공모함의 진입을 반대하였다. 그러나 그 실질적인 효과는 북한을 위협하는 것을 거부한다는 뜻이었다. 이에 미국은 중국이 아시아지역에서 동맹국을 적극적으로 보호하는 행태와 아시아지역의 해역에서 중국에의 근접 거부권을 강하게 주장함으로써 미국의 아시아에서의 영향력이 감소되는 것으로 비추어질 까봐 서해상에서의 항모훈련을 강행하게 되었다.

북한의 핵개발이 성공하면 동북아시아는 상호불신과 군비경쟁을 할 것으로 예상된다. 천안함피격사건은 동북아시아에서 중국이 북한을 절대적으로 지원하면서 동북아시아지역에서의 새로운 동맹관계와 대립관계를 형성하는 계기가 되었다.

이에 본 연구는 북한의 핵실험과 천안함 폭침 사건을 둘러싸고 북한을 비난하고 핵개발을 억지하려는 국제사회, 특히 미국과 한국의 대북정책에 대하여 북한을 전반적으로 지지하는 중국의 외교정책간의 갈등이 한국안보에 어떠한 영향을 미칠 것인지를 분석하고자 한다. 특히 중국의 반발에 직면한 미국의 외교정책이 미국의 국제적 안브전략에 비추어 볼 때 변화할 것인지 등을 분석함으로써 한국안보에 미치는 영향을 분석하고자 한다.

Ⅱ. 안보와 주권개념의 변화

1. 북한의 국제안보 위협

미국 부시행정부의 외교적 일방주의를 비판하면서 오바마 행정부는 국제사회와의 소통을 통하여 국제사회로부터 협력을 받아가면서 대외정책을 추진하고자 하였다. 힘에 의한 일방적 외교정책의 추진을 버리고, 국제사회의 여론을 중시하면서 국제사회가 각 분야에서 감당할 수 있는 분야에서는 국제사회가 그 일을 처리할 수 있도록 하는 정책을 추진하고자 하였다. 즉, 국제사회가 원활하게 움직일 수 있도록 자생력을 길러주고, 미국은 국제안보라고 하는 큰 철학과 원칙을 가지고 균형자(Balancer)로서의 역할을 추진하고자 하였다. 이러한 외교정책의 철학적 근간은 합리성이며, 신뢰와 대화를 정책추진의 양대축으로 삼았다.

아시아지역에서는 중국과 인도, 일본, 호주, 한국 등을 각각의 협력적 동반자로 간주하고 각각의 지역과 분야에서 책임지고 국제사회를 공동으로 견인하고자 하였다. 즉, 아시아지역의 가장 중요한 안보체제는 미일동맹이며, 이에 기반을 두고 한국과 아세안(ASEAN) 및 호주는 경제와 안보영역 모두에서 중요한 파트너 국가들이라고 인식하였다. 그리고 서남아시아지역에서는 인도를 중심으로 공동번영을 추진하며, 중국과는 기존의 경제협력 관계를 더욱 강화하되 중국이 현안의 국제안보문제들에서 국제사회에 신뢰를 보여줄 때 중국과도 안보협력을 강화하기로 하였다.[112)]

미국의 오바마 대통령은 지속가능한 안보라고 하는 새로운 외교정

---

112) NSP Panel, 2009. 제 52차 국가안보패널 회의록, East Asia Institute(2월 14일), http://www.eai.or.kr/type_k/panelView.asp?catcode= 1011000000&category=23&code=kor_report&idx=8279 (검색일 2009년 10월 23일)

책으로 이러한 문제들을 해결하고자 적극적인 개입과 대화로서 새로운 외교관계를 구축하고자 하였다. 미국의 일방적인 정책과 미국을 따르라고 외치는 것 대신에 오히려 국제사회의 공통된 이해와 공유하는 가치들을 기반으로 국가간에 상호존중의 철학으로 관계국들과 파트너쉽을 가지고 정책을 전개하는 것이다.

그러나 북한 핵문제와 천안함 사건은 중국이 미국의 이러한 세계정책과는 다른 모습을 보여주면서 미국과의 갈등을 확대시키게 되었다. 지난 20여년간 동북아시아의 경제적 성장은 세계성장의 견인차적 역할을 하고 있다. 특히 세계는 중국과 한국 일본, 대만의 경제성장에 바탕을 두고 함께 성장하고 있었다. 이러한 성장은 지역의 정치적 안정과 국제안보를 바탕으로 이루어지고 있다.

이러한 오바마 정부의 세계정책 가운데 북한은 실제로 해결해야 할 우선순위에 들지 않았다. 북한의 핵문제는 순차적으로 풀어나가야 할 과제였다. 북한이 2006년에 1차 핵실험을 했지만, 그다지 성공하지 못한 것으로 판단하였다. 미국 대외정책의 우선순위는 이라크와 아프가니스탄, 이스라엘과 아랍진영의 갈등 그리고 이란의 핵문제등이었다. 북한은 대화와 타협, 그리고 이해를 통하여 북한 핵문제를 해결해 나갈 수 있으리라 판단했다.

그러나 북한은 오바마 행정부가 출범하고 미국의 대외정책 우선순위에서 제외되자 북한 핵문제에 대한 주목을 끌고 북한과의 협상값을 올리기 위한 조치를 단행했다. 2009년 4월에는 대륙간 탄도탄급인 대포동2 호 미사일을 발사했으며, 2009년 5월 25일에는 제 2차 핵실험을 하였다. 이어서 평양당국은 이러한 핵무기 외에도, 북한의 국경선에 근접해 오는 적군을 타격할 수 있는 단거리미사일과 지대공미사일, 지대함 미사일 등을 발사했다.

북한의 이러한 도발적인 행위에 대하여 미국은 우선적으로는 국제사회의 동의를 통한 제재조치를 강구했다. 워싱턴 당국은 UN 안전보장이사회의 동의를 얻는 절차를 수행했다. 그리고 6자회담의 소속국들에게도 미국의 대북정책의 원칙과 한계에 대하여 명확하게 밝혔다. 그리하여 직접적이고 실효성있는 UN의 제재조치와 결의안을 이끌어냈으며, 북한에 대한 제재조치에 대하여 중국, 러시아, 인도 등의 협조를 이끌어냈다. 결국, 미국은 더 강력한 국제협조를 통하여 한반도의 완전하고 검증가능한 비핵화를 실현하고자 하는 계획을 추진했다.[113]

북한의 재래식 군사력 강화와 핵무기 개발에 대하여 미국이 안이하게 보고만 있었던 아니었다. 미국민들의 안보불안에 대하여 백악관은 적극적인 해명을 통하여 국민들을 안심시켰다. 이러한 사실들은 미국이 북한의 지속적인 핵무기와 미사일 개발을 통하여 가하게 될 미국안보에 대한 위협 가능성에 대하여 철저하게 대응하겠다는 원칙을 확인하여 국민들의 안보불안을 해소하고 있다.

미국의 행정부와 미군은 북한이 하와이를 향하여 대륙간 탄도 미사일을 발사한다면 미국은 이에 적극적으로 대응할 수 있도록 만반의 준비가 되어있다고 미국의 오바마 대통령은 2009년 6월 22일 CBS 인터뷰에서 밝혔다. 이와 아울러 로버트 게이트 미국방장관은 북한이 하와이를 향하여 대륙간 탄도탄을 발사하는 경우에 대비하여 추가적인 예방조치(additional precautions)들을 명령해 놓았다고 2009년 6월 18일 미국방부 언론 브리핑에서 밝혔다. 이로써 미국은 북한이 도발할 수도 있는 행위에 대하여 군사적 보복조치를 확실하게 할 것이라는 점을 북한에게 경고했다. 기자들이 다시 미국 오바마 대통령에게 북한이 그렇게 하와이를 향하여 미사일을 발사한다면 북한에게 군사공격을 감행하겠느냐고 질문하였다. 이에 오바마 대통령은 "그런 가설적 상황에

113) Secretary of State Hillary Rodham Clinton, 2009. "U.S.-South Korea", http://seoul.usembassy.gov/rok_071509.html (검색일 2009년 9월 27일)

대하여 추측하고 싶지는 않다."고 하면서도 북한이 미국의 안보방어기준을 넘어서면 즉각 군사적 보복조치를 취할 것임을 명확하게 함으로써 미국국민들을 안심시켰다. 즉, "t"의 가로선은 기준을 넘어선 것이며 "i"의 점은 점이라는 것이다.[114]

미국의 이러한 경고에도 불구하고 북한은 다시 2009년 7월 3일과 4일에 사정거리 1,100km ~ 1,160km의 단거리와 중거리 미사일 7발을 발사했다.[115] 미국이 북한을 직접 공격하는 것이 아닌 한, 북한은 미사일과 핵무기 개발을 지속하겠다는 의지를 보였다.

2009년 6월 16일 미국의 오바마 대통령은 미국을 방문한 이명박 대통령에게 한반도의 비핵화에 대한 자신의 비전을 재확인했다.[116] 또한 양국의 공동성명서인 "한미동맹을 위한 공동비전"에서도 북한의 핵개발에 불안해하는 한국에 대하여 미국의 핵우산에 의한 지속적인 보장을 확고히 한다고 밝혔으며, 미국은 한반도와 동북아 역내에서 충분한 군사력으로 지원할 것이라고 천명하였다.[117]

미국의 대북 정책에서의 핵심은 북한의 핵을 제거(denuclearization)하는 것이다. 그 과정에서 한반도의 비핵화 정책을 어떻게 할 것인지, 또는 최종 결과를 어떻게 끌어낼 수 있을지에 관해서는 많은 고심을 하고 있다. 북한이 미국과의 양자회담의 결과에 따라 6자회담에 참여할

---

114) Merle David Kellerhals Jr., 2009. "President obama Says U.S. Prepared for Any North Korean Threat", http://seoul.usembassy.gov/nk_062209.html (검색일 2009년 9월 27일)

115) Stephen Kaufman, 2009. "U.S. Sees Seriousness of Purpose on North Korean Sanctions", http://seoul.usembassy.gov/nk_070609.html (검색일 2009년 9월 27일)

116) Remarks by President obama and President Lee Myung-bak of the Republic of Korea in Joint Press Availability, http://seoul.usembassy.gov/pv_061609.html (검색일 2009년 9월 27일)

117) "한미동맹을 위한 공동비전", 2009년 6월 16일, http://seoul.usembassy.gov/pv_061609b.html (검색일 2009년 9월 27일)

수도 있다고 주장하므로 미국은 북한과 양자회담을 할 수도 있는 것으로 전략을 선회했다. 이에 미국은 이러한 식의 북한과의 회담은 북한을 6자회담을 통해 핵포기에 주력하기 위한 방안이라며 북한에 대한 UN제재조치를 집행하고 있다.

2. 주권의 제한과 지속가능한 안보(sustainable security)

미국은 세계를 현재 있는 그대로의 질서 속에서 세계의 공존공영에 기여할 수 있는 미국의 리더쉽을 구축하는 것을 안보전략의 근간으로 삼았다. 미국 국가안보의 최우선 순위는 미국민의 안전과 안보를 확보하는 것이며, 핵무기와 같은 대량살상무기의 확산을 방지하는 것에 초점을 두고 있다. 동맹국 및 우방국들과의 협조하에 포괄적 개입을 통한 정의롭고 지속가능한 세계질서를 구축하는 것이다. 이것은 모든 국가들이 스스로의 권리와 책임을 인식하고 이에 맞게 행동할 수 있는 세계질서를 구축하는 것이다. 책임감을 가지고 행동하는 국가들은 인센티브를 가져야 하며, 책임감 없는 국가들을 국제사회에서 고립되어야 한다고 주장한다. 그리하여 당해 국가의 행동을 바꿀 수 있을만큼의 국제사회로부터의 경제적 제재조치는 물론 군사적 제재조치와 국제사회로부터의 고립에 이르기까지의 조치들이 취해져야 한다고 주장한다. 이러한 질서를 구축하기 위하여 G8에서 G20으로 주축국을 확대하여 세계질서를 구축한다.[118)]

세계경제의 발전은 국제관계의 패러다임을 바꾸고 있다. 전통적 의미의 국경개념이 희박해져서 경제적 요소들은 국경의 장애를 받지 않는다. 이웃나라의 정세는 곧 자국의 경제에 영향을 미치며, 환경은 초

118) United States, President's 2010 National Security Strategy, 『National Security Srtategy』, http://www.whitehouse.gov/sites/default/files/rss_viewer/national_security_strategy.pdf. 1-13 (검색일 2010년 11월 9일)

국가적으로 대처해야 해결될 수 있는 단계에 이르렀다. 인신매매나 내전, 환경파괴 기근, 질병(HIV/AIDS, SARS, H1N1신종플루) 등과 같은 인간안보의 문제는 어느 한 국가만의 문제가 아니라 국제사회가 공동으로 해결해야 할 과제 등이다. 또 국제관계의 행위자가 과거에는 국가에 국한되었었으나, 정부간 기구, 비정부단체(NGO), 다국적 기업 등 다양해졌다.

이러한 이유로 인해 최근에는 전통적인 안보개념에서 벗어나 지속가능한 안보(sustainable security)의 개념으로 국제협력과 안보문제를 접근하는 경향이 나타나고 있다. 이것은 전통적인 국가안보와 개인의 안전과 안락한 삶을 확보할 수 있는 인간안보, 그리고 세계 전체의 이익을 공유할 수 있는 집단안보라고 설명할 수 있다.

지속가능한 안보란 우선, 실시간적으로 국가에 대한 위협을 제거하고 동시에 예방할 수 있는 지속적인 능력을 확보하는 것이며, 전세계의 인간안보를 위협하는 것들을 억제하며, 장기적으로 집단안보나 지구적 안보를 위협하는 요인들을 잘 관리하는 것을 말한다.

이러한 안보개념은 자국을 방어할 수 있는 전통적 군사력 뿐만 아니라 국제사회의 위협요인을 제거하기 위해 전세계적인 노력을 이끌어 낼 수 있는 도덕적 권위가 뒷받침 되는 것을 말한다. 또 인간안보란 국제관계나 경제, 개발, 갈등을 아우르는 융합적인 용어로서, 궁핍으로부터의 자유와 공포로부터의 자유를 목표로 하며, 결국 인간의 존엄성을 확보해 주는 근원적인 자유를 말한다. 또 국가안보가 눈앞에 있는 확실한 위협에 대하여 대비하는 것인 반면에 인간안보는 보다 장기적인 목표를 가지고 추진한다.

국가가 당면한 현실에 따라, 그리고 개인적 입장에 따라 안보개념이 달라질 수 있다. 서방의 많은 학자들에게 있어서 중요한 인간안보의 개념 중 하나는 북한이나 이란의 핵무기 개발문제 해결보다는 AK소총과 같은 소형무기의 확산이 실질적인 대량살상무기의 확산방지라고 할 수 있다. 이러한 작은 소총이 수십억의 세계사람들에게 있어서 실질적이며 치명적인 대량살상무기라고 인식한다. 이러한 개념의 연장선상에서 자유란 독재자가 제거되는 것만이 아니라 경제적 기회의 증가를 말한다. 즉, 최소한의 인권을 보장받는 의식주생활을 할 수 있는 상태로의 진전이다. 따라서 오늘날 세계에서 안보라고 하는 것은 집단안보를 말한다. 오늘날 세계가 당면한 문제들은 기후변화, 물부족, 식량불안, 환경악화의 문제들이다. 이러한 문제들은 세계인들과 관점과 전략을 공유하지 않고서는 극복할 수 없는 집단안보의 문제들이다.[119]

미국의 경우, 이러한 지속가능한 안보를 추진하기 위해서는 도덕적인 정당성을 확보해야 하며 다음 세가지의 요소를 필요로 한다. 첫째, 전세계 사람들을 통합할 수 있는, 잘 조직된 원칙, 둘째, 대외정책을 실현하는 도구들의 전략적 유용성의 증대, 셋째, 국제체제가 실질적으로 기능할 수 있도록 기능을 활성화하는 것 등이 필요하다. 미국은 세계를 지도해 가기 위해서는 막강한 군사력이나 경제력 뿐만 아니라 지구적 안보와 공통의 인도주의를 추구할 때 능력이 최대가 된다.[120]

---

119) Gayle Smith, 2008. "In Search of Sustainable Security: Linking National Security, Human Security, and Collective Security to Protect America and Our World", Center for American Progress, June 19, http://www.americanprogress.org/issues/2008/06/sustainable_security.html (검색일 2009년 10월 24일) 미국의 이러한 정책은 부시행정부의 세계의 동의 없는 "선과 악의 싸움"에 대한 반성에 기인한다. 테러에 대항하는 전쟁을 수행하면서 "독재자(tyranny)가 없는 세상"을 건설하고자 "악의 축(axis of evil)"을 상대로 전쟁하면서 세계 국가들의 동의를 요청하지 않았다. 또한 "우리편에 서지 않으면 적대국"이라고 밀어붙임으로서 오히려 세계의 지도력을 잃었다고 반성한다.

120) Gayle Smith, 2008. "In Search of Sustainable Security: Linking National Security, Human Security, and Collective Security to Protect America and Our World", Center for American Progress, June. http://www.americanprogress.org/issues/2008/06/pdf/sustainable_security1.pdf, 20.

전통적으로 안보란 군사적 의미에서 국가의 주권을 확보하고 국민의 생명과 재산을 보호하는 것을 의미하는 것이었으나, 1990년대 이후 국제체제가 복합적으로 상호의존성을 심화시키면서 한 국가의 문제는 주권의 범주안에 머무르지 않고 타국의 내정에도 영향을 미치는 상태가 되었다. 최근에는 세계적인 인구의 증가와 환경의 파괴 등이 현재와 같은 계속된다면, 지구의 자정능력이 파괴되어 인류가 모든 재앙에 직면하게 될 것이라는 경고가 나오기도 한다.[121] 따라서 그동안의 안보는 협의의 개념에서 벗어나 보다 포괄적인 안보개념으로 확대되어야 한다. 즉, 지속가능한 안보를 포함하는 포괄적 안보의 개념으로 변모되어야 한다.

따라서 주권개념의 신성불가침성도 변해야 한다. 많은 국제기구들은 이제 인도주의적 접근이 국가의 주권의 경계선을 넘어서 이루어져야 한다고 주장한다. “개입과 주권에 관한 국제위원회(ICISS, International Commission on Intervention and State Sovereignty)”는 더 이상 주권이라는 울타리 속에 위험에 처한 인간을 방치해서는 안된다고 주장한다. 이 위원회는 “위험에 처한 인간을 보호할 의무”라는 개념을 설정하고 개별국가가 해결하지 못하는 인도주의적 위기상황, 즉 인간의 존엄성이 훼손되는 상황에서는 국제사회가 강제로 개입해야 한다고 주장하고 있다.[122]

실제로 지난 10년간(1997-2006) 발생한 세계의 주요 폭력분쟁들은 34건이었는데, 이 중 3건만이 국가간의 전쟁이었을 뿐, 대부분은 내란 또는 이와 유사한 내부적 갈등이었다.[123] 이러한 내란은 인종이나 종고,

---

121) Jessica T. Matthews, "Redefining Security", Foreign Affairs 68, No.2(Spring), 162-164.

122) International Commission on Intervention and State Sovereignty(ICISS), 2001. The Responsibility to Protect, Ottawa.

123) Stockholm International Peace Research Institute(SIPRI), SIPRI Yearbook

이데올로기 등에 의해 국가 내에서 발생한 것으로서 타협하기 어려운 성격을 가지고 있어서 타협하기도 어려울 뿐만 아니라 분쟁이 재발하기도 쉽다. 이러한 내란은 국경을 넘는 대규모 난민과 사상자를 유발한다. 특히 여성과 어린이의 피해가 심각하다. 내란이 장기화될수록 적대세력에 조금이라도 협조한 민간인들에 대한 보복적 집단살해행위가 만연하여 심각한 인권안보의 침해가 발생한다. 이러한 상황에서 국가의 주권만을 주장하면서 인간의 존엄성이 말살되는 현상을 방치할 수 없다. 이에 주권적 한계를 넘어서는 국제사회의 개입이 정당화되어야 한다.

지속가능하고 포괄적인 안보는 국제적인 인권, 사회개발, 경제, 보건, 환경 등 중장기적으로 인간의 존엄성과 인간안보를 확보할 수 있는 개념이다.

북한이 자국민을 기아로 내몰면서 핵과 미사일 개발에 치중하는 것은 북한의 주권적 범위에서의 자주권적 결정사항이라고 할 수 없는 이유가 여기에 있다. 첫째, 북한의 핵과 미사일 개발은 동북아시아의 안보에 치명적인 위협요인이 된다. 동북아시아는 시장경제와 자유를 바탕으로 상호발전과 경제성장을 이루고 있는 지역이다. 북한의 핵과 미사일 개발은 동북아시아의 군비경쟁을 가속화 시킬 수 있으며, 군비경쟁은 동북아시아의 협력과 인간안보에 가장 큰 저해요인이다. 둘째, 북한정권의 경제실패로 인하여 2백만 명이 굶어죽고, 20만 명 이상이 중국에 난민으로 떠돌면서 인권이 유린되고 있다. 지금도 북한 내에서는 평생 나오지 못하는 정치범수용소에서 인권이 유린되고[124] 탈북을

2007, Appendix 2A, Patterns of Major Armed Conflicts, 1997-2006, Oxford, Oxford University Press.

124) 강철환, 2006.『아! 요덕』-탈북자증언집, 월간조선사, '수용소 주변에는 죽창이 박힌 함정이 많이 있고 도주자는 경고없이 사살한다. 굶주린 사람들은 돼지먹이도 먹고, 소동에 박힌 옥수수알도 꺼내먹는다. 수용소에서 탈출한 사람들의 가

시도하다 체포된 사람들은 북한에서 한없는 고통과 인간이하의 처벌을 받는다. 이러한 인권유린을 방치할 수 없는 상황에서 북한의 핵과 미사일문제, 그리고 북한의 인권에 관한 문제는 북한의 주권적 문제가 더 이상 아니다. 국제사회와 국제기구가 개입해야 하며, 특히 동북아시아의 안보협력체가 해결해야 하는 과제라고 할 수 있다.

III. 미 · 중 갈등의 증가

1. 중국의 경제적 패권 확대

동아시아지역에서는 현재까지 미국이 패권적 지위를 차지하고 있다. 미국은 일본과의 동맹관계를 기축으로 아시아지역에서의 질서를 유지하고 있었으나 최근 들어 일본과의 관계가 소원해지면서 강화된 한미동맹으로 미일동맹을 보완하고 있다.

미국은 중국을 잠재적 적국으로 인식하고 있으며 중국의 강대국화에 대한 다양한 대응책을 마련하고 있다. 그러나 경제적, 군사적으로 급성장하는 중국의 국력과 상이한 국가정책은 조만간 미국과 중국 간의 충돌이 불가피하게 만들고 있다.

2009년부터는 중국과 미국간의 경제적, 가치론적 갈등이 점차 심화되어갔다. 미국이 대만에 무기판매를 강행하자 중국이 강하게 반발하였다. 중국내에서 중국정부당국이 인터넷검열을 강화하자 구글(Google)이 중국에서 철수를 단행하였다. 미국대통령이 티벳의 지도자인 달라

족은 나무에 묶어놓고 굶겨 죽인다. 엄마와 자식을 함께 묶어놓아 죽이기도 한다. 특히 여성은 성적으로 학대를 당하다가 죽는다. 수용소에서 임신하면 태아와 산모를 함께 죽인다', http://pscore.org/xe/movie/11436 (검색일 2009년 10월 24일)

이라마를 접견하자 중국이 거세게 항의했다. 중국과 미국은 중국화폐의 평가절상문제와 미국정부의 달러발행 한도상향조정 등 다양한 분야에서 충돌하고 있다.[125)]

중국은 100여년전 서양강대국에게 당했던 수모를 아직 잊지 않고 있으며, 이제 스스로 목소리를 내야 할 때라고 믿고 있다. 지난 100년간 잃어버렸던 자존심을 회복할 수 있는 좋은 기회가 찾아왔다고 생각한다. 중국의 많은 대중매체들도 민족주의적 주장을 강하게 보이면서 중화사상과 중국 중심의 세계질서를 다시 회복하고자 하는 의지를 고무시키고 있다.

중국인의 이러한 움직임은 중국 공산당이나 정부에 의한 기관지나 매체만 그러한 주장을 하는 것이 아니다. 한국에 와 있는 중국유학생들과 같은 젊은 세대들의 가치관에서도 이와 유사한 주장이 나타난다. 이들은 대만과 티벳의 독립은 허용할 수 없는 일이며, 미국 등 타국은 이에 관여해서는 안된다고 주장한다. 이것은 향후 더 연구해 보아야 할 일이지만, 중국이 그동안 학교교육 등 다양한 방면에서 세계적인 가치관보다는 민족주의적 교육을 지속적으로 강화했기 때문이라고 추정된다. 따라서 공산당 지도부 뿐만 아니라 젊은 세대까지도 중국의 민족주의적 주장을 하고 있기 때문에 아시아는 물론 세계를 상대로 중국이 패권을 주장하는 것은 명백한 미래라고 할 수 있다. 다만, 그 시간이 문제일 뿐이다. 일부 중국학자들은 아직 대국굴기를 할 때가 아니며 더 경제적, 군사적 실력을 함양해야 할 때라고 주장하고 있으나, 결국은 중국이 세계적 가치관과 충돌하는 것은 시간문제라고 할 수 있다.

지난 20여년간 중국이 미국과 충돌했을 때, 중국은 상당히 자제하는 모습을 보여주기는 했지만, 언젠가는 미국 등 서방과 크게 충돌할 것

---

125) Ralph Cossa, 2010. "US-China Relations on a Downward Slide" PacNet, No.4A, (February 10). http://csis.org/files/publication/pac1004a.pdf

이며 그 시기와 능력이 언제 충족되는가 하는 것은 시간의 문제일 뿐이다.

1992년 미국의 클린턴 대통령이 중국의 인권문제를 거론하였을 때 중국이 크게 반발하였다. 또 1995년과 1996년에 중국이 대만과의 갈등으로 대만해협에 포격하였을 때 미국이 개입하였을 때 강하게 반발하였다. 1999년 보스니아 헤르체고비나 분쟁사태에서 미국이 중국대사관을 오폭하여 많은 사상자가 발생했을 때는 오히려 상당히 자제하는 모습이었다. 2001년 해남도 상공에서 미국의 정찰비행을 확인하고 중국의 전투기가 출격하여 충돌하게 된 사건은 미국에 대하여 강하게 반발하는 모습을 보여준다. 특히 2001년 9월 11일 미국 뉴욕에서 9.11 사태가 발생한 이후 미국이 테러와의 전쟁을 선포하고 이라크와 아프가니스탄을 공격하게 되자 중국은 미국에 대한 가장 적대적 국가처럼 행동하였다. 그 이후 2009년 이란의 핵무기 개발프로그램을 반대하는 미국 주도하의 대이란 제제조치에 중국은 동참을 거부한다. 오히려 이란을 상대로 협력을 통하여 막대한 경제적 이익을 확보한다.

중국이 미국을 상대로 자신의 힘을 과신하게 된 직접적인 계기는 미국발 금융위기라고 할 수 있다. 리먼 브라더스(Lehman Brothers Inc.) 등 세계적 금융회사들이 도산함과 동시에 미국의 서브프라임 모기지(비우량 담보대출의 부실)로 시작된 금융위기는 세계를 주도하는 미국경제가 예상과는 달리 부실함을 나타내주는 중요한 지표가 되었다. 특히 미국발 금융위기가 전 세계의 경제에 유동성 부족과 신용경색을 초래하면서 실물경기의 침체를 야기했지만, 중국은 이러한 미국발 금융의기에 영향을 받지 않고 오히려 경제적 성장을 계속해 갔다. 중국의 통제경제와 고정환율 등 다양한 견제장치들 덕분이었지만, 중국은 미국의 세계주도의 경제능력을 재평가하고 중국주도의 경제세계를 건설하고자 하는 의도를 보이기 시작했다. 중국화폐인 인민폐를 세계경제의 기축통화로 만들고자 하는 노력을 시작했다.

WTO가 발간한 '세계무역보고서2010'에 의하면 중국은 특히 경제 분야에서 빠르게 세계적 강대국으로 성장하고 있다. 중국은 2009년 한 해 동안 1조 2020억 달러(수출점유율 9.6%)를 수출하면서 1조 1210억 달러(수출점유율 9.0%)를 수출한 독일을 제치고 세계 제 1위의 수출국이 되었다. 미국은 3위에 그쳤는바, 1조 570억 달러(8.5%), 일본은 4위로 5810억 달러(4.7%)였다.[126]

중국은 2010년 7월 현재 2조 4500억 달러에 이르는 외환을 보유하고 있어서 세계 최대의 외환보유국이 되고 있다.[127] 게다가 2009년 10월 말 현재 중국의 미국채권 보유액은 6529억 달러로 세계 최대의 미국채권보유국이 되었다.[128] 이러한 사실은 미국의 경제와 부채를 중국이 부담하여 지탱하고 있음을 의미한다. 또한 미국과 중국의 경제는 상호 밀접하게 연관되어 있음을 보여준다.

중국은 이러한 경제력을 바탕으로 아시아지역에서 경제적 주도국이 되기 위한 노력을 강화하고 있다. 2010년 7월에 대만과 체결된 경제자유무역협정(ECFA)은 중국이 대만을 중국경제권으로 끌어들이기 위해 과감한 양보를 했다. 예를 들어 2년 내 단계적으로 관세를 폐지하는 품목에 관하여, 중국 측 요구항목은 267개이고 대만이 요구하는 품목은 539개인데도 불구하고 중국이 대만의 요구를 모두 수용함으로써 이루어졌다. 중국은 홍콩(2004년 발효, 포괄적 경제동반자 협정)은 물론 마카오

---

126) 연합뉴스, 2010. "WTO '작년 한국 수출 세계 9위'", 『연합뉴스』 (8월 3일), http://news.nate.com/view/20100803n01614?mid=n0308 (검색일 2010년 8월 5일)

127) 정지서, 2010. "中, 올한해 9%대 경제성장 보일 것 - 외환관리국", 『뉴스핌』 (7월 31일), http://www.newspim.com/sub_view.php?cate1=4&cate2=4&news_id=387288 (검색일 2010년 8월 5일)

128) 정은정, 2010. "美 채권최대보유국 中 어찌하나", 『헤럴드경제』, (4월 1일) http://biz.heraldm.com/common/Detail.jsp?newsMLId=20081218000223 (검색일 2010년 8월 5일)

(2004년 발효, 포괄적 경제동반자 협정), 그리고 중국과 태국간의 FTA(2003년 10월 발효)를 발효시켰으며, 2010년에는 중국과 아세안(ASEAN, 동남아시아국가연합 10개국)간에 FTA가 발효되었다. 이어서 한국과 중국 간에 FTA를 위해 협의 중이며, 한국과 중국, 일본 간 FTA도 협의 중에 있다.[129]

중국은 자신을 둘러싸고 있는 아시아지역의 모든 국가들과 FTA를 체결하였으며, 한국과 일본도 조만간 중국과 FTA가 체결된다면, 아시아지역에서는 하나의 경제권이 탄생하게 된다. 중국이 아시아지역에서 중국을 주도국으로 하는 경제권을 만들게 되면, 중국화폐인 위언화로 결제가 가능해지며, 세계경제가 중국을 슈퍼파워로 받아들이는 보루가 될 것이다. 실제 중국은 중국의 화폐를 세계의 기축통화로 만들기 위해 금태환 화폐로 만들기 위한 작업을 시작했다. 즉, 금태환 화폐에 필요한 준비단계로 전 세계로부터 금을 사들이기 시작했다. 중국당국은 중국의 은행들로 하여금 국제시장에서 금거래를 허용하며, 장려하는 정책을 발표했다.[130]

2. 미국의 대중국정책

미국의 각종 보고서들은 중국을 미래의 잠재적 적국 또는 도전국이라고까지 경계하고 있다. 실제로 예상보다 빠르게 부상하는 중국의 경제규모와 군사력은 중국의 미래를 예측불가능하게 만들고 있다. 게다가 중국 지도자들에 대한 신뢰성과 예측가능성이 적기 때문에 세계를 더욱 불안하게 만들고 있다. 중국이 국제사회에서 세계평화와 자유시

129) 매일경제, 2010년 8월 5일, A5.

130) 『매일경제』, 2010년. "중국은 이미 세계 5대 금보유국으로서 2054톤을 보유하고 있는데, 1위인 미국(8134톤)이나 2위 독일(3407톤)의 수준으로 끌어올리기 위한 정책을 추진하기 시작했다. 중국의 금보유 확대는 곧 중국화폐가 세계 기축통화로서의 기능을 수행할 수 있는 준비라고 할 수 있다." (8월 5일) A.7.

장에 대한 지도자로서의 품격을 갖추는 데에는 부족하기 때문에 자유주의 선진국들은 중국의 패권을 걱정하고 있다.

미국은 중국이 아시아에서 패권을 장악하는 것을 좌시하지 않을 것이다. 여기에 아시아 지역에서의 패권다툼에 러시아와 일본까지 끼어들면서 아시아 지역은 세계 4대 강대국들의 첨예한 경쟁지역이 될 것이다. 그러나 아시아의 패권경쟁에서 가장 큰 경쟁은 결국 중국과 미국간의 갈등이 될 것이다.[131)]

미국이 중국과의 이러한 미래경쟁에서 중국 주변의 국가들과의 동맹관계를 형성한다면 중국을 포위하여 경쟁의 우위를 장악할 수 있다. 특히 중국과 국경을 직접 접한 나라와 동맹관계를 형성하다면 미국으로서는 중국에 대한 전략적 우위를 차지할 수 있을 것이며, 중국으로서는 절대적으로 회피해야 할 상황인 셈이다.

미국의 오바마 행정부는 부시행정부와는 달리 참여와 협력을 통해 세계안보를 구축한다는 전략을 가지고 있다. 중국이 아직도 세계적인 안보담당국가 수준에는 못 미치지만, 미국은 중국의 역할을 높이 평가하면서 중국이 아시아지역에서 책임있는 안보를 담당하도록 격려하고 있다.

오바마 대통령이 집권한 후 클린턴 국무장관의 첫 해외순방외교로서 아시아를 선택했다. 그녀의 중국방문에서는 갈등을 유발할 수 있는 중국인권문제나 티벳 분리독립문제, 중국의 환율조작국 논쟁 등의 휘발성있는 이슈들을 거론하지 않았다. 오히려 강대국 미국이 중국과의 협력을 통하여 해결할 수 금융위기나 기후변화문제, 안보위협요인 등에 관한 의제를 다룸으로써 중국을 아시아의 실질적인 리더로 인정하고 격상시켜 주었다.

---

131) 이춘근, 2009. "미국의 대전략", 『Strategy 21』, 한국해양전략연구소, 통권 제 23호 Summer Vol.12, No.1, 24-25.

미국의 아시아정책에서는 미일동맹을 아시아지역 안보의 기반으로 삼고 있으며, 일본이 미국의 책임을 분담할 것을 기대하고 있다. 워싱턴에서는 급격하게 경제적 성장을 하고 있는 중국이 국제사회의 책임 있는 국가로 성장하는 것이 아시아지역의 안보를 확보하는 데에 핵심적 요소라고 인식하고 있다. 나아가 중국과 일본의 상호견제 속에 이루어지는 세력균형(Balance of Power)은 미국이 균형자(Balancer) 혹은 조정자로서 균형력(Power of Balance)을 유지함으로써 가능하다고 인식하고 있다. 오바마 행정부는 균형자 역할을 통해 동아시아 안보를 확보하고 이 지역의 주도권을 유지하고자 한다.

중국이 미국의 대중국 포위전략에 반대하여 아시아지역 국가들로 구성된 다양한 다자주의 구상을 전개(상하이 협력기구, 동아시아 안보공동체, 아시아통화기금(Asian Monetary Fund)) 하는 것에 대하여 미국은 이들 국제기구에 미국과 일본이 참여함으로써 간접적으로 아시아 지역에서의 미국의 패권적 지위를 유지하려고 한다. 반대로 중국은 이러한 국제기구들을 통하여 아시아지역에서 미국의 패권을 축출하고 중국의 패권적 지위를 확보하려고 한다.[132)]

3. 미중 군사적 갈등예고

중국은 대규모로 군사능력을 제고시키고 있음에도 불구하고 군현대화 프로그램의 과정이나 목표, 그리고 범위 등에 관한 정보를 거의 공개하지 않고 있다. 미국이 가장 우려하는 것은 중국군이 시간이 갈수록 강대군이 되는 데에 비하여 중국군 현대화의 목표와 과정 등을 명확하게 제시하지 않고 있기 때문이다. 미국은 군비강화를 하고 있는

---

132) 이동률, 2009. "클린턴 미 국무장관의 중국방문과 중미관계", EAI Issue Briefing No. C2009-01, http://www.eai.or.kr/data/bbs/kor_report/2009052911343614.pdf (검색일 2009년 10월 23일)

중국이 갑자기 적군으로 등장할 가능성을 가장 우려한다. 특히 대규모의 중거리 탄도미사일과 순항미사일, 신무기로 무장한 공격형 잠수함, 그리고 증강된 공군력과 대공시스템 등 중국의 현대화된 군사력은 미국의 전력투사능력을 절대적으로 제한한다고 밝히고 있다. 미국은 중국의 접근차단(Anti-Acess)과 지역거부(Area-Denial) 군사전략을 제압하기 위해 다양한 경로의 군사능력을 제고해야 한다고 주장한다.[133)]

미국은 이러한 전략을 위해 해군과 공군의 작전개념을 융합해야 하며, 장거리 타격능력을 확장하고, 무인잠수함능력과 핵심지역에서의 미군배치능력을 확대하는 한편, 항공우주능력과 C4SIR능력, 그리고 적의 전자장비파괴능력을 강화해야 한다고 주장한다.[134)]

미국의 이러한 전략개념을 중국의 군사력 확대전략과 충돌할 가능성을 내포하고 있다. 중국은 자국의 방어선을 서해인 동중국해와 남중국해로 확대하고 있다. 그리하여 과거의 내륙유인 방어전략에서 국외방어선 격퇴전략으로 국방정책으로 전환했다. 과거 모택동 시절에는 광활한 대륙을 활용하여 적군을 중국 내륙으로 끌어들여 승전을 도모했다. 그러나 1980년대 등소평 이후에는 적군을 국토 밖에서 격퇴하는 적극전략을 수정했다. 중국은 더 나아가 연안방어전략에서 200해리 이상의 근해방어전략을 채택하여 방어선을 확장하였다. 그리하여 확장된 방어선 지역은 대만, 필리핀, 인도네시아, 한국, 그리고 일본까지도 중국의 방어전략의 범위 속에 들어간다. 이러한 중국의 근해 방어전략에 따라 적국 군사력의 방어선 접근을 방어할 수 있는 접근차단전략을 수립했다. 특히 대만을 통일하는 과정에서 전쟁을 하는 경우에 미군이 개입하지 못하도록 중국의 공군과 전략미사일군, 지상군의 합

133) United States Department of Defense, Quadrennial Defense Review, 31. http://www.defense.gov/qdr/ (검색일 2010년 10월 9일)

134) United States Department of Defense, Quadrennial Defense Review, 31-34. http://www.defense.gov/qdr/ (검색일 2010년 10월 9일)

동작전을 통해 미군의 접근을 효과적으로 차단한다는 전략을 수립했다.[135)]

2010년 3월 중국이 남중국해(South China Sea), 즉, 비트남, 대만, 필리핀, 인도네시아 등과 공유하고 있는 중국 남쪽의 공해지역(남중국해)을 중국의 내해(內海) 혹은 근해(近海, Coastal Waters)라고 주장하였다. 남중국해의 해양권익은 대만이나 티벳과 마찬가지로 중국의 주권과 영토와 관계되는 핵심적 국가이익(Core National Interests)이므로 타협의 여지가 없다고 주장하였다. 이에 미국의 클린턴 국무장관이 이 지역은 미국의 국익지역이므로 누구든지 자유롭게 이용할 수 있다고 공식적으로 천명하였다. 이에 중국의 강변과 갈등유발이 가라앉았다. 중국의 국수주의적 외교정책은 인근 국가와의 마찰을 초래하면서 미국의 세계 공유적 가치관과도 충돌하고 있다.

미국과 중국의 이러한 충돌은 북한의 천안함 공격 사건 처리과정에서도 나타난다. 한국과 미국 양국은 북한의 재도발 방지를 위한 시위차원에서 서해상에서의 한미 합동군사훈련을 결정하였다. 그러나 중국은 서해상에 미국항공모함이 진입하는 것을 반대하면서 서해상에 진입하는 미국 항공모함을 겨냥한 대 항공모함 미사일을 전격 공개하였다. 이에 미국은 동아시아 지역에서 미국이 중국의 압력에 굴복하는 인상을 주지 않기 위해 서해상에서의 항공모함 동원 훈련을 강행키로 하였다. 아울러 미국은 동아시아 지역에서 중국의 급격한 군사력 확대로 인한 지역질서의 붕괴를 막고 미국주도의 질서체제의 유지를 위해 강하게 반박하고 나섰다.[136)]

중국의 경제와 군사력이 급격하게 성장하고, 이를 기반으로 중국의

135) 김태호, 2001. “중국의 해양전략과 해군력 발전추이”, 『Strategy21』, 제 11권 1호(여름), 188-190.

136) Ralph Cossa, 2010. "China's Expanding 'Coastal Waters'," Pacific Forum, CSIS, PacNet, No.37, August 23.

민족적 자존감을 회복하겠다는 의지는 아시아지역에서 중국의 인접국가들과는 물론 미국과도 충돌을 예고하고 있다. 특히 천안함 폭침사건에서 보는 바와 같이 중국의 북한동맹국 편들기는 중국이 G2 혹은 G20의 세계의 지도국가로서의 가치관을 공유하고 세계적 리더국가 지위를 포기하는 것으로 보인다. 오히려 지역 국가들과의 심각한 갈등을 야기할 가능성을 더 보여준다.

Ⅳ. 안보위기의 활용

1. 위기대응전략과 협상능력의 필요성

천암함공격으로 불거진 한국과 미국의 공동대응, 그리고 중국과 북한의 혈맹확인은 동북아시아에서의 새로운 대결구조가 형성되고 있는 것을 보여준다. 그러면서도 한국은 북한에 대한 대응이 적절하지 못했다. 북한의 공격으로 천안함이 침몰되었음에도 불구하고 객관적으로 그 사실을 밝히는 데에 주력했지, 북한에 대한 처벌이나 국제법상 정당하게 용인되는 정당방위로서의 복구조차 시도하지 못했다. 이로서 북한의 불법행위에 대해서 한국은 아무것도 하지 못했으며 북한은 아무 처벌도 받지 않았다.

이명박 정부가 천안함 직후에는 철저한 응징을 할 것이라고 공언했지만, 시간이 지나면서 철저한 응징은 유연한 대응으로 바뀌었다. 김대중 대통령 당시 철거되었던 대북확성기와 대형 스크린을 재설치하여 대북선전방송을 재개한다고 했지만, 그나마 북한의 격파 경고와 협박에 취소하고 말았다.

이렇게 유약한 이명박 정부의 대북정책은 중국은 물론 미국으로부터도 아무것도 확보하지 못했다. 겨우 받아낸 것은 가해자 표시 없는 유엔 안보리의장성명과 미국과의 외교-국방장관의 회담이다. 그리고 2010년 연말까지 지속되는 한미 연합군사훈련이라고 할 수 있다. 희생에 대한 성과로는 미흡할 뿐만 아니라 외교적 전략부재라고 할 수 있다.

1968년 1월 21일 북한이 김신조 등 박정희 대통령 암살단을 파견하여 청와대 앞에서 총격전이 벌어졌을 때, 박정희 대통령은 김일성을 사살하기 위한 특공대를 조직하였으며, 이들을 북파하기 위해 전근에 비상령을 내리고 대북임전태세를 갖추었다. 이에 미국은 한국정부를 저지하기 위해 노력했지만, 박대통령은 특공대의 북파 일보직전까지 작전을 밀어붙였다. 이에 미국은 급히 1억 달러의 군사원조를 긴급 승인하는 조건으로 김일성 암살 특공대의 북파작전을 중단했다. 이로써 한국군은 M16 소총의 확충과 팬텀전투기를 확보하는 보상을 받게 되었다.[137]

이러한 결과는 한국이 물질적 보상을 거두었다는 것뿐만 아니라 북한의 이러한 도발행위가 오히려 한국군의 현대화에 크게 기여하였다는 사실을 인식시켜서 북한의 향후 도발심리를 적극적으로 억제하였다. 이러한 협상전략으로 한국은 상당한 보상과 실리를 거두었을 뿐 아니라 대북한 실질적인 제재조치가 이루어졌다고 할 수 있다.

이번 천안함 사건이 발발하자마자 한국은 강력한 대응조치를 취했어야 했다. 한국이 북한에 대하여 강력한 군사조치를 취하지 못하는 것은 다음 두 가지로 요약할 수 있다.

첫째, 한국에 전쟁위기 상황이 발생하면, 국제투자자들이 원금을 회수할 것이며, 한국의 주식시장이 폭락하고 붕괴하여 경제에 미치는 영향이 극단화 될 것이다.

둘째, 강력한 보복으로 인한 전쟁위기는 결국 전면적인 전쟁으로 확

---

137) 강찬호, 2010. "전쟁우려한 클린턴의 '립 서비스'", 『중앙일보』(7월 23일), 30.

전될 수 있다. 이때 북한이 보유하고 있는 화력과 핵무기의 사용가능성으로 인해 한반도는 폐허가 될 것이며 그 인명피해도 막대할 것이다. 특히 북한의 핵무기 사용가능성으로 인해 한국 측으로서는 북한의 공격만 당한 채, 반격도 하지 못하고 휴전을 할 가능성도 있다.

이와 같이 지나치게 단순화했지만, 문제의 핵심을 두 가지로 요약할 수 있다. 이러한 두 가지 가정에 대하여 한국정부는 좀 더 지혜로울 수 있었으나 그러지 못한 것이 한계이자 실책이라고 지적할 수 있다.

다음과 같은 전략을 수립했었더라면, 한국정부는 좀 더 과감하게 전략적으로 대북한 보복을 감행할 수 있었다.

첫째, 한국이 대북 보복공격을 한다면, 전쟁위기 상황으로 인해 국제적인 투자자들이 한국으로부터 자금을 회수하여 주식이 폭락하고 주식시장이 붕괴한다고 예상할 수 있다. 그러나 이러한 상황은 일시적인 것이다. 한국정부가 언제든지 정상회복 시기를 통제할 수 있으므로, 주식시장의 주가회복시기를 통제할 수 있다. 오히려 한국기업과 정부가 IMF 때 외국기업들에게 잃어버렸던 자금을 되찾을 수 있는 기회라고 할 수 있다. 외국투자자들의 철수로 인해 폭락한 주식들은 한국기업과 정부가 전부 초저가에 매입할 수 있다. 국부가 다시 유입되는 전략이라고 할 수 있다. 물론 이러한 위기상황이 장기간 지속되지 않을 것이라는 확신과 전략이 있어야 한다. 국민은 정부에 대한 믿음과 신뢰가 있어야 하고, 정부도 철저하고 계산된 전략에 의해 이러한 전쟁위기상황을 적절한 때에 종식시킬 수 있는 전략과 수단을 준비하고 있어야 한다.

이렇게 되면 폭락한 주식으로 인하여 오히려 한국정부와 기업, 한국국민들은 더 많은 수익을 되찾아 올 수 있을 것이다. 이러한 전략과 정보는 한국민의 정부에 대한 철저한 신뢰와 정부와 국민이 운명을 같이 한다는 전제를 기반으로 이루어지기 때문에 막대한 투자이익을 확보할 수 있다. 외국인 투자자는 이러한 위험을 감수할 수 없기 때문에 이렇게 폭락한 주식을 매입하지 않는다.

또한 정부의 이러한 전략을 감지한 외국인 투자자들이 주식매도를 하지 않는다면, 주가하락이나 경제적 충격없이도 정부가 대북 제재조치를 아무런 경제적 충격 없이도 행할 수 있는 조건이 형성될 수 있다.

둘째, 대북 군사적 제재조치는 한국이 북한의 군사적 공격에 취약하다는 점 때문에 꺼려지고 있다. 그러나 북한이 재래식 군사력으로 한국을 공격한다면 아직은 주한미군과의 교전을 피할 수 없을 것이다. 주한미군의 기지를 피해서 북한군이 공격한다면, 북한군의 공격은 여전히 제한적인 국지전이 될 것이며, 북한군이 서울을 공격한다거나 주한미군을 공격한다면, 전면전이 될 수 있을 것이다.

북한군의 공격이 제한전이라면, 한국은 이에 대한 대비와 대응공격을 준비함으로써 북한의 무력도발을 철저하게 응징하고 재발을 방지할 수 있을 것이다.

북한군의 공격이 서울을 공격하거나 주한미군을 공격한다면, 전면적으로의 확전을 피할 수 없을 것이다. 그러나 한미 양국이 북한군의 서울의 공격징후를 포착하자마자 평양과 북한의 주요지역에 대한 전면적인 공격을 사전에 선포해 놓는다면, 김정일 정권이 그렇게 쉽게 서울을 공격하거나 전면전을 벌이지 않을 것이다. 다만 전제조건적으로 한미 양국의 이러한 선포가 신뢰할만하며, 평양에 대한 공격이 치명적이라는 확신을 주어야 한다.

전면전으로 확전되는 경우에 여전히 우려하는 것은 북한이 핵무기로 공격하는 것인 바, 한국정부는 북한의 핵공격에 대응하여 준비태세를 명령하고 갖추어야 한다.

또한 이렇게 전면전과 핵전쟁을 대비하는 준비과정에서 미국은 북한의 핵개발에 대응하도록 한국의 "파이로 프로세싱"이나 고속증식로 등 사용 후 핵연료 재처리 권한을 한국에 허용하도록 해야 한다. 이것은 북한의 핵문제 해결이 안 될수록 한국의 원자력 기술발전을 더욱 촉진시키는 것이 북한의 핵무기 개발의지를 상쇄하는 것이기 때문이다. 따라서 이번과 같은 남북한 위기상황에서는 한국이 대북한 제재조치를 포기하는 대가로 한국의 원자력 발전을 촉진하도록 허용하도록 미국을 설득하고 압박했어야 한다. 천안함 사건에 관하여 한국이 강경한 태도를 취했어도 현재 한국이 미국에게 요구하고 있는 "사용 후 핵 재처리" 시설정도는 당연히 허용했을 것이다. 아울러 한국이 원하는 탄도탄 사거지 제한, 미사일 사거리 제한 등과 같은 제약조건을 완화하는 조건으로 대북 군사적 조치 등을 포기하도록 했어야 한다. 한국 정부는 이러한 기회를 잃어버렸다고 할 수 있다. 46명의 해군장병들의 희생이 아까울 뿐이다.

2. 미국의 대북정책 방향

동북아안보에 관련하여 안보협력체제의 구성원인 미국의 오바마 대통령이 세계 공통의 가치라고 할 수 있는 핵무기 감축과 핵없는 세상의 구현을 천명한 것은 동북아 안보협력체가 나아가야 할 길을 제시한 것이라고 할 수 있다. 핵무기에 관한 오바마 대통령의 의지는 확고하다. 그는 2009년 7월 7일 러시아의 모스코바에 있는 신경제학교 졸업식에서도 핵무기 감축과 확산방지에 대한 확고한 의지를 밝혔다. 러시아 메드베데프 대통령과의 회담을 통하여 핵탄두와 미사일 감축계획에 서로 합의했으며, 아시아와 중동지역에서도 핵무기 확산을 방지하기로 합의했다고 밝혔다. 특별히 북한과 이란의 핵무기확산에 공동으로 대처하여 반대하며, 북한과 이란의 미사일 개발에도 공통적인 우려를 가지고 있다고 밝혔다.[138)]

특히 클린턴국무장관도 세계 핵무기 비확산체제에 있어서 북한과 이란의 핵을 비핵화하는 것이 가장 핵심적인 문제라고 지적한다. 워싱턴당국은 북핵문제 해결을 위해서는 6자회담의 틀 안에서 북한과 양자회담을 할 준비가 되어있다는 것과, 북한이 회담 테이블로 돌아오는 것만 가지고는 불충분하며 북한이 핵을 포기하지 않고서는 북한에 대한 어떠한 제재조치를 해제하지 않겠다고 밝혔다. 현재의 제재조치는 북한이 검증가능하고, 완전한 비핵화를 위한 비가역적인 단계를 밟아갈 때까지 해제하지 않을 것이라고 밝혔다.139)

2009년 워싱턴을 방문한 이명박 대통령과의 면담에서 오바마 대통령은 북한이 이미 자신의 약속을 파기했으며, 국제법도 위반했다고 주장했다. 그리고 북한의 핵과 미사일 프로그램은 아시아와 세계의 평화와 안보에 중대한 위협이 된다고 설명했다. 아울러 그는 한반도의 비핵화를 결단코 실현할 것이며, 북한의 핵무장을 어떤 조건에서도 절대로 용납하지 않을 것이라고 천명하였다.140)

오바마 대통령의 대북 정책은 명확하다. 북한의 협상전략에 말려들지도 않을 것이며, 과거에 미국이 북한에게 보상을 해 주었던 것은 잘못된 것이며 다시는 그러한 호전적이고 도발적인 행태에 대하여 절대로 보상을 해주지 않을 것이라고 주장한다.

러시아와 중국을 포함한 UN 안보리는 2009년 5월 25일 만장일치로 북한을 비난했다. 특히 미국의 클린턴 국무장관은 6자회담 참가국들

---

138) Gostinny Dvor, 2009. "Remarks By the President at the New Economic School Graduation", http://seoul.usembassy.gov/press_070709.html (검색일 2009년 9월 27일)

139) Hillary Rodham Clinton, 2009. "Remarks at the United States Institute of Peace", U.S. - North Korea, http://seoul.usembassy.gov/nk_102109.html (검색일 2009년 10월 24일)

140) Merle David Kellerhals Jr., 2009. "Presidential Visit", http://seoul.usembassy.gov/pv_061609a.html (검색일 2009년 9월 27일)

이 북한의 핵무기 포기를 위해 노력하고 있으며, 궁극적 목표는 한반도 비핵화라고 밝혔다. 또한 북한이 핵기술이나 핵과 관련된 무기를 수출하려고 한다면, 어떠한 수단과 방법을 가리지 않고서라도 이를 차단하거나, 사전에 예방할 수 있는 조치를 취할 것이라고 밝혔다. 물론 북한자금의 동결도 포함한다고 밝혔다.[141]

나아가 미국은 중국과 러시아, 일본과 한국 및 프랑스와 영국등과 함께 2009년 6월 12일 북한에 대한 추가적 제재조치를 만장일치로 채택하였다. 오바마는 특별히 대북한 제재조치에 국제사회가 동참하는 것에 큰 의미를 두고 있으며 국제적 협력체제로서 이 문제를 풀어가고자 노력하고 있다.[142]

2009년 10월 21일 한국을 방문한 미국 로버트 게이츠 국방장관은 북한의 핵 위협에 대하여 한국과의 방위동맹을 더욱 강화하고, 미국의 핵우산을 제공하며, 재래식 공격능력 및 미사일 방어능력 등의 미국 군사적 능력의 확장된 억지력으로서 한국을 방어한다는 미국의 공약을 한미 안보협의회(SCM) 공동성명에서 재확인했다.[143]

북한의 핵문제와 북한의 위협에 직면한 한국의 안보문제를 해결하는 데에 이러한 것만 가지고서는 불충분하다. 북한과의 핵협상 실패시 미국의 핵억지력 뿐만 아니라 한국군의 군비증강을 약속해야 한다. 이러한 강한 반발과 약속만이 북한으로 하여금 핵을 포기하게 만들 것이다.

실제로 북한이 개발한 대포동 미사일은 하와이까지 도달할 수 있다. 미국이 하와이에 북한의 핵공격을 받을 위험을 감수하면서 서울을 보

141) Merle David Kellerhals Jr.,2009. "U.S. Seeking Strong Response to North Korea's Nuclear Actions, 1", http://seoul.usembassy.gov/rok_060809.html (검색일 2009년 9월 27일)

142) Merle David Kellerhals Jr.,2009. "President obama Says U.S. Prepared for Any North Korean Threat", http://seoul.usembassy.gov/nk_062209.html (검색일 2009년 9월 27일)

143) 『중앙일보』, 2009년 10월 23일, 1-3.

호하기 위해 핵우산을 제공할 것이라고 생각하는 것은 쉽지 않다. 또 북한이 한국에게 핵무기로 공격을 한 직후에 한국이 미국에게 요청하여 북한을 핵무기로 공격해 달라고 요청할 수 있을 것인가? 북한이 한국의 주요도시 전역에 생화학무기 탄두를 장착한 미사일로 공격하였을 경우에도 미국에게 북한을 핵무기로 공격해 달라고 요청할 수 있을 것인가?[144] 이러한 사례에 대비하기 위해서는 북한의 핵을 저지할 수 있는 한국의 군비증강만이 북한의 핵을 포기하게 만들 수 있다.

V. 결론

중국의 경제력과 군사력이 급격하게 성장하면서 중국은 세계의 강대국으로 기대를 모아왔다. 그러나 중국의 국제적 전략과 행태는 세계의 지도자국가로서 인정받기에는 아직도 부족하다. 중국 외교정책의 행태와 가치관은 지역국가들로부터도 신뢰를 받지 못하고 있다. 아시아 국가들은 중국을 지도국가로 인정하지 않고 있다. 중국은 지도자적 국가라고 하기보다는 아직 복수심을 가지고 있는 청소년같은 행태를 보이고 있다. 그러나 중국은 아직 100년 전의 청나라 멸망기의 수모를 잊지 못하고 있으며 그 자존심회복을 기대하고 있다.

중국의 급격하게 성장한 군사력은 안정적 역할을 하기보다는 오히려 동중국해와 남중국해에서 국제적 갈등을 야기하였다. 중국이 국제사회와의 공조를 통한 인류공영을 도모하기보다는 중국의 이익을 확보하기 위해 국제사회와 충돌하고 있는 모습을 보여준다. 중국은 인근

[144] Victor Cha, 2009. "Future of North Korea and South Korea-U.S. Alliance: Adjusting to Emerging Realities", Policy Brief No.3, Ilmin Forum for International Affairs and Security(IFIAS) September 17.

국가들과 공유하고 있는 남중국해와 동중국해를 독점하고자 영해의 영유권 확대를 주장하다가 미국, 베트남, 필리핀, 대만 등과 갈등을 야기하였다.

또한 천안함 사건의 처리에 관해서도 일방적인 북한 편들기로 일관하는 한편, 한국과 미국의 서해상에서의 한미합동군사훈련에 강력하게 반대하였다. 이러한 반대는 중국이 북한의 종주국으로서의 위상을 확보하는 한편, 서해를 내해로 간주하여 영역을 확대하고, 동아시아지역에서의 주도권을 장악하기 위한 전략이다. 그러나 미국의 대외정책은 중국의 이러한 전략을 수용하지 않으려고 하였으며 미군은 서해상에서의 항공모함 동원훈련을 추진하게 되었다.

현재 중국의 군사력이나 경제력의 규모로 보아서 가까운 장래에 중국이 미국과 직접 군사적으로 충돌할 가능성은 없다. 그러나 중국 군사력의 급격한 성장세는 중국이 미국의 가장 큰 적대국이 될 가능성을 보여준다. 또한 중국 군사력 강화의 목표나 방향, 범위들을 공개하지 않는 현재의 조건에서는 중국이 강대국이 될 것이라고 하는 것 자체가 불안감이며, 이것이 국제사회의 안보를 위협하는 수준이 되고 있다.

특히 중국이 북한을 일방적으로 두둔하는 상황에서는 한국은 미국과 일본 등 동맹국들과 동맹관계를 더욱 확고히 해야 할 뿐만 아니라 지역안보협의체를 강화하는 전략을 추진해야 할 것이다.

미국의 지속가능한 안보전략은 중국이 책임있는 국가로서 행동할 것을 요구하며 세계와 공영할 수 있는 체제를 구축할 것을 제시하고 있다. 그러나 중국은 아직 책임있는 국가보다는 100년 전의 수모를 회복할 수 있는 기회를 더 기다리고 있는 것처럼 보인다.

< 참고문헌 >

강찬호, 2010. "전쟁우려한 클린턴의 '립 서비스'", 『중앙일보』(7월 23일), 30.

김태호, 2001. "중국의 해양전략과 해군력 발전추이", 『Strategy21』, 제 11권 1호(여름)

뉴스핌, 2010. "中, 올한해 9%대 경제성장 보일 것 - 외환관리국", 2010년 7월 31일

매일경제, 2010년 8월 5일, A5, A7

연합뉴스, 2010. "WTO '작년 한국 수출 세계 9위", 2010년 8월 3일

월간조선사, 강철환, 2006. 『아! 요덕』

이동률, 2009. "클린턴 미 국무장관의 중국방문과 중미관계", EAI Issue Briefing No. C2009-01.

이춘근, 2009. "미국의 대전략", 『Strategy 21』, 한국해양전략연구소. 통권 제 23호 Summer Vol.12, No.1, 24-25.

중앙일보, 2009년. (10월 23일)

"한미동맹을 위한 공동비전", 2009년 6월 16일. http://seoul.usembassy.gov/pv_061609b.html.

헤럴드경제, 정지서, 2010. "美 채권최대보유국 中 어찌하나", 2010년 4월 1일

Cha, Victor, 2009. "Future of North Korea and South Korea-U.S. Alliance: Adjusting to Emerging Realities", Policy Brief No.3, Ilmin Forum for International Affairs and Security (IFIAS) September 17

Clinton, Hillary Rodham, 2009. http://seoul.usembassy.gov/nk_102109.html "Remarks at the United States Institute of Peace", U.S. - North Korea.

Cossa, Ralph, 2010. "US-China Relations on a Downward Slide" PacNet, No.4A, (February 10).

___________, 2010. "China's Expanding 'Coastal Waters',' Pacific Forum, CSIS, PacNet, No.37, August 23.

Dvor, Gostinny, 2009. http://seoul.usembassy.gov/press_070709.html , "Remarks By the President at the New Economic School Graduation".

East Asia Institute, NSP Panel, 2009. 제 52차 국가안보패널 회의록, (2월 14일)

International Commission on Intervention and State Sovereignty (ICISS), 2001. The Responsibility to Protect, Ottawa.

Kaufman, Stephen. 2009. "U.S. Sees Seriousness of Purpose on North Korean Sanctions". http://seoul.usembassy.gov/nk_070609.html

Kellerhals, Merle David Jr., 2009. http://seoul.usembassy.gov/nk_062209.html "President obama Says U.S. Prepared for Any North Korean Threat".

______________________., 2009. http://seoul.usembassy.gov/pv_061609a.html "Presidential Visit".

______________________., 2009. http://seoul.usembassy.gov/rok_060809.html, "U.S. Seeking Strong Response to North Korea's Nuclear Actions, 1".

Matthews, Jessica T, "Redefining Security", Foreign Affairs 68, No.2 (Spring).

Remarks by President obama and President Lee Myung-bak of the Republic of Korea in Joint Press Availability. http://seoul.usembassy.gov/pv_061609.html

Secretary of State Hillary Rodham Clinton, 2009. "U.S.-South Korea". http://seoul.usembassy.gov/rok_071509.html

Smith, Gayle, 2008. "In Search of Sustainable Security: Linking National Security, Human Security, and Collective Security to Protect America and Our World", Center for American Progress, June 19.

Stockholm International Peace Research Institute(SIPRI), SIPRI Yearbook 2007, Appendix 2A, Patterns of Major Armed Conflicts, 1997-2006, Oxford, Oxford University Press.

United States Department of Defense, Quadrennial Defense Review, 31.

United States Department of Defense, Quadrennial Defense Review, 31-34.

United States, President's 2010 National Security Strategy, 『National Security Srtategy』.

chapter 6 미국의 대한반도 정책과 미·중 갈등*

I. 서론

북한의 핵무기와 미사일들 대량살상무기의 개발과 보유 및 수출, 그리고 끊임없는 군사적 도발행위들은 북한이 국제적 평화를 가장 심각하게 위협하는 국가 중의 하나로 인식하게 만들고 있다. 북한의 이러한 행태로 인해 국제사회가 김정일 정권의 국제평화 위협행위를 중단시키기 위한 특단의 조치를 강구해야 할 필요성에 직면하게 되었다.

한국과 미국 등 국제사회는 북한에 대한 다양한 접근을 통하여 북한이 국제사회의 일원으로서 세계평화에 기여하고 공생, 공존 공영의 발전을 이룩할 수 있는 방안을 모색하였다. 북한이 개발하는 핵무기의 명분이었던 전력생산을 대체하고 도와주기 위하여 경수로 발전소를 건설해 주었으나, 김정일 정권은 비밀리에 핵무기를 계속 개발하는 등 국제적 합의를 파기하여 경수로 건설도 중단되고 말았다.

* 이 연구는 2010년도 충남대학교 학술연구비에 의해 지원되었음

뿐만이 아니라 북한정권의 경제적 실패로 인한 식량부족과 경제파탄에도 불구하고 군사력을 계속 증강하였으며, 한국에 대하여도 지속적으로 군사적 도발을 하여 많은 인명 피해를 입히고 있다.

이에 한국과 미국, 유엔 등 국제사회는 북한정권의 변화만이 북한의 세계평화 위협행위를 중단시킬 수 있다고 판단하기에 이르고 있다. 본 연구에서는 평양정권이 국제평화를 위협하는 행위를 방지하기 위해 시도하는 한국과 미국의 정책들을 연구하고자 한다. 또한 북한을 지지하고 있는 중국이 한미 양국의 대북정책에 반발함으로써 아시아 지역에서 나타나고 있는 집단적 갈등도 함께 분석하고자 한다.

II. 북한의 국제평화 위협

1. 북한 체제유지 긴장과 히스테리적 공격

김정일 정권의 북한 경제실패에 대한 위기감은 김정은으로의 세습과정의 위기와 결부되면서 국가운영을 히스테리적으로 만들고 있다 2009년 12월 단행된 북한 화폐개혁이 경제실패로 나타나면서 그 책임을 물러 북한 노동당 재정계획부장 박남기를 2010년 초에 총살한 바 있다. 그럼에도 불구하고 경제실패에 대한 국민들의 불만이 가라앉지 않자, 박남기의 친인척 34가구를 함경북도 회령시에 소재한 22호 정치범 수용소에 수용했다고 보고되었다. 이어 북한은 체제유지와 세습체제 완성을 위해 '출신토대(성분)조사사업'을 2010년 5월 말 완료했다.[145] 이것은 주민등록 일제 재조사 사업으로 탈북자가 있는지, 현재 어디에

145) 동아일보, 2010년 7월 8일, A10, 박남기 부장과 다른 한명을 종파주의자에 매수된 간첩으로 몰아 2010년 3월 순안사격장에서 공개처형했으며, 나머지 화폐개혁 관련자 10여명도 강건군관학교에서 처형했다.

있는지 등에 관하여 북한 전역에서 동시에 행해진 주민조사사업으로 북한 주민들에 대한 동향조사와 통제를 강화하기 위한 조치였다.

북한은 2009년 11월 30일 100:1로 화폐개혁을 단행하였는바, 이미 상당히 번성한 시장경제활동이 김정일 정권의 통제체제를 마비시키고 있었기 때문이다. 상인들은 뇌물을 사용하여 통제금지구역을 넘나들었으며 물자의 이동과 함께 정보의 이동도 가능하게 만들었다. 이로 인해 국경무역도 활발해졌다. 뇌물은 오히려 북한의 기관을 움직이는 공식자금이 되기도 하여 북한의 노동당의 통제체제를 붕괴시키고 있었다. 이에 김정일 등의 지도부는 화폐개혁을 통해 축적된 자본과 자본가를 소멸시키고, 김정일의 중앙통제경제와 통제체제를 복구시키고자 하였다.[146]

북한은 재정운용에 있어서 한국으로부터의 경제지원에 상당한 정도로 기대를 하고 있던 것으로 나타났다. 2009년 10월 임태희 노동부장관과 북한 측이 싱가포르에서 만난 자리에서 남북한 정상회담의 대가로 대규모 경제적 지원을 요구했다. 또한 2009년 11월 남북한이 개성에서 만났을 때, 북한 측이 정상회담 대가로서 경제적 지원을 요구한 것에 대하여 한국 측이 거부한 것으로 알려졌다. 또한 2002년 2월까지도 북한은 "A"씨를 통해 쌀 30만 톤과 비료 30만 톤 그리고 정상회담의 대가로 거액의 경제적 지원을 요구한 것으로 보도되었다.[147]

평양당국은 경제재건과 화폐개혁의 성공을 위해서는 최소한 약 10억 달러의 현금지원이 필수적이었다. 이 현금으로 화폐개혁을 하면서 해외로부터 생활용품을 구매하여 주민들의 생활필수품 욕구를 충족시

---

146) John S. Park, North Korea's Currency Redenomination: A Tipping Point?, United States Institute of Peace, posted December 3, 2009, http://www.suip.org/print/resources/north-korea-s-currency-revaluation-tipping-point (검색일 2010년 6월 4일)

147) 동아일보, 2010년 8월 2일, p.3.

키면서, 화폐발권력을 증진시킬 수 있을 거라고 기대했기 때문이다. 그 액수는 김대중-김정일 정상회담 당시처럼 약 10억 달러내지 20억 달러의 지원을 기대했던 것으로 분석된다.[148] 실제로 김정일은 천안함을 침몰시켜 한국과 국제사회에서 외교전쟁을 하고 있는 중인 2010년 6월중에도 남북한 정상회담을 제의하면서 정상회담의 대가로 10억 달러를 요구한 바 있다. 동아일보는 천안함 사건으로 인한 경제제재조치로 10억 달러의 수입이 당장 차단되자 국정운영에 심각한 장애를 겪고 있다고 보도하였다.[149]

이와 병행하여 정상회담의 필요성을 더욱 강조하기 위하여 2009년 11월 10일에는 서해상에서 국경선을 침범하여 대청해전을 도발하였다. 남북한 갈등이 남북 정상회담 합의를 통하여 극적으로 해결되는 양상을 연출하기 위한 것이었다고 분석된다. 그러나 2010년 2월말까지 지속된 남북한 비밀접촉에서 정상회담의 대가로 대규모 경제적 지원을 받아내는 것이 불가능해졌다고 판단한 이후에는 천안함 공격을 통하여 "본때"를 보여준 것으로 분석된다. 천안함 공격 시까지의 북한의 구사한 전략을 정리하면 다음과 같다.

1) 2009년 8월에는 정상회담 추진과 금강산관광재개를 위하여 남북 간 교류가 활발했다.
2) 2009년 8월 13일 현대아산 근로자 유성진을 석방했으며,

148) 이 액수는 2009년 북한의 수출액(10억6천만 달러, 2009년)과 비슷하며, 북한의 2009년 수입액은 23억 5천만 달러였다. 또 북한의 국민총소득액은 24조 6천억 원으로서 한국(1068조 7000억 원)의 1/37에 해당된다. newstomato, 2010년 6월 24일, 입력, http://news.etomato.com/news/general_news/etomato_ news_read.asp?no=100066 (검색일 2010년 8월 8일)

149) 동아일보 2010년 8월 18일, A1, A5. 동신문은 '천안함사건이 발생한지 얼마지 나지 않아서 학자들과의 면담자리에서 이명박 대통령이 " 북한이 정상회담을 기대하고 있다. 그런데 김정일국방위원장 밑에는 정상회담에 반대하는 사람이 많다."고 말했다'고 밝혔다.

3) 8월 16일에는 김정일이 현대그룹 현정은 회장을 만나 금강산관광 재개를 논의하고,

4) 8월 29일에는 북한이 억류하고 있던 연안호와 어민을 석방했다.

5) 9월에는 그동안 과도하게 요구했던 개성공단 트지임대료 요구를 낮추었으며,

6) 9월 26일-10월 1일까지 금강산에서 추석 이산가족 상봉을 허용했다.

7) 이에 10월 15일-20일 사이에 임태희 노동부장관이 북한 측과 만나 정상회담을 논의했다. 이에 따라 한국정부는 우선적으로 10월 26일 식량 1만 톤을 지원하겠다고 제의했는바, 북한은 기본적으로 '30-30(식량30만 톤-비료 30만 톤)'을 요구했다. 북한은 한국의 제의에 화를 낸 것으로 알려졌다.

8) 그럼에도 불구하고 이명박 정부는 10월 28일에 북한군의 군통신선을 현대화하기 위한 장비로서 다량의 광케이블과 물자를 1차적으로 제공했다.[150]

9) 그럼에도 불구하고 북한군은 11월 10일에 대청해전을 도발했다. 서해상에서 한국영해를 침범한 북한함정이 한국해군을 건저 사격하였으나 장비와 군사력의 열세로 북한해군이 오히려 큰 피해를 입었다.

10) 이어서 북한군은 2010년 1월 27일과 28일에 서해안의 대청도 쪽으로 연안포를 발사했다.

11) 2010년 3월 4일에는 북한 아태평화위원회가 금강산을 몰수하겠다는 특단의 조치를 발표하여 위협하였으며,

---

150) 한국정부가 북한군 군통신선 현대화를 위해 북한에 제공한 광케이블 때문에 한국과 미국은 북한군의 전화감청이 더 이상 불가능해 진 것으로 알려져 논란이 된 바 있었다.

12) 2010년 3월 12일부터는 북한의 노동신문이 이명박 대통령에 대한 실명 비방을 다시 시작했다.

13) 그리고 3월 26일에 북한해군 잠수함이 천안함을 비밀리에 공격하여 침몰시켰다.[151]

14) 2010년 11월에 서울에서 개최되는 G20 세계 주요국 정상회담을 위협하였다.

15) 2010년 11월 북한은 대대적으로 연평도를 포격하여 다수의 부상자를 냈으며 민간인 2명과 군인 2명이 살해되었다.

평양정권의 전략은 인질범의 행태와 유사하다. 잡은 인질들을 한명씩 희생시키면서, 더 큰 인명손실을 당하지 않으려면 요구조건을 수용하라는 협박과 같다. 한쪽에서는 군사적 도발로 한국의 안보 자체를 위협하면서 다른 쪽에서는 남북한 협상이나 정상회담을 대가로 김정일 정권이 필요로 하는 거액의 현금을 요구하고 있다.

2. 북한의 핵개발의지

북한이 핵무기에 관심을 가지고 핵개발을 시작한 것은 휴전회담이 이루어지고 난 직후, 반소감정이 나타나 자주국방을 외치면서부터였다. 북한은 1955년 4월 과학원 2차 총회에서 원자 및 핵물리학 연구소 설치를 결정했다.[152] 오늘날 북한이 주장하는 것처럼 미국의 대북한 적대시 정책때문이 아니었다. 오직 한반도 공산화와 핵강대국 그 자체가 목표였다.

게다가 역사적 사실로 볼 때 북한의 핵무기 개발 의지는 집요하고

151) 동아일보, 2010년 8월 2일, pp. 1-3.

152) 이춘근, 북한핵문제의 과학기술적 이해, 서울, 정책과학기술연구원, 2003, 서대숙, 2000, 현대북한의 지도자, 김일성과 김정일, 2000.

강력했다. 1976년 1월 말 북한 부수상 공진태가 소련을 방문하여 핵발전소 건설을 요청했다가 거절 당했다. 이에 북한은 소련에 적대적 태도를 취하자 북한의 핵개발 의지를 간파한 소련이 기존에 북한에 지원했던 핵발전설비에 대한 지원까지 축소시켰다. 이에 북한은 소련을 강력하게 비난하면서 소련으로부터 멀어져갔다. 그리고 1979년에 이르기까지 그 대안을 꾸준히 강구하다가 체코슬로바키아, 유고슬라비아, 중국 등에게 핵발전소와 우라늄 채취를 위한 기계설비등에 대한 지원을 요청하여 지원을 받았다.[153]

1970년대 말 당시는 미국의 민주당 카터대통령이 집권하고 있어서 북한의 의지를 파악하지 못한 채 소위 "세계평화"를 위하여 한국정부에게 주한미군 철수를 요구하고 있었다. 박정희 대통령과 주한미군사령관의 노력으로 주한미군 철수가 아니라 주한미군 감축으로 조정이 되는 등 한미 간의 정책적 갈등이 첨예한 시기였다. 미국의 카터 정부의 이러한 정책으로 북한에 대하여는 가장 유화적이고 친북한적인 환경이 조성되고 있던 시점이었다. 그러나 이 시기에 북한의 핵무기 개발을 더욱 가속시켰으며, 핵개발의지는 오히려 더 강력해지고 있음을 보여준다.

1992년 2월 북한의 핵개발이 IAEA에 발각되어 사찰을 받아야 하는 압력의 와중에 북한이 시간을 벌기 위하여 한국과의 협상을 제안했다. 한반도의 문제이므로 한반도 당사자와 회담을 통하여 핵문제를 해결하겠다고 국제사회에 공표했다. 협상을 하는 동안 국제사회가 압력을 가하지 못하도록 하는 전략이었다. 그리고 이 시간동안에 핵개발 프로그램의 필수적인 과정들을 진행시키고자 하는 술책이었다.

---

153) Woodrow Wilson International Center for Scholars, "Report, Embassy of Hungary in North Korea to the Hungarian Foreign Ministry," Cold War International History Project, Virtual Archive, http://wilsoncenter.org (검색일 2010년 8월)

남북한 합의를 위한 협상자리에서 김일성은 "북한은 핵무기를 만들 의사도, 능력도 없다. 또한 주변강대국을 상대로 핵무기를 만들어도 아무 소용이 없다. 더욱이 민족을 말살하는 핵무기를 만든다는 것은 상상도 할 수 없다"고 오찬자리에서 밝힌 바 있다. 그러나 이때는 김일성이 이미 1992년 1월 1일 신년사에서 "핵사찰과 관련한 부당한 압력은 이를 용납하지 않을 것"이라고 강하게 반발하고 난 이후였다.[154] 북한이 핵개발을 진행 중이라는 것을 전 세계가 알고 있음에도 핵개발을 지속적으로 추진하기 위해 김일성이 그렇게 거짓말을 하였다.

그렇다면, 현재 한국정부나, 미국정부가 북한에 대한 어떠한 지원을 한다고 해도 북한의 핵무기 개발과 보유에 대한 의지를 좌절시키지는 못할 것이다. 오히려 지난 김대중, 노무현 정부 시절 북한에 현금과 현물로 지원한 각각 10억 달러 이상의 자금이 북한의 핵무기 개발을 더 촉진시켰다고 할 수 있다.

게다가 북한이 김정은으로의 권력승계를 위해서는 핵무기 개발이라는 국가적 과제를 성공시켜야 하는 숙제도 안고 있다. 북한이 국제적인 제재조치와 비난에도 불구하고 2006년 제 1차 핵실험에 이어 2009년 제 2차 핵실험을 강행한 것은 2012년까지 핵무기 개발을 성공시켜 김정은의 업적으로 미화시키면서 권력승계를 완료하기 위해서라고 분석된다.

시기적으로는 2010년 3월에 북한이 대남 군사적 도발을 자행했음에도 불구하고 중국의 전폭적인 지원을 받게 되었으며, 미국과 대립하고 있는 중국의 지원은 유엔의 제재조치들의 효력을 잃게 만들었다. 이러한 중국의 지원과 북한 권력승계 정당성 구축의 필요성 때문에 북한의 핵개발의지는 더욱 견고해 질 것이며 핵개발과 핵무장 과정이 촉진될 것이다. 아울러 2010년 7월부터 추진되는 한미 합동군사훈련을 빌미

154) 신진, 위기의 북한 위험한 외교정책, 대전, 문경출판사, 1996, p.17.

로 북한의 핵무기 개발을 완성하기 위하여 제 3차 핵실험을 할 가능성이 그 어느 때 보다 더 크다고 할 수 있다.

3. 북한의 제 3차 핵실험 예상과 목표

북한은 조만간 한국이나 국제사회를 상대로 다시 군사적 도발을 자행할 할 것으로 추측된다. 그리고 평양당국은 이렇게 조성된 긴장 때문에 핵실험을 다시 할 수 밖에 없다고 주장하면서 제 3차 핵실험을 할 것으로 예상된다. 북한이 이처럼 핵실험과 핵무기 완성을 집요하게 추진하는 것은 북한의 정치적 상황이 긴박하기 때문이다.

첫째, 북한에게 있어서 2012년은 북한의 강성대국 완성의 원년으로서 주민들에게 확인시켜야 한다. 군사적으로 강대하며 경제적으로도 대국의 목표를 주장해 왔다. 그런데 경제적으로는 실패했기 때문에 적어도 군사적으로는 강대국 목표달성을 했다는 것을 주민들에게 보여주어야 통치의 정통성을 확인받을 수 있기 때문이다.

둘째, 핵무기 개발 성공으로 김일성-김정일-김정은으로 이어지는 세습체제의 정통성을 인정받아야 한다. 2012년은 김일성이 태어난 100년 되는 해이며, 김정일이 70세가 되고, 김정은이 30세가 되는 해라고 주장한다.[155] 또한 조선인민군 창건 80주년이 되는 해이기 때문에 2012년까지는 주민들에게 내세울 수 있는 특별한 공을 세워야 한다. 현재 추진하는 핵실험과 핵무기 탑재를 위한 실험 등은 김정은의 업적으로 만들고자 하고 있다. 북한도 핵무기를 보유하게 되어 미국 등 강대국과 상대하게 만들 수 있는 사람은 김정은 밖에 없다는 사실을 주지시킴으로써 정통성을 확보하고자 한다.

---

155) 실제 김정은은 29세이지만, 출생연도관련 무선들을 파기하고, 조작하여 30세라고 만들었다. 김정은이 다녔던 중학교를 완전히 폭파하여 중학교관련 고든 기록을 파괴한 것으로 보도되었다.

셋째, 북한의 현재 가장 큰 수출품목은 미사일과 무기수출이다. 미국과의 군축회담을 통하여 그 보상을 얻어내기 위해서는 많은 핵무기를 보유하고 있다가 그 중 일부를 포기하는 대가로 보상을 얻고자 하는 것이다. 예를 들어 핵탄두 10기를 개발하여 보유하고 있다가 그중 6기를 미국과의 군축협상을 통하여 폐기하기로 합의한 후, 핵무기 폐기 대가로 막대한 경제적 반대급부를 받고, 나머지 4개는 비밀리에 보유함으로써 핵무기 보유국가로서 강대국의 지위를 인정받겠다는 전략이다. 물론 협상 당시에는 보유하고 있는 핵무기는 6기가 전부라고 주장할 것이다.

넷째, 북한의 핵무기 보유는 한국과의 어떤 협상이나 군사적 갈등에서도 압도적인 힘의 우위를 통하여 북한이 원하는 대로 한반도를 장악할 수 있는 중요한 수단이라고 판단한다. 북한의 핵과 관련된 목표는 명확하다.

첫째는 주한미군을 철수시키는 것이며, 둘째는 한반도 비핵화를 이용하여 미국이 한반도에서 핵무기를 사용할 수 없도록 문서화 하며, 셋째, 미국과 북한간에 불가침협정을 통하여 어떤 경우에도 북한의 군사적 도발에 미국이 개입하지 못하도록 하는 것이다. 그러면서 북한은 비밀리에 여전히 핵을 보유하면서 북한이 보유하고 있는 핵을 이용하여 미국과 한국, 그리고 국제사회로부터 경제적 대가를 받는 것이다. 그리고 이러한 조건이 성숙되면 한반도를 무력으로 통일하겠다는 뜻을 견지하고 있다.

미국이 주장하는 '북한의 비핵화' 혹은 '한반도 비핵화'에 대하여 북한은 '조선반도의 비핵지대화'를 주장한다. 한국과 미국이 인식하고 있는 '한반도 비핵화'는 한반도 내에 핵무기를 용인하지 않는다는 것을 의미한다. 그러나 북한이 요구하는 '조선반도 비핵지대화'는 사실상 합의가 불가능한 요구를 담고 있다. 이것이 북한의 협상전술이기도 한다.

그 내용은 "핵무기 탑재가 가능한 항공기, 함선의 한반도 통과 착륙, 방문 금지, 핵우산 보장조약 체결금지, 핵무기 동원 군사훈련 금지"등을 요구한다.[156] 아울러 이러한 검증을 위해 한국에 있는 모든 군사시설, 특히 미국의 군사시설을 사찰해야 한다고 주장하고 있기 때문이다.

III. 미국의 대북한 고갈전략

1. 미국의 대외정책 기조

미국은 오바마 대통령이 집권한 이후 전통적인 일방주의와 고립주의 외교정책에서 쌍무적 조약에 근거를 둔 미국식 다자주의[157] 외교정책으로 전환했다. 다자주의란 3개 이상의 국가들간에 향후 당면하게 될 국제적 이슈에 대하여 3개국이 합의한 적절한 행동원칙과 철학에 근거하여 행동할 것을 합의한 제도적 형태라고 할 수 있다. 그러나 구성된 국가들 중에 미국과 같이 초강대국이 구성원으로 있을 경우에는 초강대국의 외교정책과 철학이 행동의 준칙으로 간주되는 경우가 많다. 패권적 파워를 지니고 있는 국가가 있을 경우에는 어떤 집단의 행동에서도 패권적 국가의 우월적 의사결정구조가 나타난다.

이러한 정책은 부시행정부의 후반기부터 나타났다. 라이스국무장관이 추진했던 외교정책은 미국의 동맹국들과 비동맹국들이 참여하는

---

156) 이동복, 북한의 속셈은 비핵화가 아니라 비핵지대화, 푸른깃발(북한인권), 2008년 8월 31일 등재, /media/folderlistslide.asp?uid=sd118&folder=41&list_id=9963027 (검색일 2010년 8월 9일)

157) Robert O. Kohane, Multilateral: An Agenda for Research, International Journal, Vol.45, No.4, 1990, pp.731-732; John G. Ruggie, Multilateralism: An Anatomy of an Institution, in John G. Ruggie ed, Mulilateralism Matters: The Theory and Praxis if an Institutional Form, New York, Columbia University Press, 1993, pp.12-13.

다자주의적 국제기구간의 조화 속에서 미국의 외교정책이 효과를 발휘하고자 하는 정책이었다. 오바마 정부에서는 포괄적 개입정책의 취지아래 기존의 동맹관계를 기축으로 하고 지역의 다자주의에의 적극적 참여를 추진하고 있다.[158)]

미국이 적극적으로 활용하고자 하는 다자주의 외교정책은 한편으로는 미국과 동맹관계를 맺고 있는 국가들에 기반을 두면서도, 이들 동맹국들이 참여하는 비동맹국을 포함한 다자주의 국제기구의 직접 참여하거나 혹은 동맹국들의 참여를 활용한 간접참여형식으로서 미국의 영향력을 확대하고 미국의 국익에 반대되는 결정을 내리지 않도록 환경을 조성하는데에 역점을 둔다. 또한 미국의 가치관과 행동원칙이 이들 다자주의 국제지구에서도 정착할 수 있도록 지원한다. 그리하여 자유와 민주주의라고 하는 미국의 "국제 공공재"의 국제화를 촉진하여 세계평화를 달성하고자 한다. 일방주의보다는 다자주의를 통해서 미국의 대외정책이 보다 많은 정당성을 확보할 수 있을 뿐만 아니라 비용과 효과 면에서 보다 높은 성과를 거둘 수 있기 때문이다.

미국은 이러한 다자주의적 기반 아래, 국제적 협조체제를 더욱 강화하고 있다. 클린턴 국무장관은 미국이 세계의 중요한 문제를 혼자서 풀 수 있다고 생각하지 않으며, 세계 또한 미국의 도움 없이 그러한 문제를 풀 수 있다고 생각하지 않는다고 하면서, 'smart power'를 강조했다. 권력이란 원하는 것을 획득하기 위하여 동원할 수 있는 강제력, 보상, 영향력 등이라고 한다면, 이중에서 경성권력(hard power)이란 강제력과 보상 등을 말하며 연성권력(soft power)이란 영향력 등을 통해서 원하는 결과를 얻는 것을 말한다. '지혜로운 권력(smart power)'이란 경

158) Kurt M. Cambell et. al., Strategic Leadership: Framework for a 21st Century national Security Strategy, Washington D.C., Center for a New American Security, July 24, 2008.

성과 연성권력의 지혜로운 결합을 통하여 획득하는 것을 의미한다. 미국은 국제공공재의 공급을 더 확장함으로써 'smart power'가 될 수 있다. 국제공공재는 안정적이고 개방된 국제경제 시스템, 경제성장, 기후변화대처체제, 국제인간보건 등이며, 어느 개개의 국가로서는 달성하기 어려운 과제들이다.[159]

2. 미국의 북한 장래 인식

미국정부는 북한의 정권 변화는 불가피하다고 판단하고 있다. 물론 현재 김정일 정권이 언제 어떻게 붕괴될 것인가를 말하는 것은 불가능하다. 그러나 북한정권이 갑자기 붕괴될 가능성을 절대로 배제할 수 없다. 미국정부는 이러한 경우에 특별히 북한이 보유하고 있는 핵무기와 화학 · 생물학무기 등 대량살상무기를 어떻게 신속하게 장악하고 처리할 것인가, 그리고 중국과의 갈등과 충돌을 어떻게 회피할 것인가를 고민하고 있다.[160]

미국의 Victor Cha 교수는 미국 당국자가 알고 있는 북한의 요구는 다음과 같다. 즉, 북한의 핵개발과 장래에 관련하여 북한이 원하는 것은 다음 세 가지로 요약할 수 있다고 한다.

첫째, 핵무기를 개발하되 인도나 파키스탄의 사례처럼 북한을 핵보유국으로 인정하면서 북한이 핵무기를 보유할 수 있도록 허용하는 것이다.

둘째, 나머지 핵에 대하여는 미국이 소련과 군축회담을 했던 것처럼

---

159) Joseph S. Nye Jr., Get Smart, Foreign Affairs, July/August 2009, http://www.foreignaffairs.com/print/65163 (검색일 2010년 6월 4일)

160) Michael E. O'Hanlon, North Korea Collapse Scenarios, Brookings Northeast Asia Commentary/No.30, Friday June 4, 2010, Brookings, http://www.brookings.edu/opinions/2009/06_north_korea_ohanlon.aspx?p=1 (검색일 2010년 6월 24일)

미국과 북한이 핵무기 군축회담을 하는 대가로 경제적 지원을 받는 것이다.

셋째, 김정일 정권을 미국이 보장해주길 원한다. 불가침조약과 같은 단차원적인 보장이 아니다. 미국의 침공으로부터의 자유와 같은 소극적인 보장이 아니라 김정일에서 김정은으로 이어지는 김정일 가문의 북한 통치를 영원히 인정해 달라는 것이다. 즉, 북한의 통치자 가문, 즉, 왕실로서의 지배자 위치를 미국이 보장해 달라는 것이다.

이에 대하여 미국의 반응은 냉정하다. 워싱턴은 북한의 김정일이 조만간 죽을 것으로 전망하고 있으며, 김정은으로의 권력 이양도 쉽지 않을 것으로 본다. 그렇게 되면, 북한에 남아있는 핵무기와 대량살상무기의 확보에 위험이 따를 수 있다. 따라서 미국은 북한에 대한 제재조치를 계속하면서 북한과의 협상을 계속해야 한다고 주장한다.[161]

3. 북한의 도발의지와 에너지 고갈

1993년 1월에 취임한 클린턴 대통령은 북한의 김정일 정권인수 과정에서 초래되는 국제적 강경조치와 긴장조성에 직면한다. 평양정권은 1994년 5월 사용 후 핵연료봉을 추출하고 8,000여개의 연료봉을 교체하여 핵무기개발을 위한 중요한 단계를 넘어선다.

이 때 클린턴 행정부와 윌리엄 페리 국방장관은 북한의 핵시설에 대한 정밀타격(surgical strike)을 실행하기 위한 구체적 조치를 취하기 시작했다. 그러나 결국 카터 전 미국대통령의 중재를 통하여 북한의 핵시설을 파괴하는 대신 북한의 핵시설을 “현재 상태로 동결”하는 것을 원칙으로 북한과의 1994년의 제네바 협상을 타결한다.

---

161) Victor Cha, What Do They Really Want?: obama's North Korea Conundrum, The Washington Quarterly, October 2009, 32:4, pp.119-138.

그 때 워싱턴 행정부는 북한에 대한 군사적 공격에 대하여 다음과 같은 상당한 제약과 부담을 인식했다.

첫째, 북한의 핵시설에 대한 완벽한 확증적 파괴의 확신 결여

둘째, 북한이 휴전선과 비무장지대에 설치한 방사포와 장사정포로 인하여 수도권에 대한 북한의 공격으로 인한 피해의 규모

셋째, 전쟁 확대로 인한 미군과 한국군 및 한국민의 피해

당시 미국에서 발간된 보고서들은 전쟁발발시 90일 이내에 주한 미군 5만2천명을 포함하여 한미 군인 전사자 약 54만 명, 그리고 민간인 사상자 100만 명으로 계산된 바 있다.

이러한 추정치들은 대 북한 군사적 제재조치들이 초래할 수 있는 최악의 경우인 전쟁에 대한 예상으로서 한국의 경제를 근원적으로 붕괴시킬 수 있는 치명적인 것으로 간주되었다.

당시 클린턴 민주당 정부의 외교정책의 철학은 "민주주의 평화론"이었다. 민주주의 국가들은 상호 전쟁을 하지 않는다는 명제다. 또 세계 안보와 지속가능한 세계평화를 이룩하기 위해서는 세계에 민주주의 제도를 정착시키는 것이라는 확신과 전략이었다. 아울러 대통령은 미국 군인의 국가에 대한 희생과 기여를 높이 평가하고 있으며, 이들에 대한 지원을 아끼지 않을 것임과 미국인의 생명과 재산의 보호에 대한 중요성을 천명했다.[162)]

민주당 정부의 이러한 정치철학과 외교노선은 현재 오바마 행정부의 대북 정책의 기조와 노선을 같이 한다고 볼 수 있다.

부시행정부의 대북 강경노선이 결국 북한의 핵개발을 저지하지 못

---

162) William J. Clinton, "Address before a joint session of the congress on the state of the union," January 25, 1994, http://www.presidency.ucsb.edu/ws/index.php?pid=50409 (검색일 2010년 8월 3일)

했으며, 북한과의 협상도 진전시키지 못했음을 비판한 오바마 대통령은 6자회담을 재개하고자 하였다. 그리고 북한과의 고위급 양자회담도 개최하는 등 기존 공화당 정부와 다르게 평양에 접근하여 문제를 해결하고자 하였다.

미국의 이러한 장애물 없는 대화 시도에도 불구하고 북한은 전혀 예상 외로 응답을 하였다. 2009년 4월 5일에는 미사일 발사를 하였으며, 2009년 5월 25일 제 2차 핵실험을 감행하였다. 그리고 2009년 7월 4일에는 일련의 대륙간 탄도미사일 발사 시험을 하였다. 이에 오바마 행정부와 미국 의회는 북한에 대한 새로운 접근 방식이 북핵문제 해결에 전혀 도움이 되지 않는다는 것을 확인하게 되었다.[163]

2010년 3월 26일의 천안함 피침 사건에 관하여 미국은 북한이 목적 달성을 위하여 한국을 군사적으로 직접 공격할 수 있는 능력과 의지를 가지고 있다고 분석하고 있다. 핵실험까지 성공한 북한은 이제 한국에 대하여 용인할 수 없는 정도의 군사적 도발을 할 수 있다고 분석하고 있다. 이에 한국과 미국 양국은 추가적인 적대행위에 대하여는 심각한 결과를 당할 것이라는 공동성명을 발표하였다. 또한 미군의 한국정부에 대한 전시작전통제권 이양시기를 2015년 12월로 연기한 것을 확인하였으며, 새로운 방어계획인 '전략동맹 2015'를 2010년 10월 안보협의회의(SCM)까지 만들기로 하였다.[164]

한국과 미국은 2010년 7월 25일-28일까지 '불굴의 의지훈련(invincible spirit)'을 실시한 데에 이어 연말까지 동해와 서해상에서 지속적으로 훈련을 실시하기로 하여 을지프리덤가디언 훈련(UFG)을 실시하기로 하였다. 불굴의 의지훈련에는 한미 양국군 8,000여명이 참가하며, 미국

---

163) Victor Cha, What Do They Really Want?: obama's North Korea Conundrum, The Washington Quarterly, October 2009, 32:4 pp.121-122.

164) 중앙일보, 2010년 7월 22일, p.1, 제임스 클래퍼 미국 국가정보국장(DNI)지명자는 북한의 추가 공격 가능성을 지적하였다.

의 조지 워싱턴 항공모함과 잠수함 20여척, 그리고 최신형 전투기 F22 랩터 등 항공기 200여대가 참여한다. 이러한 대규모의 미군의 한국영역으로의 전개는 1976년 판문점 도끼만행 사건 이후 34년 만에 처음이다.[165]

미국의 적극적인 군사훈련은 북한의 군사도발에 대한 적극적이고 상징적인 위세로서 향후 도발에 대하여는 군사적 응징을 할 것이라는 경고라고 할 수 있다. 아울러 한국과 미국은 이러한 합동군사훈련을 연말까지 지속적으로 수행하기로 하였다. 이러한 훈련의 기본 목적에는 심각한 에너지난을 겪고 있는 북한의 군사적 에너지를 고갈시켜 다시는 도발을 하지 못하도록 하는 전략적 의도도 담고 있다. 실제로 북한은 한국과 미국의 군사훈련에 맞추어 전군에 비상경계령을 내리고 준비태세를 갖추고 있어서 군사력과 에너지가 고갈되고 있는 것으로 추정된다.

4. 금융제재를 통한 통치수단 고갈

i) 미국의 대북 금융제재조치

북한이 2006년 10월의 제 1차 핵실험을 단행하자 UN안전보장이사회는 유엔안보리결의안 1718호를 발표했다. 북한의 핵개발 중지를 요구하는 유엔과 국제사회의 요구에도 불구하고 북한은 핵개발을 지속하였다. 북한정권이 유엔 결의안을 무시하고 2009년 5월 제 2차 핵실험을 강행하자 국제사회는 이번에는 핵실험 직후인 2009년 6월 12일에 UN 안보리 결의안 1874호를 채택하여 북한의 일체의 핵실험과 대량살상무기 관련 인원, 물자, 자금 등의 이동을 완벽하게 통제하는 조치를 취하였다.[166]

---

165) 동아일보, 2010년 7월 21일, A1.

미국은 북한의 천안함 공격사건 이후, 북한의 추가도발방지와 응징을 위해 대북한 금융제재조치에 초점을 맞추고 있다. 천안함사건에 대하여는 중국의 반대로 유엔 안보리에서 특별한 조치를 취하지 못하였다. 이에 미국은 이미 만들어진 유엔 안보리 결의 1718호(2006년)와 1874호(2009년)를 보다 철저하게 이행함으로써 북한의 불법행동을 지원하는 자금원을 차단하기로 결정했다.

미국금융당국은 안보리결의를 위반하여 북한의 불법무기수출대금을 예치해 온 해외은행 계좌들과 북한지도층을 위한 사치품 구입대금을 결제한 은행계좌 200여기를 적발했다. 이 계좌 중 불법혐의가 분명한 계좌 100여개를 이미 동결 조치했다. 이 계좌들은 러시아, 스위스, 덴마크, 헝가리, 폴란드, 이탈리아, 독일, 벨라루스 등 유럽과, 카자흐스탄, 말레이시아, 중국 등에 분포되어있다. 이 계좌들은 불법무기판매, 마약거래, 위조지폐, 돈세탁 등과 관련이 있어서 관련 은행이 적극적으로, 그리고 조용히 동결하고 있다고 보도되었다. 미국은 이렇게 우회적 방법으로 북한의 핵개발을 차단하고자 노력하고 있다. 즉, 북한이 개발하고 있는 핵 관련 시설과 핵프로그램 자체를 파괴하는 곳이 아니라, 핵프로그램을 뒷받침하는 자금공급 등 관련된 불법활동을 차단하는 활동에 초점을 두고 있다고 밝혔다.[167]

북한의 불법자금과 관련된 계좌가 있는 은행으로서는 북한과의 거래를 계속하면 미국의 금융시스템에서 배제되기 때문에 북한과의 거래를 동결할 수밖에 없다. 북한은 미국이나 유럽의 금융시스템과 연계가 없는 중국 소유의 소규모 은행만을 이용할 수밖에 없기 때문에 북한의 국제거래는 거의 불가능하게 된다. 결국 북한이 체제유지를 위하여 필요로 하는 사치품수입과, 해외공관으로부터의 현금 유입, 무기거

166) UNSC Resolution 1874, 12 June 2009.

167) 중앙일보, 2010년 7월 23일, p.1; 동아일보, 2010년 7월 24일, A.3.

래대금 수납, 위조지폐판매 대금 등 일체의 외산상품과 외화수입이 차단된다. 결국 북한의 정권교체나 북한체제의 붕괴로 이어질 가능성이 크다.

이러한 미국의 고강도 금융제재에 대하여 미국의 로버트 아인혼 북한·이란 제재조정관은 북한의 핵문제로 인해 북한과 이란에 대하여 금융제재가 가해질 예정이었는데, 천안함공격사건으로 인해 유럽국가들까지 대북한 제재조치에 적극적으로 동참하고 있다고 지적했다.[168] 결국 북한은 천안함사건으로 인해 체제유지의 아킬레스건이 끊어질 위기에 처하게 되었다.

ii) 김정일의 지배엘리트 통제수단 차단

북한 경제는 사회주의적 폐쇄경제체제이면서 김정일 일가를 위한 경제운영부서가 별도로 존재한다. 김정일 일가를 위한 경제운용부서는 북한 전체의 경제운용에 우선하며 특권적 지위를 갖는다.

김정일 정권에게 달러로 유입되는 자금은 김정일통치체제를 유지하기 위한 자금으로 운용된다. 김정일은 북한의 지배 엘리트들로부터 지속적으로 지지를 받기 위하여 해외로부터 구입한 사치품들을 그들에게 하사한다. 김정일 하사품이 정기적인 것은 아니며, 당연한 것도 아니다. 그러나 그동안의 관행과 업적들을 비교해보면 상당한 정도 예측하기도 한다.

북한의 지배 엘리트들은 정부로부터 주택과 월급을 받고는 있으나, 북한의 국내생산이 열악하기 때문에 지배엘리트들이 국내에서 구입할 수 있는 물품에는 한계가 있다. 특히 자동차는 등록을 해야 하기 때문에 밀수를 하거나 개인적으로 외국에서 구입할 수 없다. 정부가 제공하는

168) 동아일보, 2010년 7월 27일, A8.

것을 탈 수 밖에 없다. 지배 엘리트 중 탁월한 업적을 이룩하면, 김정일이 벤츠 등 고급 승용차를 선물한다. 그러나 잘못했을 경우에는 자동차와 주택까지 송두리째 몰수당하고 평양에서도 쫓겨나기도 한다.

이 때 사용되는 고급물건들 중에 사치품, 즉, 벤츠 자동차, 로렉스 시계, 모피코트, 루이뷔통 등 여성용 해외 유명 브랜드 상품 등 다양하다. 자동차는 내구연한이 상당한 상품이지만, 그 외 일상용품들은 소모품이기 때문에 지속적이며, 끊임없이 필요하다. 특히 김정일 본인이 사용하는 일상용품 들 모두가 해외 재벌이나 아랍 부호들과 같은 기호를 가지고 있어서 김정일 본인의 필요를 이해서도 해외 유명브랜드의 제품들을 끊임없이 필요로 하고 있다.

북한에서는 이러한 제품을 구입하기 위한 자금을 만들기 위한 활동을 외화벌이 사업이라고 하는 바, 가장 중요한 사업부문으로 간주되고 있다. 특히 노동당 38호실과 39호실이 김정일의 외화벌이 사업을 직접 총괄적으로 담당하는 부서로서 특권적 지위를 가지고 있다. 이들은 산하에 무역회사 100여개를 가지고 있으며 금광과 은행을 소유하고 있다. 이들이 관리하는 자금은 약 40억 달러에 이르는 것으로 알려지고 있다.

북한의 외화벌이 사업은 미사일 등 무기수출 대금, 금강산 관광과 개성공단운용 등 한국으로부터 받는 임대료, 해외로 파견한 건설노동자등의 월급의 강제징수, 해외 식당 운영과 해외 상품판매수익 등이 있으며, 해외로 파견된 외교관이 벌어들이는 충성자금이 있다.

북한사회에서 선택받아 해외로 파견되는 외교관들을 북한사회에서는 엘리트 중의 엘리트라고 할 수 있다. 북한정권이 이들이 해외로 파견될 때, 망명하는 것을 방지하기 위하여 가족 중 한명을 인질로서 북한의 평양에 반드시 남겨놓고 가도록 한다. 남겨진 가족이 아이일 경우, 김정숙 탁아소에서 길러지며, 상당한 대우를 하는 것으로 알려졌다.

해외에 소재한 북한 외교 공관은 북한으로부터 공관운용비와 급여를 지급받지 않는다. 모두 현지에서 자가 조달해야 한다. 외교관들은 자기에게 할당된 현지 공관 운용비를 마련하기 위하 공관장부터 갈단 직원에 이르기까지 돈을 벌 수 있는 무엇이든지 한다. 뿐만이 아니라 해외에 파견된 이들 외교관들은 1년에 2만 달러 씩 벌어서 김정일 충성자금의 명목으로 평양에 보내야 한다. 보내지 못하면 충성심을 의심받으며, 곧 본국으로 송환되어 처벌받게 된다. 외교관이나 부인들이 해외에서도 길거리에서 야채를 판다거나, 혹은 산에 가서 고사리 등을 캐서 말려 북한으로 보냄으로서 북한 회사와 물물교환 형식으로 달러를 만들기도 한다. 혹은 북한 외교관들이 위조달러를 유통시키거나, 위조담배를 파는 경우도 있다.

이렇게 하여 벌어들인 외화들은 해외의 은행에 예치된다. 해외은행에 예치된 자금을 관리하는 특별임무를 가진 외교관도 별도로 파견된다. 이들은 해외 공관을 돌아다니면서 외화를 수거하여 은행에 예치한 후, 평양에 보고한다. 또 이들에 대한 감시반을 별도로 붙여서 이들의 일탈행동을 철저하게 방지한다. 해외공관들의 전화는 모두 도청되며 평양에 직접 연결되어 있다.[169]

지난 2005년 미국은 우연한 기회에 중국 마카오 방코델타아시아 은행(BDA)에 북한의 통치자금 2,500만 달러를 발견했다. 미국정부는 관보를 통해 BDA를 '돈세탁우려기관'이라고 공시했다. 이에 예금인출사태가 발생했고, 마카오당국은 북한의 자금 2,500만 달러를 동결 조치했다. 북한은 이 자금을 도로 찾기 위하여 지대한 노력을 기울였다. 당시 김계관 외무성 부상이 '피가 마르고 있는 느낌이라면서 금융이 멈추면 심장도 멈춘다'고 금융제재의 고통을 호소했다.[170]

---

169) 북한이탈주민, 전00 인터뷰, 2009년 5월 16일.

170) 중앙일보, 2010년 7월 23일, p.3.

Ⅳ. 중국과 북한의 반발

1. 중국의 경제적 강대국화

i) 미국과의 상호의존성

동아시아지역에서는 현재까지 미국이 패권적 지위를 차지하고 있다. 미국은 아시아지역에서 일본과의 동맹관계를 기축으로 아시아지역에서의 질서를 유지하고 있다. 최근 들어 일본과의 관계가 소원해지면서 한미동맹이 강화되면서 미일동맹을 보완하고 있다.

미국은 잠재적 적국을 중국으로 인식하고 있으며 중국에 대한 다양한 대응책을 마련하고 있으나 아시아지역에서 급성장하는 중국의 영향력과 국력은 조만간 미국과 중국 간의 충돌가능성을 보여준다.

WTO가 발간한 '세계무역보고서2010'에 의하면 중국은 특히 경제분야에서 빠르게 세계적 강대국으로 성장하고 있다. 중국은 2009년 한 해 동안 1조 2020억 달러(수출점유율 9.6%)를 수출하면서 1조 1210억 달러(수출점유율 9.0%)를 수출한 독일을 제치고 세계 제 1위의 수출국이 되었다. 미국은 3위에 그쳤는바, 1조 570억 달러(8.5%), 일본은 4위로 5810억 달러(4.7%)였다.[171]

중국은 2010년 7월 현재 2조 4500억 달러에 이르는 외환을 보유하고 있어서 세계 최대의 외환보유국이 되고 있다.[172] 게다가 2009년 10월 말 현재 중국의 미국채권 보유액은 6,529억 달러로 세계 최대의 미국채권보유국이 되었다.[173] 이러한 사실은 미국의 경제와 부채를 중

---

171) 연합뉴스, 2010년 8월 3일, http://news.nate.com/view/20100803n01614?mid=n0308 (검색일 2010년 8월 5일)

172) 뉴스핌, 2010년 7월 31일, http://www.newspim.com/sub_view.php?cate1=4&cate2=4&news_id=387288 (검색일 2010년 8월 5일)

173) 헤럴드경제, 2010년 4월 1일, http://biz.heraldm.com/common/Detail.jsp?newsMLId=20081218000223 (검색일 2010년 8월 5일)

국이 부담하여 지탱하고 있음을 의미한다. 또한 미국과 중국의 경제는 상호 밀접하게 연관되어 있음을 보여준다.

ii) 아시아지역에서의 경제영토 확대

중국은 이러한 경제력을 바탕으로 아시아지역에서 경제적 주도국이 되기 위한 노력을 강화하고 있다. 2010년 7월에 대만과 체결된 경제자유무역협정(ECFA)은 중국이 대만을 중국경제권으로 끌어들이기 위해 과감한 양보를 했다. 예를 들어 2년 내 단계적으로 관세를 폐지하는 품목에 관하여, 중국 측 요구항목은 267개인데 대만이 요구하는 품목은 539개인데도 불구하고 모두 수용함으로써 이루어졌다. 중국은 홍콩(2004년 발효, 포괄적 경제동반자 협정)은 물론 마카오(2004년 발효, 포괄적 경제동반자 협정), 그리고 중국과 태국간의 FTA(2003년 10월 발효), 2010년에는 중국과 아세안(ASEAN, 동남아시아국가연합 10개국)간에 FTA가 발효되었다. 이어서 한국과 중국 간에 FTA를 위해 협의 중이며, 한국과 중국, 일본 간 FTA도 협의 중에 있다.[174]

중국은 자신을 둘러싸고 있는 아시아지역의 모든 국가들과 FTA를 체결하였으며, 한국과 일본도 조만간 중국과 FTA가 체결된다면, 아시아지역에서는 하나의 경제권이 탄생하게 된다. 중국이 아시아지역에서 중국을 주도국으로 하는 경제권이 만들어지게 되면, 중국의 위엔화로 결제가 가능해지며, 세계경제는 중국을 슈퍼파워로 받아들이는 보루가 될 것이다. 실제 중국은 중국의 화폐를 금태환 화폐로 만들어 기축통화를 위한 준비단계로 전 세계로부터 금을 사들이기 시작했다. 중국당국은 중국의 은행들로 하여금 국제시장에서 금거래를 허용하며, 장려하는 정책을 발표했다.[175]

---

174) 매일경제, 2010년 8월 5일, A5.

175) 매일경제, 2010년 8월 5일, A.7. 중국은 이미 세계 5대 금보유국으로서 2054톤

2. 중국의 동맹국 확대와 북한비호전략

중국이 제시한 2020년까지의 국가목표는 "아시아지역에서 당연히 차지해야 할 지도적 지위"를 차지하기 위해서는 첫째, 동아시아 지역 국가들과의 강력한 중국 중심의 우호관계를 구축하고, 둘째, 이를 기반으로 동아시아 지역에서의 미국의 영향력을 차단하며, 셋째, 대만과의 통일을 추구하여 중국의 내부갈등문제를 해결함으로써 세계적 지도국의 위치로 올라선다는 것이었다.[176]

중국은 이러한 전략목표를 달성하기 위하여 경제성장정책을 국가 최고의 목표로 추진하고 있다. 국가 주도형의 경제성장이 상당한 정도에 이르자, 중국은 주변국등과 경제적 협력체제를 기반으로 중화경제권의 단단한 공동체를 구축해 가고 있다. 중국이 구축하는 경제공동체는 현재 한국과 일본을 제외한 아시아 전체를 망라하고 있다. 이후 중국은 드디어 미국에 반대하는 목소리를 강력하게 내기 시작하였다. 북한의 천안함 공격사건에 대한 비호에서 보는 바와 같이 중국과 선린우호관계를 맺고 있는 국가에 대하여는 무모하다고 생각할 만큼의 철저한 보호를 보여줌으로써 아시아지역의 맹주로서, 또는 보스국가임을 보여주려고 노력하고 있는 것으로 보인다.

특히 미국과의 관계에서 아시아지역에서만큼은 미국과의 경쟁에서 미국을 극복하고 아시아지역의 지도국의 위상을 정립하기 위해서는 미국과의 경쟁이 필연적이라고 보고 있다. 미국이 경제위기를 겪으면서 중국의 경제적 발언권이 증대되었고, 아시아지역에서는 중국의 경제적 영향력이 그 어느 때보다도 장성해진 이때가 중국이 미국의 견제

을 보유하고 있는 데, 1위인 미국(8134톤)이나 2위 독일(3407톤)의 수준으로 끌어올리기 위한 정책을 추진하기 시작했다. 중국의 금보유 확대는 곧 중국화폐가 세계 기축통화로서의 기능을 수행할 수 있는 준비라고 할 수 있다.

176) 陈东晓, 建设合作共进的新亚洲 : 上海, 上海国际问题研究院 2008, p.38.

를 극복하고 아시아지역의 지도국으로 부상할 때라고 판단하고 있는 것으로 보인다.

따라서 중국에게 있어서 북한의 천안함 사건은 중국의 아시아에서의 지도력을 보여줄 수 있는 좋은 기회라고 판단했다. 북한의 범죄행위가 명백하고, 북한에 대한 맹목적 지지가 국제사회로부터 비난을 받기는 하지만, 중국과 인접한 국가들과의 관계에서는 중국의 국제사회에서의 위상을 다시 한 번 확인할 수 있는 좋은 기회가 되었다. 중국과 인접한 국가들로서는 중국의 비열한 행태가 오히려 중국의 철저한 동맹국 보호의지를 보여주는 것으로 판단할 수 있었다. 동맹국의 명백한 위법행위임에도 불구하고 중국이 적극적으로 방어해 주는 국가라면, 중국과의 우호관계가 자국의 안보에 지대한 도움이 될 것이라고 판단할 수 있기 때문이다.

중국은 나아가 아시아지역에서의 중국의 주도적 지위를 강화하기 위해서는 문화적으로 중국과의 결속을 해야 한다는 전략 하에 아시아 각국에 공자학원(Confucius Institute)의 설립을 국가적 과제로 추진하고 있다. 공자학원에서는 중국어를 비롯하여 중국의 문화와 사고양식을 교육함으로써 중국과의 유대강화를 문화적 차원에서 접근하고 강화하려는 노력이다.

중국은 북한에 대한 가장 강력한 후견인이다. 중국은 북한의 가장 큰 무역 상대국이며, 60여 년 전 한국전쟁 당시의 관계가 큰 차이 없이 혈맹적 관계로서 군사적, 경제적 원조를 지속하고 있다. 이러한 원조에도 불구하고 중국이 북한을 완벽하게 통제하는 것은 아니지만, 북한은 중국의 강력한 영향력 범위 내에서 중국의 승인을 받으면 행동하는 것이 사실이다.

2006년 북한이 제 1차 핵실험과 미사일 발사실험을 했을 때, 국제사회가 북한에 대한 경제제재조치를 취했다. 중국도 2006년 9월 북한에 대한 석유수출을 일시적으로 중단했을 때 북한의 충격은 치명적이었다. 국가의 중요한 기간산업 운영이 중단되었으며, 전기생산도 중단되어 제한송전을 하게 되었다. 그리고 이후 북한의 행동에 중국의 눈치를 보는 제약이 나타났다.[177] 그 이후부터는 북한은 중요한 결정을 할 때 사전에 중국에 통보하였다. 이와 같이 중국은 적당한 거리에서 북한을 통제하고 있다.

북한이 중요한 사건에 관하여 사전에 중국에 통보하거나 승인을 받는 등의 행위를 통하여 중국의 통제를 받는 것이 확실해지자, 북경당국의 북한에 대한 태도가 달라졌다. 북한의 불법적 행동에 대하여도 적극적인 비호를 하기 시작했다.

2010년 3월 26일 한국의 서해 백령도 인근에서 발발한 북한의 한국해군의 천안함 공격사건에 관하여 중국은 강력하게 북한의 입장을 두둔하고 나섰다. 유엔 안보리에서 북한을 비난하는 조치에 대하여도 중국의 거부권이라는 장애물 때문에 안보리 결의안도 채택할 수 없었다. 2010년 7월 9일에 안보리 의장성명을 채택하는 것에 그치고 말았다. 게다가 중국의 강력한 반대 때문에 의장성명에는 천안함을 격침시킨 당사자로서 북한을 지칭하지도 못했으며, 오히려 북한이 자신은 관련이 없다고 하는 북한의 주장에도 유의한다는 문장이 명시된 채 결말이 맺어졌다.

이러한 결과들은 중국이 동아시아 지역에서 북한을 얼마나 중시하는가 하는 점과, 한국과 미국의 동맹을 강력하게 저지하고 있다는 것을 명백하게 보여준다. 나아가 중국이 아시아지역에서 패권국이라고 하는 것을 보여주고자 하였다.

---

177) "China Cut Off Exports of Oil to North Korea," New York Times, October 30, 2006; Emma Chanlett-Avery and Mi Ae Taylor, North Korea: U.S. Relations, Nuclear Diplomacy, and International Situation, CRS Report for Congress, May 26, 2010, 7-5700, www.crs.org, R41259, pp.6-7.

북한의 군사공격에 의해 천안함이 침몰되었다고 하는 명백한 증거들이 나오는 시점인 2010년 5월 3일부터 7일까지 중국은 북한의 김정일을 중국으로 초청하여 국빈대우를 하였다. 이에 앞서 4월 30일에는 한국의 이명박 대통령이 상하이 엑스포행사를 통하여 중국 후진타오 국가주석과 회담을 한 직후였다. 이것은 한 한국이 아무리 중국과 전략적, 경제적 동반자라고 하더라도 북한과의 군사적, 전략적 혈맹이 더 중요하다는 것을 인식시켰다. 이것은 중국을 둘러싸고 있는 국가들에 대한 중국의 관계와 성격을 상징적이며 대표적으로 보여주는 시위라고 할 수 있다. 즉, 중국과 선린관계를 맺고 있는 중국과 국경을 접하고 있는 국가에 대하여는 외부의 세력과의 어떤 관계에 있어서도 중국의 동맹국을 절대적으로 지지할 것이라는 것을 과시하였다.

천안함 사건에 관한 중국의 이러한 태도는 중국이 아시아지역에서 맹주로서의 역할을 하기 위한 소집단적인 리더쉽을 보여주는 것이라고 할 수 있다. 이로써 중국을 따르는 인접 국가들은 중국의 절대적인 보호를 받게 될 것이라는 것을 확신시켜주고자 하였다.

3. 미 · 중 지역패권과 충돌

북한에 대한 유엔안보리 차원에서의 제재조치가 불가능해지자, 오바마 대통령은 한국민을 달래기도 해야 했으며, 한편으로는 북한으로 하여금 다시는 이러한 군사적 도발행위를 하지 못하도록 하는 강력한 조치가 필요했다. 그렇지 않으면 아시아지역에서 미국이 유지하고 있는 평화체제가 붕괴될 수 도 있었기 때문이다.

이에 미국은 한국과 더불어 동해와 서해상에서 북한의 해상공격을 방어하기 위한 한미연합 군사훈련을 하기로 하였다. 이에 중국은 서해상에 미국 해군이 진입하는 것 자체에 극도로 반대하였다. 군사훈련장소가 한국의 영해임에도 불구하고 군사적 이유를 들어 강력히 반대하자 워싱턴정부는 한미연합군사훈련 장소를 동해상으로 이전하여 실시하게 되었다.

물론 조지워싱턴 항공모함이 서해상에 진입하면, 중국이 서해 인근에 가지고 있는 모든 군사 비밀과 기지들이 노출된다는 우려도 있었지만, 한국의 영해 내에서 진행하는 군사훈련을 중국이 반대하고 이에 한미 양국이 굴복하였다는 것은 한반도 안보에 있어서 중대한 문제다.

중국공산당 기관지 환추시보는 다음과 같이 촉구했다.

'천안함 사건을 계기로 한국이 미국과 더불어 서해상에서 연합군사훈련을 하는 것에 대하여 중국에 천안함 사건에 중국의 입장을 바꾸라고 압력을 넣는 것이며, 13억 중국인구가 압력을 넣어 미국항공모함이 서해에 진입하는 것을 막아야 한다.'[178]

중국 인민일보도 다음과 같이 항의하고 있다.

"한미군사훈련과 남중국해에서 워싱턴이 취한 행동은 대국이 된 중국을 인정할 준비가 되어있는가에 의구심을 자아내게 만든다"고 지적하였다. 또한 계속하여 "미국의 앞바다인 쿠바에서 중국이 쿠바와 함께 합동군사훈련을 한다면 미국은 이를 받아들일 수 있는가?"[179]

그러면서 중국은 한국과 북한 남중국해 모두 중국의 영해권이므로 미국의 영향력이 제한되어야 한다는 주장을 펴고 있다. 중국이 강대국이 되면서 나타나는 주장이지만, 한국의 입장에서는 한국의 의지와는 달리 한국이 중국의 속국이 되어야 한다는 주장이다.

이와 더불어 중국은 한미연합군사훈련에 대항하기 위하여 전례없이

---

178) 동아일보, 2010년 7월 8일, A1.

179) 쭝썽, '미국은 중국을 대등한 상대로 인정할 준비가 되어있는가?', 중국인민일보, 2010년 7월 29일, Ilim International Relational Institute, 2010년 8월 10일 개재, http://www.iiri.or.kr/modules/board/bd_view.html?no=2489&id=resources_expert&p=1&or=bd_order&al=asc (검색일 2010년 8월 11일)

중국 인민해방군 이름으로 군사훈련을 실시하였다.[180]

2010년 6월30일 : 서해의 중국연해 영역에서 대규모 실탄 사격훈련을 실시하였으며,

7월 18일 : 중국 국가교통전쟁준비판공실과 인민해방군이 엔타이 부근에서 병력과 무기수송훈련

7월 26일 : 남중국해에서 대규모 실탄사격훈련

7월 27일 : 산동성에서 무기동원 군사훈련

8월 초 : 공군의 티베트로 전략물자 수송훈련

8월 3일 : 산동성에서 방공훈련

중국은 이러한 군사훈련을 실시하면서 명분적으로는 미국을 비난했다. 미국이 한국의 동서해에서 연합군사훈련을 함으로써 중국을 포위하고 중국영해를 감시하고 있다고 비판했다. 이와 더불어 중국 양이 해군소장(국방대 전략연구소장)은 "미국 항공모함의 훈련장소가 동해로 바뀌었다고 해도 그로 인한 중국인들의 감정은 아직 풀리지 않았다, 또한 미국은 중국의 해군력 발전을 직시해야 한다."고 강조했다.[181]

그러나 미국은 중국의 반발에도 불구하고 중국에 대한 적절한 레버리지(leverage)를 확보하고자 노력하고 있다. 즉 중국이 거대한 경제력을 바탕으로 국제사회에서 책임의식을 저버리고 일탈행동을 하더라도 이를 저지하지 못한 적이 몇 번 있었기 때문에 이제는 국제사회의 다른 국가들과 공조하여 중국을 압박할 수 있는 수단을 확보하기로 하였다.

중국이 영유권을 주장하고 있는 남중국해에 관하여 중국은 미국과의 단독협상을 통하여 영유권을 기정사실화하고 미국으로부터 독점적 영유권을 인정받고자 하였으나 미국은 분명하게 부인하였다. 2010년

---

180) 동아일보, 2010년 8월 6일, A5

181) 중앙일보, 2010년 8월 4일, p.4.

7월 23일 미국 힐러리 클린턴 국무장관은 남중국해는 중국의 영해가 아니라는 점을 명백히 함으로써 미국의 주장과 원칙이 국제사회의 지지를 받고 있다. 또한 이란제재방안과 관련하여 미국정부는 중국정부에 대하여 '중국정부가 실질적으로 운영하는 중국 에너지기업들의 이란 신규투자를 금지하라고 구했다.[182] 뿐만 아니라 미국정부는 미국의 조지워싱턴 항공모함이 한국의 동해는 물론 서해에서도 훈련에 참가할 것이라고 발표했다. 현재는 동해에서만 훈련하지만, 수개월내에 서해에서 훈련할 것이라고 밝혔다.[183]

V. 한국의 대북전략의 방향

1. 군사력과 원자력 발전의 계기

i) 위기대응전략과 협상능력의 필요성

천암함공격으로 불거진 한국과 미국의 공동대응, 그리고 중국과 북한의 혈맹확인은 동북아시아에서의 새로운 대결구조가 형성되고 있는 것을 보여준다. 그러면서도 한국은 북한에 대한 대응이 적절하지 못했다. 북한의 공격으로 천안함이 침몰되었음에도 불구하고 객관적으로 그 사실을 밝히는 데에 주력했지, 북한에 대한 처벌이나 국제법상 정당하게 용인되는 정당방위로서의 복구조차 시도하지 못했다. 이로써 북한의 불법행위에 대해서 한국은 아무것도 하지 못했다는 점이다.

이명박 정부가 천안함 직후에는 철저한 응징을 할 것이라고 시간이 지

182) 중앙일보, 2010년 8월 4일, p.4. 클린턴장관은 베트남 하노이에서 개최된 아세안지역안보포럼(ARF)에서 "남중국해에서의 자유로운 항해는 미국의 국익이다"라고 천명했다.

183) 중앙일보, 2010년 8월 7일 p.5.

나면서 철저한 응징은 유연한 대응으로 바뀌었다. 김대중 대통령 당시 철거되었던 대북확성기와 대형 스크린을 재설치하여 대북선전방송을 재개한다고 했지만, 그나마 북한의 격파경고 협박에 무산되고 말았다.

이렇게 유약한 이명박 정부의 대북정책은 중국은 물론 미국으로부터도 아무것도 확보하지 못했다. 겨우 받아낸 것은 가해자 표시 없는 유엔 안보리의장성명과 미국과의 외교-국방장관의 회담이다. 그리고 연말까지 지속되는 한미 연합군사훈련이라고 할 수 있다. 희생에 대한 성과로는 미흡할 뿐만 아니라 외교적 전략부재라고 할 수 있다. 1968년 1월 21일 북한이 김신조 등 박정희 대통령 암살단을 파견하여 청와대 앞에서 총격전이 벌어졌을 때, 박정희 대통령은 김일성을 사살하기 위한 특공대를 조직하였으며, 이들을 북파하기 위해 전군에 비상령을 내리고 대북임전태세를 갖추었다. 이에 미국은 한국정부를 저지하기 위해 노력했지만, 박대통령은 특공대의 북파 일보직전까지 작전을 밀어붙였다. 이에 미국은 급히 1억 달러의 군사원조를 긴급 승인하는 조건으로 김일성 암살 특공대의 북파작전을 중단했다. 이로써 한국군은 M16 소총의 확충과 팬텀전투기를 확보하는 보상을 받게 되었다.[184]

이러한 결과는 한국이 물질적 보상을 거두었다는 것뿐만 아니라 북한의 이러한 도발행위가 한국군의 현대화에 오히려 기여였다는 사실을 인식시켜서 북한의 향후 도발을 억제하는 데에 크게 기여하였다. 이러한 협상전략으로 한국은 상당한 보상과 실리를 거두었을 뿐 아니라 대북한 실질적인 제재조치가 이루어졌다고 할 수 있다.

이번 천안함 사건이 발발하자마자 한국은 강력한 대응조치를 취했어야 했다. 한국이 북한에 대하여 강력한 군사조치를 취하지 못하는 것은 다음 두 가지로 요약할 수 있다. 한국에 전쟁위기 상황이 발생하면, 국제투자자들이 원금을 회수할 것이며, 한국의 주식시장이 폭락하-

184) 강찬호, 전쟁우려한 클린턴의 '립 서비스', 중앙일보, 2010년 7월 23일, p.30.

고 붕괴하여 경제에 미치는 영향이 극단화 될 것이다.

또 하나는 전쟁위기는 결국 전면적인 전쟁으로 확전될 수 있으며, 이때는 북한이 보유하고 있는 화력과 핵무기의 사용가능성으로 인해 한반도는 폐허가 될 것이며 그 인명피해도 막대할 것이다. 특히 북한의 핵무기 사용가능성으로 인해 한국 측으로서는 북한의 공격만 당한 채, 반격도 하지 못하고 휴전을 할 가능성도 있다. 이와 같이 지나치게 단순화했지만, 문제의 핵심을 두 가지로 요약할 수 있다.

이러한 두 가지 가정에 대하여 한국정부는 좀 더 지혜로울 수 있었으나 그러지 못한 것이 한계이자 실책이라고 지적할 수 있다. 첫째, 전쟁위기 상황으로 인해 국제적인 투자자들이 한국으로부터 자금을 회수하여 주식이 폭락하고 주식시장이 붕괴한다는 가정은 이러한 상황이 일시적인 것이며, 한국정부가 언제든지 시기를 통제할 수 있다면, 오히려 한국기업과 정부가 IMF 때 외국기업들에게 잃어버렸던 자금을 되찾을 수 있는 기회라고 할 수 있다. 외국투자자들의 철수로 인해 폭락한 주식들은 한국기업과 정부가 전부 초저가에 매입할 수 있다. 국부가 다시 유입되는 전략이라고 할 수 있다. 물론 이러한 위기상황이 장기간 지속되지 않을 것이라는 확신과 전략이 있어야 한다. 국민은 정부에 대한 믿음과 신뢰가 있어야 하고, 정부도 철저하고 계산된 전략에 의해 이러한 전쟁위기상황을 적절한 때에 종식시킬 수 있는 전략과 수단을 준비하고 있어야 한다.

이렇게 되면 폭락한 주식으로 인하여 오히려 한국정부와 기업, 한국국민들은 더 많은 수익을 되찾아 올 수 있을 것이다. 이러한 전략과 정보는 한국민의 정부에 대한 철저한 신뢰와 정부와 국민이 운명을 같이 한다는 전제에 이루어지기 때문에 막대한 투자이익을 확보할 수 있다. 외국인 투자자는 이러한 위험을 감수할 수 없기 때문에 이렇게 폭락한 주식을 매입하지 않는다. 만일 정부의 이러한 정보가 새나가서 미국정부로부터 정보를 접한 외국인 투자자들이 주식매도를 하지 않는다면, 정부가 대북 제재조치를 아무런 경제적 충격 없이도 행할 수 있는 조건이 형성되는 것이다.

둘째, 대북 군사적 제재조치는 한국이 북한의 군사적 공격에 취약하다는 점 때문에 꺼려지고 있다. 그러나 북한이 재래식 군사력으로 한국을 공격한다면 아직은 주한미군과의 교전을 피할 수 없을 것이다. 따라서 북한의 휴전선에 대한 군사적 공격은 주한미군의 피해를 당할 것이며, 미국은 이에 북한의 주요지점에 대한 맹공격을 퍼 브을 것이다. 이어 전면전으로 확전된다고 할 수 있다. 이때에 여전히 우려하는 것은 북한이 핵무기로 공격하는 것인 바, 한국정부는 북한의 핵공격에 대응하여 준비태세를 명령하고 갖추어야 한다.

ii) 사용 후 핵 재처리 시설과 미사일 사거리 제한 해제 기회

이렇게 전면전과 핵전쟁을 대비하는 준비과정에서 미국은 북한의 핵개발에 대응하도록 한국의 "파이로 프로세싱"이나 고속증식로 등 사용 후 핵연료 재처리 권한을 한국에 허용하도록 해야 한다. 이것은 북한의 핵문제 해결이 안 될수록 한국의 원자력 기술발전을 더욱 촉진시키는 것이 북한의 핵무기 개발의지를 상쇄하는 것이기 때문이다. 따라서 이번과 같은 남북한 위기상황에서는 한국이 대북한 제재조치를 포기하는 대가로 한국의 원자력 발전을 촉진하도록 허용하도록 미국을 설득하고 압박했어야 한다. 천안함 사건에 관하여 한국이 강경한 태도를 취했어도 현재 한국이 미국에게 요구하고 있는 "사용 후 핵 재처리" 시설정도는 당연히 허용했을 것이다. 아울러 한국이 원하는 탄도탄 사거지 제한, 미사일 사거리 제한 등과 같은 제약조건을 완화하는 조건으로 대북 군사적 조치 등을 포기하도록 했어야 한다. 한국정부는 이러한 기회를 잃어버렸다고 할 수 있다. 46명의 해군장병들의 희생이

아까울 뿐이다.

2. 북한 주민의 개방전략

현재 북한의 강점은 핵무기를 개발하고, 대륙 간 탄도탄급 미사일 개발과 무기생산에 탁월한 우수성을 보이고 있다는 점이다. 한국이 경제성장 우선정책을 추진했다면, 북한은 군수물자 생산에 우선순위를 두고 국가정책을 추진했다. 그 결과 북한은 강력한 군사력을 유지하게 되었고, 핵무기와 미사일 등에 세계적인 기술수준을 갖게 되었다. 그리고 무기를 수출하여 외화를 획득하는 정도까지 되었다. 반면에 국민생활은 피폐해지고, 평양의 지도급 엘리트들만 상당한 정도의 생활을 할 뿐 북한주민 대다수는 정권의 존재이유에 회의를 갖지 않을 수 없게 되었다.

북한과 현재와 같은 군사적 대치만 가지고서는 남북한 모두 희생만 크고 소모적일 뿐 성과가 나타나지 않는다. 북한이 약한 점을 고려한 전략이 필요한 시점이다. 여기에 한국이 북한을 상대하는 전략이 두 가지 있다. 북한의 지배 엘리트의 자각의식을 깨워서 북한정권을 변화시키는 전략과 북한 주민들에게 외부세계의 정보를 제공하여 정권의 변화를 야기하는 전략이다.

i) 엘리트 집단의 설득을 위한 통일 후 처벌면제명문화

한국정부는 통일 후에 북한의 통치집단이 처벌받거나 처벌을 면제받는 기준을 명확하게 법제화하여 제시해야 한다. 이로서 북한의 반인권적 행위들이 감소할 수 있을 뿐만 아니라 북한의 지배 엘리트들에게 통일 후의 불안감을 해소시켜 줄 수 있을 것이다. 또한 북한 지배집단을 처벌 받는 지배층과 면제받는 지배층으로 분리할 수 있을 것이다.

북한엘리트 집단은 일반주민에 비하여 경제적으로나, 정치적으로 우월한 지위와 보상을 받고 산다. 이들은 어느 국가, 사회나 마찬가지로 자기가 속한 사회와 국가를 발전시키기 위하여 많은 생각을 한다. 이러한 생각은 보다 나은 미래를 위한 건설적인 생각으로 결실이 이루어지며, 이러한 사고의 첫 출발은 현실에 대한 비판으로 나타난다. 이러한 비판이 북한의 현 정권을 변화시키는 기반이 된다. 같은 한민족이면서 왜 북한은 이렇게 낙후되었는가? 북한의 경제성장을 저해하는 요인은 무엇인가? 어떻게 하면 북한경제를 성장시켜 한국이나 유럽국가처럼 잘 살 수 있는가? 이러한 의문은 엘리트 집단의 "표현이 금지된 숙제"라고 할 수 있다.[185] 한국정부가 해야 할 일은 북한 엘리트들로 하여금 이러한 생각을 표현하고 논의할 수 있는 정보를 지속적으로 제공해 주어야 하는 일이다.

동아일보의 이정훈 논설위원은 북한의 노동신문이 휴전선에는 2주일 늦게 배달되는 것을 지적하면서, 5일 만에 받아보는 한국정부가 노동신문의 기사내용을 토대로 한국과 객관적으로 비교하는 내용을 전단지에 담아 휴전선에 배포하거나, 방송하면 북한 군인의 마음을 살 수 있을 거라고 제안한다.[186]

ii) 북한주민에게 외부정보 제공

중국과 몽골, 동남아이사 국가들에게 한국은 꿈을 실현시킬 수 있는 나라라고 인식되어 있다. 한국에 관한 드라마, 음악, 영화 등을 보면서 한국을 동경한다. 심지어는 몽골에서는 무지개나라인 한국과의 소프트웨어적인 합병논의까지 일단의 학술회의에서 거론되기도 하였다.

---

185) 실제로 외국에 파견된 북한 외교관 중에는 북한의 개혁과 개방의 필요성을 언급했다가 평양당국으로부터 소환되어 처형명령을 받은 엘리트들이 상당스 있다.

186) 이정훈, 북한군인 정보화운동 펼 때다, 동아일보, 2010년 7월 22일, A.30.

한국에 대한 이러한 동경은 한국에 관한 정보가 많이 흘러들어갔기 때문이다.

북한주민에 대하여도 이러한 정책을 적극적으로 추진해야 한다. 북한당국이 적극적으로 한국 및 외국에 관한 정보를 차단하고 있기 때문에 자연발생적이고, 상업적인 활동에만 맡겨서는 북한지역에 한국정보의 대량유입이 불가능하다.

중국과 북한의 접경지역에 한국방송을 주로 방송하는 방송국과 방송채널을 가능한 많이 확보하여 북한지역에 중국방송과 함께 한국의 방송이 다량으로 함께 송출될 수 있도록 전략을 구사해야 한다. 북한의 중국접경지대에서는 중국방송을 보는 것이 가능하기 때문에 적절한 중국방송과 함께 한국의 드라마, 음악 등 '한류' 방송이 함께 송출되도록 해야 한다. 이러한 한류가 남북한 통일의 기반이 될 것이다.

또한 북한에는 이미 많은 텔레비전이 보급되어 있는 바, 이러한 텔레비전으로 한국의 방송내용이나 한류 등을 볼 수 있는 방법이 강구되어야 한다. 북한TV는 PAL 방식이며, 한국은 NTSC 방식이라서 현재 상태로서는 그대로 볼 수 없으므로 휴전선 인근지역에서는 한국의 TV를 볼 수 있도록 조치를 취해야 한다. 또 북한에 보내는 원조물자 등 중에 소형 DVD플레이어 등을 보내 북한 주민이 손쉽게 DVD 플레이어를 통해 한류 등은 손쉽게 볼 수 있도록 하는 방법도 있다.

iii) 탈북자에 대한 처우개선

북한을 탈출하여 한국에 귀순한 북한 동포들은 사실상 가장 중요한 통일자원이다. 이들은 한국에 와서도 북한에 남아있는 가족들, 친척들과 지속적으로 통신을 하며, 한국에서 번 돈을 송금하고, 북한의 생생한 소식을 전해주는 가장 소중한 자원이다. 한국정부는 이러한 자원을 활용하여 북한 주민들이 한국에 대하여 보다 생생한 희망과 꿈을 가지고 한국을 동경하도록 만들어야 한다. 이들이 모두 한국으로 올 때, 전쟁 없이 통일이 이루어질 수 있기 때문이다. 따라서 현재와 같이 열악한 지원으로는 오히려 한국을 증오하는 주민이 증가하거나, 혹은 오히려 탈북했다가 북한으로 되돌아가 탈북방지 강연에 나서게 만들 것이다.

따라서 친북단체를 지원하는 자금을 북한에 탈출한 북한동포의 자활을 위해 사용하도록 한다면, 북한을 변화시키는 가장 큰 원동력이 될 것이다.

3. 원칙과 균형의 대중국 전략

북한으로 하여금 핵개발을 포기하게 하거나, 혹은 체제의 변화를 이끌어낼 수 있는 국가는 현실적으로 중국밖에 없다. 중국은 현재 미국과 유엔 등 국제사회가 취하는 대북 제재조치를 무력화 시킬 수도 있고, 더욱 강력한 효과를 만들어낼 수 있는 능력을 가진 유일한 국가라고 할 수 있다.

북한과 국경을 접하고 있는 중국은 미국과 국제사회의 대북제재조치에 적극적으로 참여할 의지를 보이지 않고 있다. 따라서 대북제재조치도 사실상 그다지 효과를 나타내지 못하고 있다.

중국은 북한이 국제적 갈등을 야기하고 있기는 하지만, 북한이 붕괴되어 미국의 주한미군과 중국이 직접 국경을 마주대하는 것보다는 북한이라는 완충지역이 미국을 상대하고 있는 것을 더 선호하고 있다고 할 수 있다.

따라서 미국은 북한이 붕괴된다고 하더라도 현재의 북한지역에 관한 문제는 중국과 협의 하에 미국과 중국 모두 북한지역에 관해서는 한국정부에만 일임한다는 확실한 합의를 해야만 북한의 장래에 관한 중국의 두려움을 제거할 수 있을 것으로 사료된다. 또 북한에서 발생하는 대량난민의 경우, 중국으로 유입시킬 것이 아니며, 오히려 한국의 휴전선 인근에 난민수용소를 만들어서 대부분의 난민들이 한국으로 올 수 있도록 중국과 협의를 하면, 중국의 우려를 상당히 불식시킬 수 있을 것이라고 사료된다. 이러한 전략적 합의를 통해서만이 중국을 통해 북한체제 변화 혹은 중국을 제재에 동참시킬 수 있을 것으로 보인다.

중국은 과거 장쩌민주석이 주장했던 도광양회(韜光養晦)를 강조하는 정책에서 후진타오주석 시대에는 대국굴기(大國掘起)정책에 보다 방점을 두고 있다. 즉, 중국은 그 힘이 충분히 성장할 때까지 어둠속에서 힘을 길러 마지막에 큰 나라로 우뚝 설 것이라는 국가정책을 목표로 경제성장을 추진해 왔다. 그동안 중국은 반중국(anti-China)운동을 효과적으로 차단해 왔다. 그리고 중국이 위협적인 국가가 될 것이라는 인식을 불식시키기 위해 중국은 "방어적 영향력(defensive influence)"을 효과적으로 행사해 왔다.[187)]

중국은 최근 들어 중국의 힘을 자각하면서 세계 곳곳에서 미국과 직접 갈등을 야기하면서 충돌하고 있다. 이에 미국도 중국의 이러한 도전을 피하지 않고 직접 대결하는 모습을 점차 보여주고 있다. 특히 2010년 7월 23일 베트남 하노이에서 개최된 아세안 지역포럼(ARF)에서 미국은 남중국해가 미국의 석유수송 해상로이기 때문에 중국의 영해로 인정할 수 없다는 뜻을 분명히 밝혔다. 이로 인해 중국이 인접국과의 영해분쟁에서 그동안 노력해 온 기득권들을 순간에 수포로 만들었다.[188)] 남중국해는 석유와 천연가스가 대량 매장되어 있은 곳으로

---

187) Evan S. Mederios, The New Security Drama in East Asia- The Responses of U.S. Allies and Security Partners to China's Rise, Naval War College Review, Autumn 2009, Vol.62, No.4, p.39.

188) 매일경제, 2010년 7월 28일 A9, 그 외에도 중국은 세계 곳곳에서 미국과 대립하고 있다; 이란의 핵개발 반대에 관련하여 중국은 미국의 제재조치를 반대하고

서 중국과 동남아국가연합 소속 국가들이 영토분쟁을 하고 있는 곳이다. 파라셀 군도는 중국과 베트남 사이에 영토갈등이 있으며, 스프래틀리 군도는 중국과 베트남, 말레이시아, 브루나이, 필리핀, 인도네시아 등이 분쟁을 하고 있는 곳이다. 이에 중국은 강대국의 힘으로 영유권을 주장해 왔으나, 미국이 개입함으로써 미국과 중국의 갈등이 확대되고 있다[189]

북한의 핵문제는 북한만의 핵개발로 그치는 문제가 아니라는 데에 북한과 미국의 딜레마가 있다. 북한의 핵개발과 미국이 대처하는 모습을 주시하고 있는 국가가 이란이다. 미국은 이란의 핵개발을 가장 적극적으로 저지하고자 노력하고 있다. 이스라엘은 미국이 이란의 핵개발을 저지하지 못하면, 군사적 공격을 통해서라도 이를 저지할 것이라고 공언하고 있다.

중국의 비합리적 행동에 대하여 미국이 정면으로 나서면서 중국의 행동을 제지하고 있는 것은 중국의 비합리적 행동이 국제사회로브터 지지를 받지 못하고 있기 때문이다.

중국은 한국과 북한에 대하여 전략적으로 활용한다. 한국도 중국처럼 두 개의 중국을 인정하고 활용해야 한다. 대만문제를 적극적으로 활용하여 중국이 북한을 두둔할 때에는 한국도 대만을 적극적으로 활용하고 대만문제를 지지하는 외교적 수완을 나타내야 한다.

있으며, 아프리카에서의 중국의 자원 확보 노력이 미국의 아프리카 민주화와 개발 정책과 갈등을 빚고 있다. 도 쿠바, 베네수엘라에는 중국이 군사적 지원을 함으로써 미국과 정면을 대결하고 있으며, 북한의 천안함 공격에 관하여 북한을 지지함으로써 한국 및 미국과 대결하고 있다.

189) 동아일보, 2010년 7월 30일, A16.

VI. 결론

김정일 집단의 한국 천안함 공격은 동북아시아에서의 신냉전체제의 도화선이 되고 있다. 북한의 외교적 행태의 특징은 경제적 지원을 받기 위하여 일방적인 요구를 한다. 상대방이 요구에 응하지 않을 경우에는 군사적 도발을 하거나 혹은 핵실험이나 미사일을 발사하여 국제적 긴장을 조성한다. 그리하여 북한을 주시하도록 만든 후, 요구사항을 다시 제시한다. 북한의 도발적 행위와 관련된 세계 지도국들은 북한의 군사적, 혹은 평화침해 행위들을 되돌리거나, 완화시키기 위하여 북한과 협상하는 과정에서 북한은 원래의 요구를 다시 제시하여 관철시키고자 한다.

북한의 천안함 침몰사건도 이명박 정부의 대북한 무상 지원 거부에 대한 보복이라고 분석된다. 지난 10여 년간의 김대중-노무현 정부와는 달리 북한의 핵개발과 미사일 개발 등에 대한 해결조치를 담보로 요구하는 이명박 정부에 대한 가장 강력한 도발이자 화풀이라고 볼 수 있다.

문제는 평양정권의 이러한 무법자적인 도발행위들이 중국과 미국간의 동아시아에서의 패권다툼을 야기하고 있다는 점이다. 그동안 "대국굴기"라고 하는 외교정책을 통하여 대외적으로는 조용히 있었으나, 중국의 경제력과 군사력이 세계 5위권 이내로 부상하는 것이 확인되자 중국은 "중국식 외교정책과 중국식 표준(Chinese Standard)"을 주장하고 나섰다.

한국으로서는 이것이 더 큰 문제다. 미국 등의 동맹국들과 협조하여 북한의 도발행위를 방지할 수 있는 국제적 레짐을 구축하는 것이 현안의 과제인데, 중국이 북한을 적극적으로 지원하고 두둔하며 북한의 후원국(patron)이 되었기 때문에 북한보다는 중국을 상대로 싸워야 한다. 중국은 북한의 군사적 도발문제는 사소한 것에 불과하다고 인식하며,

오히려 미국이 중국의 영향력 권역인 서해와 남해, 그리고 동해에서의 미국 해군의 작전에 거칠게 항의하고 나섰다. 미국이 더 이상 중국의 인근에서 활동하는 것을 용납하지 않겠다며 미국과의 갈등에 정면으로 대응하였다.

미국은 북한의 핵개발을 포기시키고, 동북아시아의 정치적, 경제적 안정을 이루기 위해 한국 해군과 함께 합동군사훈련을 통하여 대북한 무력시위를 하였다. 북한의 추가적인 무력적 도발행위들은 강력한 보복을 받을 수 있으므로 더 이상 도발행위를 하지 말라는 경고의 의미라고 할 수 있다. 북한에 군사적 물리적 제제조치를 가하는 것은 현재적 조건에서 불가능하다. 따라서 이러한 군사훈련과 같은 힘의 과시는 북한에 대한 경고메세지라고 할 수 있다.

그러나 미국의 한반도 주변에서의 한국과의 연합훈련 자체에 중국이 강하게 반발하고 나서면서 사실상 북한에 대한 징계효과가 상당히 퇴색되었다고 할 수 있다. 북한이 명백한 도발행위를 했음에도 불구하고 중국의 비호 때문에 북한에 대한 실질적이고 군사적인 조치 자체가 불가능하다는 것을 중국이 보여주었기 때문이다. 이로써 미국은 동아시아에서 중국과의 관계를 재설정하고 상호 위상을 명백히 하지 않으면 안 되는 처지에 놓였다.

오바마 대통령은 소통의 정치를 강조하면서, 취임을 전후하여 북한과 고위급회담을 비롯한 다양한 채널을 통하여 북한핵문제를 해결하고자 노력했다. 그러나 북한은 핵개발에 대한 욕심과 의지, 그리고 몸값을 더 올리기 위한 전략으로 2009년 미사일발사와 핵실험을 강행함으로써 결국 협상을 통한 북핵문제 해결보다는 강력한 조치와 병행하는 대북전략을 초래하였다.

여기에 북한이 한국 해군 천안함을 공격하는 도발적 행동은 유럽 등 국제사회로 하여금 미국의 대북한 금융제재조치에 적극적으로 지지하게 만들었다. 세계 금융기관에서 북한의 자금을 동결하고 북한에게 사치품 유입을 금지시켰다. 결국 북한의 무모한 도발은 오히려 북한 통치기반의 존립을 위협하게 만들었다. 북한과 같이 자급자족하는 국가체제도 엘리트들의 사치용품은 북한의 통치체제유지에 가장 중요한 품목이기 때문이다.

미국은 북한의 김정일의 수명이 오래 지속되지 않을 것이라고 예측한다. 그리고 그 아들 김정은으로의 권력이양도 그다지 순조롭지 않을 것이라고 본다. 이러한 북한의 급변사태에 대하여 북한의 핵무기와 화학무기, 생물학무기 등의 대량살상무기의 처리에 관하여 중국과 한국 등과 긴밀한 협조체제를 사전에 구축하고 있다.

미국이 북한에게 핵문제 해결을 위한 대화와 금융 제재조치를 병행하고 있다. 이러한 금융제재는 천안함 사건으로 인한 중국의 반발을 최소화하면서 북한을 실질적으로 압박하는 강력한 효과를 가지고 있다. 그리하여 이란문제와 함께 북한이 핵을 포기할 때까지 실질적으로 압박하며 핵을 포기하는 협상테이블로 나오도록 전략을 지속할 것이다.

문제는 천안함 사건을 둘러싸고 이루어지는 북한에 대한 제재조치들은 중국이 아시아 맹주로서의 위상을 침해하는 것으로 받아들여 미국과 중국, 그리고 한국 간에 새로운 갈등이 전개되고 있다는 점이다. 세계적인 강대국으로 부상하는 중국이 남중국해의 영유권을 주장함으로써 미국의 국익과 아세안 국가들의 국익을 침해하는 상황이 발생하자 미국은 즉각 세계 경찰국가로서 중국의 과도한 욕심을 제지하고 나섰다. 중국은 강력하게 반발하였다. 지역의 맹주로서 위상을 강화하려는 중국은 북한에 대항 비합리적으로 지지함으로서 국제적 위상이 오히려 약화되었다고 할 수 있다. 중국은 국내문제가 여전히 중대한 국가로서 티베트와 위구르 등의 분리독립 문제 등은 대만문제와 아울러 아킬레스건이라고 할 수 있다.

미국은 중국에 대하여 때로는 강력하게 대항을 하겠지만, 한국은 중국이 북한에 대항 과도하게 불합리한 지지를 할 때에는 대만문제를 가지고 대만을 지지하는 전략으로 중국을 대항해야 한다.

북한에 대하여도 한국정부는 북한의 엘리트들에게 한국의 경제와 문화, 삶의 질 등에 관한 정보를 지속적으로, 자연스럽게 전달하는 방식을 강구해야 한다. 아울러 북한 주민들에게도 이러한 한류가 제대로 전달될 수 있도록 해야 한다. 중국접경지역에는 한류를 전달할 수 있는 다양한 방송채널을 확보해야 할 것이다. 또 북한탈출 주민들에 대한 처우를 획기적으로 개선하여 이들이 북한 동포들에게 한국이 지상낙원임을 전달할 수 있도록 해 주어야 한다.

<참고문헌>

뉴스핌, 2010년 7월 31일,
http://www.newspim.com/sub_view.php?cate1=4&cate2=4&news_id=387288 (검색일 2010년 8월 5일)

동아일보, 2010년 7월 24일, A.3

동아일보, 2010년 7월 27일, A8

동아일보, 2010년 7월 30일, A16

동아일보, 2010년 7월 8일, A1.

동아일보, 2010년 7월 8일, A10

동아일보, 2010년 8월 2일, p.3

동아일보, 2010년 8월 2일, pp. 1-3

동아일보, 2010년 8월 6일, A5

동아일보, 신석호, 박남기 부장과 다른 한명을 종파주의자에 매수된 간첩으로 몰아, 2010년 7월 8일,
http://news.donga.com/3/all/20100708/29714317/1

동아일보, 이명건, 北, 지난달 정상회담 또 타진, 2010년 8월 18일

동아일보, 이정훈, 북한군인 정보화운동 펼 때다, 2010년 7월 22일, http://news.donga.com/3/all/20100721/30032811/1

매일경제, 2010년 7월 28일, A9

매일경제, 2010년 8월 5일, A5. A7

서대숙, 현대북한의 지도자, 김일성과 김정일, 2000.

신진, 위기의 북한 위험한 외교정책, 대전, 문경출판사, 1996.

연합뉴스, 2010년 8월 3일, http://news.nate.com/view/20100803n01614?mid=n0308 (검색일 2010년 8월 5일)

연합뉴스, WTO "작년 한국 수출 세계 9위", 2010년 8월 3일, http://news.nate.com/view/20100803n01614?mid=n0308 (검색일 2010년 8월 5일) http://news.donga.com/3/all/20100818/30575332/1

이동복, 북한의 속셈은 비핵화가 아니라 비핵지대화, 푸른깃발(북한인권), 2008.

이춘근, 「북한핵문제의 과학기술적 이해」, 서울, 정책과학기술연구원, 2003, 서대숙, 2000, 현대북한의 지도자, 김일성과 김정일, 2000.

정지서, 中, 올 한해 9%대 경제 성장 보일 것 - 외환관리국, 뉴스핌, 2010년 7월 31일, http://www.newspim.com/sub_view.php?cate1=4&cate2=4&news_id= 387288 (검색일 2010년 8월 5일)

중국인민일보, '미국은 중국을 대등한 상대로 인정할 준비가 되어있는가?', 2010년 8월 10일, http://www.iiri.or.kr/modules/board/bd_view.html?no=2489&id=resources_expert&p=1&or=bd_order&al=asc (검색일 2010년 8월 11일)

중국인민일보, 쫑썽, '미국은 중국을 대등한 상대로 인정할 준비가 되어있는가?', 2010년 7월 29일, Ilim International Relational Institute, 2010년 8월 10일 게재, http://www.iiri.or.kr/modules/board/bd_view.html?no=2489&id=resources_expert&p=1&or=bd_order&al=asc (검색일 2010년 8월 11일)

중앙일보, 2010년 7월 23일, p.1

중앙일보, 2010년 7월 23일, p.3.
중앙일보, 2010년 8월 4일, p.4.
중앙일보, 2010년 8월 7일, p.5.
중앙일보, 강찬호, 전쟁우려한 클린턴의 '립 서비스', 2010년 7월 23일
진동효, 建设合作共进的新亚洲：上海, 上海国际问题研究院, 2008.
프리존, 이동복, 북한의 속셈은 비핵화가 아니라 비핵지대화, 2008년 8월 31일 등재,
http://www.freezone.co.kr/cafebbs/list.html?gid=fz&bid=col, (검색일 2010년 8월 9일)
헤럴드경제, 2010년 4월 1일,
http://biz.heraldm.com/common/Detail.jsp?newsMLId=20081218000223, (검색일 2010년 8월 5일) 북한이탈주민, 전00 인터뷰, 2009년 5월 16일
Allies and Security Partners to China's Rise, Naval War College Review, Autumn 2009, Vol.62, No.4, p.39.
Cambell, Kurt M., et. al., Strategic Leadership: Framework for a 21st Century national Security Strategy, Center for a New American Security, July 24. 2008.
Cambell, Kurt M., et. al., Strategic Leadership: Framework for a 21st Century national Security Strategy, Washington D.C., Center for a New American Security, July 24, 2008.
Cha, Victor, What Do They Really Want?: obama's North Korea Conundrum, The Washington Quarterly, October 2009
Chanlett-Avery, Emma and Taylor, Mi Ae, North Korea: U.S. Relations, Nuclear Diplomacy, and International Situation, CRS Report for Congress, May 26, 2010.
Clinton, William J., "Address before a joint session of the congress on the state of the union," January 25, 1994,
http://www.presidency.ucsb.edu/ws/index.php?pid=50409 (검색일 2010년 8월 3일)

Kohane, Robert O., Multilateral: An Agenda for Research, International Journal, Vol.45, No.4, 1990, pp.731-732; John G. Ruggie, Multilateralism: An Anatomy of an Institution, in John G. Ruggie ed, Mulilateralism Matters: The Theory and Praxis if an Institutional Form, New York, Columbia University Press, 1993.

Mederios, Evan S., The New Security Drama in East Asia- The Responses of U.S.

Mederios, Evan S., The New Security Drama in East Asia- The Responses of U.S. Allies and Security Partners to China's Rise, Naval War College Review, Autumn 2009, Vol.62, No.4.

New York Times, “China Cut Off Exports of Oil to North Korea", October 30, 2006. North Korea: U.S. Relations, Nuclear Diplomacy, and International Situation, CRS Report for Congress, May 26. 2010, ww.crs.org.

Newstomato, 2010년 6월 24일, http://news.etomato.com/news/general_news/etomato_news_read.asp?no=100066 (검색일 2010년 8월 8일)

Nye Jr. Joseph S., Get Smart, Foreign Affairs, July/August 2009, http://www. foreignaffairs.com/print/65163 (검색일 2010년 6월 4일)

O'Hanlon, Michael E., North Korea Collapse Scenarios, Brookings Northeast Asia Commentary/No.30, Friday June 4, 2010, Brookings, http://www.brookings.edu/opinions/2009/06_north_korea_ohanlon.aspx?p=1 (검색일 2010년 6월 24일)

Park, John S., North Korea's Currency Redenomination: A Tipping Point?, United States Institute of Peace, posted December 3, 2009.

"Report, Embassy of Hungary in North Korea to the Hungarian Foreign Ministry," Cold War International History Project, Virtual Archive, 〈Woodrow Wilson International Center for Scholars〉, http://wilsoncenter.org (검색일 2010년 8월)

UNSC Resolution 1874, 12 June 2009.

Woodrow Wilson International Center for Scholars, "Report, Embassy of Hungary in North Korea to the Hungarian Foreign Ministry," Cold War International History Project, Virtual Archive, http://wilsoncenter.org (검색일 2010년 8월)

part 3

북한이탈주민과 통일의 기반

chapter 7 북한이탈주민의 한국사회 조기정착 지원방안

I. 서론

1994년 이후부터는 북한 이탈주민의 숫자가 급격히 증가하여 정부와 지방자치단체가 종합적이고 체계적인 정책을 수립해야 할 필요성에 직면해 있다. 특히 그동안 정부주도로 수립되어 왔던 북한 이탈주민의 새터전에서의 정착을 위한 지원정책은 한계에 임박하여 각 지방자치단체가 적극적으로 나설 때가 되었다.[1)]

북한이탈주민의 한국사회 적응 실패는 남북한 통일 이후에도 북한주민들이 한국사회에 적응하기 힘들다는 것을 시사한다. 이런 경우, 통일한국의 사회통합을 위한 비용은 계산할 수 없을만큼 증가할 것이라고 보아야 할 것이다. 뿐만이 아니라 북한이탈주민의 한국사회 적응 실패는 지금도 북한 땅에서 한국으로의 이주를 원하는 많은 동포들에게 절망을 안겨주고, 나아가 자유와 평화적인 통일을 위한 지지세력의

1) 이하 탈북자, 북한탈출주민, 새터민 등을 북한이탈주민이라고 한다.

상실로 이어질 것이다. 이러한 손실은 경제적으로 계산할 수 없을 만큼 크다고 할 수 있다.

실제로 일부에서는 북한으로 되돌아간 탈북자들도 적지 않다고 보도된 바 있었다. 아울러 북한측은 "탈북자들이 북한으로 되돌아 올 경우, 모든 것을 용서하겠다"는 선전방송도 한 바 있는 것으로 보도되었다. 2007년도 국가인권위원회 조사보고서에 의하면, 북한이탈주민 들 중에는 북한에 있을 때보다도 생활형편이 더 나빠졌다고 인식하는 비율도 17.2%가 되는 것으로 나타났다.[2)]

북한 이주민의 정착지원은 세과정으로 나누어 볼 수 있는 바, 첫째 과정은 입국지원과정, 둘째 과정은 시설보호과정, 셋째 과정은 거주지 정착과정으로 분류할 수 있다. 본 연구에서는 셋째과정인 거주지로서의 지방자치단체에서의 정착과정을 위한 문제점과 과제를 분석하고 대안을 도출하고자 한다.

한국사회가 당면한 이러한 문제는 독일에서 이미 상당기간동안에 걸쳐 시행되었거나, 해결되었던 문제들이 많다. 본 연구는 한국이 당면한 과제와 관련하여 독일의 정책사례를 참고하여 시사점을 얻고자 한다.

탈북자의 지원과 한국사회 정착성공의 문제는 단순한 복지차원의 문제가 아니다. 이들은 미래의 남북한 관계 및 통일과정에서의 시금석 역할을 할 것이다. 특히 탈북자의 조기정착과 정착의 성공여부는 북한에 남아있는 북한동포들의 미래에 대한 비전이 될 것이다. 이러한 비전은 독일 통일과 같이 전쟁을 치르지 않고도 북한 동포들의 자발적인 정치적 결정을 통해서 통일한국을 이룰 수 있는 기반이 될 것이기 때

2) 동아일보, 2005년 1월 1일: "북한으로 되돌아간 탈북자들이 적이 않을 것.....", 동아일보, 2005년 9월 6일: 북한의 선전방송 보도, 이우영, 북한이탈주민 적응문제, 북한이탈주민 정착지원제도 개선방안, 2008년 12월 26일 국회의원회관 소회의실 발표자료, pp.22-26.

문이다. 탈북자의 원활한 정착과 한국사회에서의 성공은 북한 주민들에게 무한한 신뢰와 희망을 줄 것이기 때문이다.

Ⅱ. 북한이탈주민 정착의 현황과 문제점

1. 북한이탈주민 입국현황

ㅁ 입국 현황(2010년 2월말 기준)

구분	~'89	~'93	~'98	~'01	'02	'03	'04	'05	'06	'07	'08	'09	합계
남	562	32	235	563	506	469	626	423	509	570	612	668	5,775
여	45	2	71	480	632	812	1,268	960	1,509	1,974	2,197	2,259	12,209
합계	607	34	306	1,043	1,138	1,281	1,894	1,383	2,018	2,544	2,809	2,927	17,984
여성 비율	7%	6%	23%	46%	55%	63%	67%	69%	75%	78%	78%	77%	68%

출처:2010 통일부 통일교육원 북한이탈주민현황(2010년 4월 2일 등록) 전재
https://www.uniedu.go.kr/uniedu_09/dataroom/read.dr?gid=4&bid=8&aid=1933&page=1

북한 이탈주민의 한국입국은 1999년부터 급격히 증가하기 시작하였다. 1999년은 북한이 고난의 강행군 시절로서 식량난이 가장 극심하던 해였다. 당시 중국에 있었던 북한 동포들은 북한의 극심한 식량난과 굶어죽는 북한주민의 실상을 알고 한국행을 대거 결정했던 것으로 보인다. 아울러 북한 내에서도 아사를 피하기 위해 대량으로 탈북하여 한국으로 입국하기 시작했던 것으로 보인다.

그리하여 2007년 2월에는 북한이탈주민의 입국자 수가 1만 명을 넘었으며, 2008년 12월까지 총 15,057명의 북한 주민이 한국에 입국하였다. 특히 2002년도를 기점으로 여성의 한국입국자수가 남성보다 많아

지기 시작했다. 특히 2008년도 한 해 동안에는 여성입국자의 비율이 압도적으로 남성을 초월하여 78%에 달했다. 2009년 현재 한국에 거주하는 북한이탈주민 중 여성의 비율은 68%로서 남성보다는 여성의 숫자가 훨씬 많다. 북한이탈주민에 대한 대책도 여성위주로 전환되어야 한다.

2. 거주지별 북한이탈주민 현황

ㅁ 지역별 거주 현황(2009년 11월 기준)

지 역	서울	경기	인천	부산	경남	충남	대구	경북	충북
인원 (명)	5,209 (30%)	4,232 (24%)	1,512 (9%)	715	598	545	524	482	475
지 역	광주	대전	강원	전남	전북	울산	제주	계	
인 원	438	416	414	374	272	188	101	16,495명	

* 사망·이민자와 주소 미등록, 보호시설수용자 제외
출처: 2010 통일부 통일교육원 북한이탈주민현황(2010년 4월 2일 등록) 전재
https://www.uniedu.go.kr/uniedu_09/dataroom/read.dr?gid=4&bid=8&aid=193 3&page=1

2009년 11월 현재 국내에 거주하고 있는 16,495명의 거주지별 분포는 2009년 4월에 비하여 약간의 변화가 있었다. 서울이 32%에서 30%로 감소하였으며, 인천 · 경기 32%에서 33%로 약간 증가하였고, 수도권에서 64%가 63%로 감소하여 거주하고 있다. 기타지역에는 어느 정도 고르게 분포되어 있다. 북한이탈주민들은 그래도 주로 수도권에 집중하여 살고 있는 데, 이는 북한에서 평양에 살기를 원했던 희망의 실현이기도 하면서, 일자리가 가장 많다고 하는 먼저 입국한 북한이탈주민들의 권유 때문이라고 사료된다. 대전지역에는 전체 16,495명 중 416명이 거주하고 있다.

3. 북한이탈주민 정착지원 정책

i) 주거지원

아무런 재정적 준비없이 오직 자유와 더 나은 삶을 찾아 한국으로 입국한 북한 동포의 경우, 주택마련 문제는 가장 시급하고 큰 과제로서 정부차원의 지원이 필수적이다.

한국은 그동안 거액의 정착지원금으로 주택문제를 해결하고자 했으며, 독일은 주택지원금의 장기 무이자 융자, 그리고 국민복지주택의 입주권 부여 등으로 지원했다.

ii) 정착금

ㄱ) 정착금의 현황과 실제

정부는 북한이탈주민이 한국에서 새로운 생활을 시작할 수 있도록 모두에게 일정한 금액을 지급하는데, 이것을 정착금이라고 한다. 북한이탈주민들의 자립과 자활을 촉진하기 위해 최근에는 정착기본금을 축소하고 다양한 이름의 장려금을 확대시행하고 있다. 2008년 현재는 북한이탈주민 모두에게 자동적으로 주어지는 정착기본금이 있으며, 개개인의 노력 여하에 따라 정착장려금과 정착가산금으로 분류하여 지급하고 있다.

정착기본금은 1인 가족의 경우 600만원이며, 주거지원금 1,300만원을 포함하면 1,900만원을 지급받는다. 그 후 직업훈련을 6개월 이상 1년까지 받으면 직업훈련을 받은 달부터 매달 20만원씩의 장려금을 지급하며, 1년 과정의 과정을 수료하면, 200만원의 장려금을 제공한다. 또 자격증을 취득하면 200만원, 그리고 1년 이상 3년까지 동일직장에 계속 근무하는 경우에는 450만원에서 550만원까지 장려금을 지급한다.[3)]

1인 가족이라고 하더라도 새 터전에서 새 삶을 시작하기 위해서는 최소한의 주택이 필요하다. 주거지원금 1,300만원으로는 임대주택의 입주가 거의 불가능하다고 할 수 있다. 여기에 정착기본금 600만원을 더하면 1,900만원이 되지만, 이 돈으로 임대보증금을 전액 납부하고 나면, 실질적으로 당장 생활이 어렵다.

2009년 9월 10일자 대한주택공사 공고문[4]에 따르면, 대전 관저동에 건축되는 대전 느리울 제 13지구 국민임대주택 모집 요강에 나타난 임대보증금은 전용면적 51㎡ 형 아파트의 임대보증금은 17,869,000원이며 월 임대료는 별도로 71,470월이다. 대전지역의 경우에도 그렇다면 서울과 경기도지역에서 이러한 초기 정착금으로 주택마련은 어려운 실정이다.

ㄴ) 북한이탈주민의 정착금 사용처

한국정부가 북한이탈주민의 입국후 정착 초기에 지원하는 정착금은 향후 정착지역에서의 주택을 임차하거나 구입하기 위한 비용으로 지급하는 것인 데 실제적으로는 북한이탈주민들의 다른 용도로 사용되는 경우도 많다. 가족초청과 북한이탈주민 기반조성의 문제라고 할 수 있다.

첫째, 정착금을 지급받은 북한이탈주민 자신의 탈북 비용을 지급하는 경우도 있다. 자신을 믿고 한국입국을 성공시켜 준 중국의 기획탈북가에게 상당액을 지급하기도 한다. 북한이탈주민에게는 가장 요긴한 돈이라고 할 수 있다. 이러한 유인과 인센티브가 있기 때문에 많은 위험과 비용을 무릅쓰고 탈북하여 한국에 입국하기도 하기 때문이다.

둘째, 많은 북한이탈주민들은 북한에 두고 온 가족과 친척들을 한국

---

3) 2009 통일백서, 서울 통일부, pp. 149-151.

4) http://gukmin.newplus.go.kr/index.asp (검색일 2009년 9월 14일)

으로 들어와 함께 살기를 가장 열망한다. 어떤 방법과 수단을 동원해서라도 북한의 가족과 친척들을 한국에 입국시키기 위해서는 소위 '기획탈북'의 방법을 사용하기도 한다. 상당한 액수의 금액을 지불하면, 중국에 있는 중간매개자를 거쳐 북한의 가족과 연락이 되어 한국에 입국하게 된다. 이러한 과정에 상당한 액수의 현금이 소요되는 바, 많은 정착금이 이렇게 사용되기도 한다. 사실상 정부가 나서서 해야 할 일을 정부는 공개적으로 하지 못하므로 우선 개인이 하는 경우라고 할 수 있다.

정착금이 이렇게 요긴한 곳에 사용되고 나면, 남은 돈이 없다. 재정적 기반도 없고, 사회적 연고도 없는 상태에서 실제적으로 북한이탈주민이 한국사회에서 정착하기 위해서는 너무 많은 시간과 노력이 필요하다. 사회적 취약계층의 경우, 1,000만원만 융자해 주어도 창업을 위한 기초자금으로 활용하여 성공하는 경우도 있는데, 이러한 1,000만원이 없어서 재활의 기회조차 잡지 못하는 경우도 많기 때문이다. 임시직이나, 일용직으로 일하면서 1,000만원을 모으기 위해서는 엄청난 노력이 필요하다.

ㄷ) 금융도우미 지원제도

북한이탈주민의 경우, 이러한 거액에 대한 현금 관리를 해 본 경험이 적기 때문에 금융도우미가 필요하다. 북한이탈주민들이 사기를 당하여 가지고 있는 돈을 전부 잃어버리는 사건이 간혹 보도된다. 한국사회의 사정에 어둡고, 또 거액의 현금에 대한 관리경험이 적기 때문에 가까스로 모든 돈을 사기당하는 경우가 발생한다. 따라서 북한이탈주민의 정착단계부터 금융과 재정관련으로 조언을 해 줄 수 있는 도우미 제도의 도입이 절실하다. 금융도우미는 이들의 사업에서 업종선정을 비롯한 한국사회의 각종 지원제도를 활용할 수 있는 조언을 해 주고, 실질적으로 잘 정착할 수 있도록 도움을 주는 제도라고 할 수 있는 상기 표에서 본 바와 같이 초기에 지급되는 정착금으로서는 임대주택을 간신히 배정받는다. 그러나 정착금이 주택 전세자금 또는 구입자금으로 대부분 사용되고 나면, 새로운 터전에서 당장 먹고 사는 데에 또 다른 한계에 봉착하기도 한다. 최근 들어 한국으로 입국하는 많은 북한이탈주민들은 보다 더 나은 삶을 위하여 이주한 것인데, 집만 한 채 제공받고 나면, 그날그날 일해서야 간신히 먹고사는 현실에 직면하게 된다. 그렇다면, 북한에서 주택은 당연히 무상으로 제공받고 살던 때와 무슨 차이가 있는가 하고 반문한다. 그래도 북한에서는 지역에 따라서는 식량배급이 있기도 했었고, 사회적 경제적 격차는 별로 없었지 않는가 하고 회의에 빠져, 북한으로 되돌아가는 경우도 발생한다.

북한 이탈주민에게 제공되는 정착금은 북한이탈주민이 새로운 지역에서 생업의 기반을 잡고 상당한 수익을 발생시키기 위한 기초 자본으로 활용되도록 주선해야 한다. 그렇지 않으면, 북한에서의 궁핍한 생활이나, 한국에서의 열악한 생활의 차이가 없게 되기 때문이다. 통일한국의 미래를 준비하고, 이들이 통일한국의 주역이 되게 하기 위해서는 정착금이 한국에서의 사회적, 경제적 성공을 위한 기초자본으로 활용되도록 정책적 배려가 있어야 한다.

iii) 사회보장 지원

북한이탈주민이 새로운 지역에서 생활을 시작하면서 가장 기초적으로 필요한 것은 사회보장이다. 한국에 이미 정착된 4대보험은 북한이탈주민에게는 더욱 절실하다. 의료지원, 고용보험, 국민연금, 산업재해보험 등이다. 북한이탈주민들은 한국에 입국하여 주민번호를 받으면서 이러한 지원이 필요하다. 북한이탈주민의 교육수준과, 북한에서의 지위, 소득 수준 등을 감안하여 연금가입 인정 등 4대보험의 혜택을 제공해야 한다. 입국과정까지 겪게 된 고통으로 발생한 모든 신체적, 정신적 질병에 대한 무상치료와 산업재해보험의 특별지원이 요청된다.

현재 한국정부의 북한이탈주민을 위한 사회보장은 생계급여와 의료급여로 나눌 수 있다.[5] 북한이탈주민의 소득이 최저생계비에 미달하는 경우에는 「국민기초생활보장법」에 따라 생계비를 지원하며, 이러한 소득에 따라 「의료급여법」에 의거한 의료혜택을 지원한다. 생계급여는 하나원을 수료한 후 6개월까지 지급하고, 그 이후에는 자활사업에 참여하는 것을 조건으로 현금을 지급한다.

정부의 이러한 생계급여로서는 실질적으로는 생계가 거의 불가능하다고 할 수 있다.

2008년 북한이탈주민생계급여지급기준최고액

세대기준	현금지급액
1인 세대	38만원
2인 세대	65만원
3인 세대	85만원
4인 세대	105만원
5인 세대	124만원
6인 세대	143만원

출처: 2009통일백서, 서울, 통일부, p.156.

iv) 사회동화지원

각 지역별로 주택을 배정받아 편입한 북한이탈주민들은 정착도우미와 보호담당관의 지원을 받는다. 정착도우미는 2005년부터 시행되었으며, 북한이탈주민의 초기 1년동안 지역사회를 안내하는 등 좋은 이웃으로서의 역할을 한다. 2008년 현재 전국적으로 2,900여명이 활동하

5) 2009통일백서, 서울, 통일부, p.155.

고 있으나, 2007년에는 2,544명의 북한이탈주민이 입국하였고, 2008년에는 2,809명이 입국한 것을 계산하면, 정착도우미는 상당히 부족하다고 할 수 있다. 보호담당관은 취업보호담당관과 거주지 보호담당관, 그리고 신변보호담당관으로 나뉜다. 이들은 각 자치단체의 공무원들과 경찰관들로서 이러한 업무를 담당한다.

그 외에도 지역에 따라 보호담당관과 민간단체가 협의하여 지역협의회를 구성하여 도와주기도 한다. 2008년 현재 북한이탈주민이 밀집거주하는 지역을 중심으로 24개의 지역협의회가 구성되어 있다.[6] 그러나 지역협의회조차 없는 지역도 있어서 활성화될 필요가 있다. 새로운 지역에 이주한 북한이탈주민은 지역의 지리 및 사회정보에도 어두울 뿐만 아니라, 인근 주민들과도 동화되기 어렵다. 따라서 지역의 교회라든가, 종교단체, 사회단체의 적극적인 지원과 협력을 도출하는 방안이 마련되어야 한다. 특히, 교회의 경우, 새 신자가 새로 교회에 등록하면, 교회의 안내자가 장기간동안 새 신자가 그 교회에 익숙해질때까지 다양한 안내와 지원을 한다. 이와같이 지역의 각 교회에서 이들을 적극적으로 담당하여 안내와 지원업무를 담당하는 것도 추천할만한 방법이라고 할 수 있다.

정부 혼자의 능력으로서는 전국 각지에 흩어지는 북한이탈주민의 사회동화과정을 지원하기에는 한계가 있다. 지방자치단체가 적극적으로 북한이탈주민의 사회동화과정을 지원해야 한다. 통일부 하나원은 1999년에 개설되었는 바, 그 후 양주분원이 추가되었다. 1999년 당시에는 연간 500명 미만의 탈북자들이 입국하여 교육받는 상황이었다. 그러나 2009년 현재 2,927명의 인원이 입국하였다. 거의 6배나 증가하였다. 현재는 중앙에 있는 하나원이 이미 포화상태에 있는 만큼, 하나원의 기능을 전국 지방자치단체로 분산 운영함으로써 북한이탈주민이

6) 2009통일백서, 서울, 통일부, p.156.

지방에 있는 하나원에 있는 동안 외부교육기회와 사적인 외출을 통하여 지역의 정보를 획득하게 하고, 인적 네트워크를 구성하게 하는 것이 필요하다.

아울러, 북한이탈주민 교육 단계에서부터 사회의 각종 민간단체, 교회 등과 연계하여 이들을 지원할 수 있는 체계적 연결망 구성이 필요하다고 할 수 있다.

v) 학교 및 직업교육

가족단위의 북한이탈주민이 증가하는 추세와 관련하여 북한이탈주민 청소년들은 북한체제를 심각하게 경험하지 못한채, 한국으로 입국한 경우도 많다. 그러나 이러한 학생들은 외국인 이주민과 같이 심각한 학업장애와 동화장애를 겪는다. 이들에게도 외국인 이주민과 같이 방과후 학습 등 특별한 교육조치가 필요하다. 이에 정부는 디딤돌 학교 성격의 한겨레중고등학교 운영을 지원하고 있으며, 민간단체가 운영하는 북한이탈청소년 보호시설 및 대안학교도 지원하고 있으나,[7] 일부지역에 한정되어 있어서 이러한 지원이 없는 지역에서는 북한이탈주민의 자녀가 정규학교수업을 따라가기가 쉽지 않은 것이 현실이다.

성인의 경우, 이들은 한국어를 구사하기는 하지만, 다른 발음과 출신지로 인해 차별을 받기도 한다.[8] 익숙하지 않은 작업환경과 비효율적인 직업능력, 그리고 의지 때문에 일반 한국인과 경쟁을 하기는 어

[7] 2009통일백서, 서울, 통일부, pp.154-155.

[8] 북한이탈주민의 직장에서 차별대우

구분	많이 있다	조금 있다	보통이다	별로 없다	잘 모름	계
인원	2	17	7	3	1	30
%	6.7	56.7	23.3	10.0	3.3	100.0

강일규, 김종우, 북한이탈주민 직업훈련 프로그램개발, 한국직업능력개발원, p.109

렵다. 이들에 대한 직업교육과 알선은 특별한 배려를 필요로 한다.

정부는 북한이탈주민들에게 직업훈련교육을 시키고, 사업장을 알선하며, 북한이탈주민을 고용하는 사업주에게는 고용지원금까지 지급함으로써 북한이탈주민의 고용촉진을 위해 노력하고 있다. 특히 2008년부터는 노동부와 직업훈련기관, 사업체가 협력하여 모집-훈련-채용의 일련의 연계과정을 통하여 고용을 촉진하고 있다.

통일부에서는 '북한이탈주민 일자리 창출사업'의 세 가지 모형을 제시하고 이에 따라 다음과 같이 실시하고 있다.[9]

ㄱ) OJT(On-the-Job Training)채용 방식

통일부가 각각의 사업체와 협약을 맺고, 사업체는 북한이탈주민을 임시직으로 채용한다. 그리고 작업현장에서 훈련을 시켜 일정 시간이 지난 후 정식 직원으로 채용하는 방식이다.

대우자동차판매주식회사는 남북평화재단, 통일부 하나원과 함께 2007년 '북한이탈주민 일자리 창출'협약을 체결한 후, 북한이탈주민을 단기근로자로 채용한 후 OJT(On the Job Traning) 방식의 훈련과정을 거쳐 정규직으로 채용하였다. 2007년에는 9명을 분당과 일산, 수원의 정비사업소에 채용하였고, 2008년에는 전국 12개 사업소에 23명을 정비소 직원으로 채용하였으며, 2009년에도 20여명을 추가로 채용할 계획이다.

ㄴ) 맞춤형 직업훈련 채용방식

직업전문학교와 기업체가 북한이탈주민을 채용하기로 사전 협약한 후, 직업학교에서 훈련을 수료한 북한이탈주민을 채용하는 방식이다.

현대호텔관광직업전문학교(제과제빵, 한식, 중식, 양식조리사) 예림직업

[9] 통일부 하나원 보도참고자료, 2008.10.24.

전문학교(보석가공) 등에서 직업훈련을 수료한 후, (주)CJ푸드빌, (주)아라코, (주)제모피아 등에 채용한 바 있다.

ㄷ) 사회적 기업 채용방식

개인이나 사회적 복지법인 등이 사회적 기업을 설립하여 북한이탈주민에게 직업을 제공하고 운영에 참여하게 하는 방식이다.

(주)메자닌푸드텍은 음료생산업체인 바, 열매나눔재단(대표 김동호, 높은 뜻 숭의교회)과 연계하여 박스제조기업인 메자닌 아이팩을 설립한다고 발표했다. 그리고 이 기업에 북한이탈주민을 비롯한 사회적 취약계층에게 일자리를 제공하는 방식이다.[10]

그러나 실제로는 북한이탈주민에 대한 사회적 인식이 부정적이어서 이를 극복하기 위한 프로그램이 절실히 요청된다. 사업주들은 북한이탈주민에 대하여 부정적 인식이 긍정적인 생각보다 더 크다.[11] 북한이탈주민의 취업에 대한 사장(사업주)의 태도나 반응에 대한 생각은 부정적인 생각(30%)이 긍정적인 생각(10%)보다 높게 나타났으며, 사업주들은 북한이탈주민의 직업능력이 별로 없다(83%)거나 전혀 없다(3%)고 인식한다. 그럼에도 불구하고 사업주가 북한이탈주민을 고용하는 가장 큰 이유는 고용지원금 때문(70%)이었다고 응답한 바 있다. 이러한 사회적 조건에서 북한이탈주민이 자주적으로 직업을 구하고 일을 한다는 것은 대단히 어렵다. 그래서 북한이탈주민의 자활과 자립을 위한 인큐베이터로서의 지방자치단체의 역할이 기대된다.

---

10) [MT](뉴스/일반기사) 9일, 북한이탈주민 희망공장 사업발표회, 2008.07.06 http://www.marketpoint.co.kr/News/contents.asp?k1=-1774950007&k2=225310383&b=3&m=0&pageno=6 (검색일 2009년 9월 13일)

11) 강일규, 김종우, 북한이탈주민 직업훈련 프로그램개발, 한국직업능력개발원, pp.109-110.

북한이탈주민들의 취업현황을 보면 정부의 취업알선조치들이 제대로 효과를 발휘하는 것처럼 보이지는 않는다. 2000년대에 입국한 북한이탈주민들이 취업률 20%로서 가장 높을 뿐 그 외는 거의 취업이 이루어지지 않는 것으로 보인다. 북한이탈주민 10명 중에 8명 이상은 미취업형태로 나타나고 있기 때문이다.

입국연도별 취업현황

번호	연도	지급건수	%
1	2005	31	2.3
2	2004	182	13.7
3	2003	142	10.7
4	2002	217	16.4
5	2001	220	16.6
6	2000	265	20.0
7	1999	112	8.5
8	1998	48	3.6
9	1997	47	3.5
10	1996	30	2.3
11	1995	13	1.0
12	1994	18	1.4
계		1,325	100

출처: 강일규, 김종우, 북한이탈주민 직업훈련 프로그램개발, p.29.

기존의 많은 연구와 조사결과들을 종합해 보면, 북한이탈주민들은 나름대로 전략적 생존방법을 구사하고 있는 것으로 판단된다. 이들은 취업을 한 이후에도 직업만족도가 높지 않으며, 일당제나 아르바이트 등의 부정기적인 직업을 가짐으로서 정부지원 생계비의 계속적인 지원을 받기를 원하는 것으로 나타난다. 그렇게 해서야만이 생활비가 충당되기 때문이다.

그러나 이러한 불안정한 취업상태는 한국사회에 적응하는 시간을 더욱 길게 하며, 한국국민으로서의 권리와 의무를 제대로 행사하지 못한 채 주변인으로서 머물게 만든다. 이에 이들에 대한 사회동화 프로그램이 더욱 강화되어야 할 필요가 있다.

Ⅲ. 독일과 비교한 북한이탈주민의 지원정책

서독은 1950년부터 동독 이탈 주민에 대한 포괄적 지원을 실시했다. 이주민에 대한 지원은 주거와 정착금지원, 사회보장, 사회동화, 취업지원 등으로 나누어 볼 수 있다.

1. 주거지원

동독이탈주민이 각 주에 분산 전출 된 이후에도 주택을 공급할 수 없는 때에는 관할 주정부가 임시수용소나 호텔 또는 민간주택 등을 임대하여 일정기간 거주하도록 제공했다. 각 주정부는 공공임대주택(복지주택)을 건설하여 동독이탈주민에게 우선적으로 거주할 수 있도록 했다. 누구든지 생활 근거지를 떠나 해외로 이주한 경우에는 정착 초기에 많은 지출이 필요하므로, 서독정부 역시 동독이탈 주민에게도 정착초반기에는 일반영세민에게 제공하는 월세보조금 특례규정을 적용하여 임대주택 월세보조금을 지급하였다. 그리하여 동독이탈 주민은 상당한 소득을 받는 직장을 얻기 전까지는 거의 무료로 주거비용을 충당할 수 있었다. 정착을 위해 가구 등을 구입하기 위한 자금에 관해서는 역시 가구원의 수에 따라 상당한 액수를 장기저리로 융자해 주었다. 나아가 동독이탈주민이 주택을 신축하거나 구매하고자 할 때에는

연방정부가 장기저리 융자금을 제공했다. [12]

2. 정착금 지급

동독이탈주민이 서독에 도착하여 소득의 근원이 소멸되었으므로 서독정부는 정착금과 실업부조금을 지급하였다.

이러한 지원은 이탈주민이 동독에서의 소득수준을 감안하여 지원했다. 이탈주민의 동독에서의 소득수준을 서독임금으로 재평가 한 뒤 이를 5등급으로 나누고 해당되는 등급의 63%에 달하는 금액의 약 1년치를 지급했다. 당시 동서독간 화폐의 구매력이 약 1:10이었던 것을 감안한다면, 동독에서 받았던 소득의 6배를 받도록 해 주었으며, 동일한 직종과 직책의 서독 주민에 비해서는 63%의 소득수준으로 안배하였다.

이러한 제도의 취지는 서독주민이라도 해외로부터 아무 재산이 없이 이주해 올 경우 필요하다고 판단되는 액수를 산정한 것이라고 할 수 있다. 이렇게 함으로써 동독이탈주민의 정착과정에서 각각의 소득수준과 생활수준에 상응하는 출발을 할 수 있도록 배려하였다.

이와는 별도로 동독이탈주민에게는 실업부조금(Arbeitslosenhilfe)[13]을 지급하였다. 이것은 실업수당(Arbeitslosengeld)[14]과는 별도의 것으로서 원칙적으로 65세까지 제공된다. 자녀가 있는 실업자에게는 세금을 뗀 마지막 소득의 57%를 지급하고, 자녀가 없으면 53%를 지급하는 제도다. 서독정부는 동독이탈 주민과 유사한 교육수준과 직업능력을 가진 서독주민의 소득수준을 기준으로 동독이탈주민에게 56%-58%의

---

12) 김영윤, 동독이탈주민에 대한 구서독정부의 정책, FES-Informational-Serows, 2003-07, http://fes.or.kr/index_kor/kpub/FES-IS/Fluechtlingspolitik2003-07.pdf, pp.7-8.

13) http://episode.or.kr/sangmin/36 이상민의 독일통신, 독일의 실업보험, 2003/05/31

14) 독일의 실업수당(Arbeitslosengeld)은 보험료를 납부한 고용기간과 실업자의 나이에 따라 실업수당의 수혜기간이 달라진다.

실업부조금을 지급하였다. 이로써 실업부조금은 서독주민과 거의 동일한 액수를 지급하였다.

3. 사회보장 지원

동독이탈주민들에게도 서독주민과 상응하는 의료보험, 연금보험, 실업보험 및 산재보험 혜택이 제공되었다. 연금보험은 서독 이주전 취업기간, 구속기간, 실업기간, 질병기간 등을 모두 연금기간으로 산입했다.

동독이탈주민의 정착과정에서 실업부조금을 받는 기간동안에는 이탈주민의 소득이 적으므로 연방정부가 의료보험료를 대신 부담했다. 또한 장애상태로 이주해 온 이탈주민에게도 산재보험의 수혜자격을 부여하여 치료를 받도록 했다. 특히 질병, 장애 등 특수한 상황에 처한 동독이탈 주민에게는 일반 서독주민과 동등하게 생계비, 거주비, 의료보호등의 사회부조(Sozialhilfe)금을 지급했다. 나아가, 동독을 포함한 전 거주지에서 신체적 경제적으로 불이익을 당한 경우, 사회보장 차원의 지원 이에 별도의 피해보상을 해 주었다.[15]

4. 사회동화 지원

서독정부는 동독이탈 주민들이 서독의 주민들과 잘 동화될 수 있도록 많은 프로그램을 마련했다.

독일에서 국민대학(Volkschoschule)은 100여년의 역사와 전통을 가지고 있는 교육기관으로서 정부보다는 민간이나 자치단체가 주도적으로

---

15) 이금순 외, 북한이탈주민의 사회적응프로그램 연구, 서울, 통일연구원, 2005, pp. 104-106.; 김영윤, 동독이탈주민에 대한 구서독정부의 정책, FES-Informational-Serows, 2003-07.
http://fes.or.kr/index_kor/kpub/FES-IS/Fluechtlingspolitik2003-07.pdf, pp.7-9.

교육을 운영하고 있다. 정부는 법에 명시된 재정지원을 통해 간접적으로 평생교육의 방향을 조정하고 있다. 따라서 일반 시민들은 거의 무료이거나 교육비부담이 대단히 적기 때문에 다양한 교육 프로그램에 많이 참여하고 있다.[16)]

서독은 바로 이러한 국민대학 프로그램을 활용하여 주민간 동화를 촉진시켰다. 동독이탈주민이 국민대학 프로그램에 참여하여 현지주민과 만나 대화할 수 있도록 하였으며, 경우에 따라서는 동독이탈주민이 자신의 이주동기, 동독의 상황, 이주 후 서독의 생활 등에 대해 발표를 하고, 질문, 토론을 하는 기회를 가졌다. 또 함께 야우회를 간다거나, 체육동호인 활동에 참여하도록 함으로써 자연스럽게 지역공동체의식을 함양하고 동화되도록 지원했다.

연방 및 주 정치교육센터(Bundes und Landeszentrale fü politische Bildung)와 동화대책 담당 단체들은 동독이탈주민들로부터 참가신청을 받아 필요한 주제별로 세미나 등을 제공했다. 주제는 서독에서 생활하면서 필요한 내용들로 구성했다. 동독이탈 주민들은 서독의 정치체제와 사회 등에 관하여 이미 상당히 알고 있었기 때문에 정치사상교육은 하지 않았다. 이미 스스로 정치적 판단을 하여 동독을 이탈하여 서독으로 이주한 것이기 때문이다. 그보다는 오히려 주민으로서의 권리행사를 하고, 행정부로부터 도움을 받기 위한 서독의 연방제도, 행정제도 등에 관해서는 교육했다.

그러나 구소련을 비롯한 동유럽지역에 살다가 독일로 귀환하여 독일국적을 회복한 사람들에 대해서는 독일이라는 국가에 대한 교육을 한다. 이들은 현재의 독일이 아닌 다른 국가에 대한 인식을 가지고 왔기 때문에 독일국가에 대한 긍정적 가치관을 가질 수 있도록 독일의

---

16) 독일의 평생교육- 시민대학을 중심으로, http://www.jisikworld.com/report/view.html?dno=256666&link=review (검색일 2009년 9월 12일)

사회와 정치체계와 법질서, 사회적 가치관등을 교육하여 스스로 독일인으로서의 가치관을 함양한다. 독일인으로서의 권리와 의무를 교육함으로써 독일인으로 살아갈 수 있도록 하며, 독일 문화에 동화될 수 있도록 교육한다.[17)]

5. 직업교육지원

동독이탈주민의 직업교육은 서독내의 장기실업자로 분류하여 교육프로그램을 적용한다. 장기실업계층은 대개 저학력이거나 가정적, 사회적 문제들을 가지고 있기 때문에 일반적 직업교육을 이수했어도 활용할 수 있는 능력이 없는 경우가 많다. 따라서 이들에게는 직업교육의 과정과 실제현장에서의 작업이 동시에 추진되는 특별한 방식의 교육프로그램이 필요하다. 다음과 같은 세가지 유형의 교육프로그램이 있다.[18)]

첫째, 직업교육훈련원에서의 직업교육과 일의 병행

이것은 전문지식의 직업교육과 함께, 오랜기간 동안의 실업으로 인해 상실된 근로의욕과 자신감을 회복하고 정신적 활력을 되찾게 하는데 주목표가 있다. 직업교육훈련원에 등록하면, 훈련생은 건물신축, 병원보조업무 등 다양한 분야에 이들을 투입하고 훈련생들에게 단순한 작업부터 시작하여 점차 고급기술을 습득케 한다. 그러면서 훈련기관에 의한 순수한 직업교육을 10-20%의 비율로 실시한다.

둘째, 작업현장에서의 일과 훈련의 병행

---

17) 이금순 외, 북한이탈주민의 사회적응프로그램 연구, 서울, 통일연구원, 2005, pp. 106-133

18) 홍선이, 『독일의 직업훈련 -출장보고서-』(서울: 한국직업능력개발원, 1999), pp.86-94, 이금순 외, 북한이탈주민의 사회적응프로그램 연구, 서울, 통일연구원, 2005, pp. 123-124. 재인용

직업훈련기관과 사업체의 인력관리부서의 협조하에 작업현장에 실업자가 직접 투입된다. 실업자는 현장에서 조수로서 간단한 작업을 하면서 직업훈련을 받는 방법이다. 이렇게 일과 훈련이 동시에 이루어지면서 보조근무자로서의 능력이 인정되면, 장차 그에 적당한 일을 하게 된다

셋째, 인턴쉽 훈련과 취업보장

훈련생은 실습생, 계약직 형태로 당해 사업체에서 일과 훈련을 병행하며 훈련을 받는다. 이에 대한 재정지원은 정부가 제공한다. 그리고 인턴쉽 기간이 끝나면, 사업체 취업을 보장하는 형태다. 이로써 실업자는 장차 함께 일하게 될 동료들을 사귀며, 단순업무부터 복잡업무까지 점차적으로 능력을 증진시키며, 아울러 자기 직장이라고 하는 소속감을 줌으로써 훨씬 적극적인 직업교육의 효과를 거둘 수 있다.

Ⅳ. 북한이탈주민 지원정책의 복합적 운용

1. 가용자원의 발굴: 남북협력기금의 활용

통일부의 예산과 제도만으로는 북한이탈주민의 지역정착을 지원하는 데에 한계가 있다. 우선 북한이탈주민을 지원할 수 있는 예산으로 "남북협력기금"을 사용할 수 있도록 관련법과 규정을 개선해야 할 필요가 있다. 현재는 북한에 있는 주민만을 도울 수 있도록 되어 있는 남북협력기금이 북한을 이탈한 "북한이탈주민"도 도울 수 있도록 한다면 진정한 남북협력기금의 활용이 될 수 있을 것이다. 남북협력기금은 2009년도와 마찬가지로 2010년도에도 약 1조 5,000억 원이나 되는

데[19] 이러한 기금이 북한이탈주민의 정착지원에도 활용될 수 있다면, 북한이탈주민의 정착에 획기적인 전기를 마련할 수 있을 것이다.

2. 지역 분산과 네트워크 구축

북한이탈주민이 15,000명을 넘고 향후 계속 증가하는 추세에서 정부는 각각의 지방자치단체에 북한이탈주민의 정착을 지원하기 위한 기관들을 전국에 확대 설치하기로 하였다.

대전지역에서는 북한이탈주민 지역적응센터로서 하나센터가 설치되었다. 북한이탈주민이 하나원을 수료한 이후 지역정착 과정에서 '집중교육'과 '사후지원'서비스를 실시한다. 북한이탈주민의 대전 정착을 위한 종합적인 교육과 안내, 상담 등을 통해 북한이탈주민이 훌륭히 정착할 수 있도록 지원한다. 통일부는 내년 2010년도에 전국의 30개 지역에 하나센터를 추가로 확충 설치하여 모든 북한이탈주민들이 종합적인 서비스를 받도록 지원할 계획이라고 밝혔다.[20]

그러나 이러한 것만 가지고서는 부족하다. 오히려 지방자치단체 차원에서 자기 지역이 가지고 있는 가용자원이 무엇이 있는가를 파악하고, 나아가 북한이탈주민의 지역 정착을 도와줄 수 있는 동원 프로그램을 창설해야 한다.

다음 단계로서는 이들 가용자원을 연계하여 동원할 수 있는 체계를 구축해야 한다. 특히 민간단체들은 다양하고 풍부한 자원과 에너지를 가지고 있는 만큼, 이들 민간단체들을 엄중하게 선발하여 북한이탈주민의 지역정착을 진심으로 도와줄 수 있도록 해야 한다. 민간단체들

---

19) 통일뉴스, 2009년 9월 21일, http://www.tongilnews.com/news/articleView.html?idxno=86566

20) 중도일보, 2009년 8월 31일, http://www.joongdo.co.kr/jsp/article/article_view.jsp?pq=200908300141 (검색일 2009년 9월 14일)

중에는 북한이탈주민 지원을 빌미로 정부 보조금만 탐하는 경우도 발생할 수 있기 때문에 지방자치단체가 이들 단체의 성격과 능력, 그리고 업적을 평가하여 북한이탈주민을 지원해 줄 수 있는 단체를 엄선해야 한다. 그리고 엄선된 단체들간에 네트워크를 구축하여 복합적이고, 입체적이며, 체계적으로 북한이탈주민을 도와줄 수 있는 체계를 구축한다.

3. 주거지원: 전세보증금 면제 및 월 임대료 지원

북한이탈주민들은 하나원을 퇴소할 때까지도 주택배정을 받지 못하는 경우도 있는 바, 직업 적성과 관련하여 원하는 지역의 대도시의 공동주택이 아니더라도, 인접지의 일반가옥이라도 임대하여 임시로라도 제공해 주는 것이 중요하다. 그런 경우에는 구조의 불편정도를 감안하여 금전적 보상을 함으로써 공동주택을 배정받는 북한이탈주민들과의 형평성을 유지해야 할 것이다. 도심까지의 거리라든가, 냉난방의 불편함 등 많은 고려를 해 주어야 한다.

북한이탈주민이 정착 초기에 받는 정착금들이 현실적으로는 거의 주택 임대보증금등으로 사용되므로 한국사회에서 새출발을 할 수 있는 금전적 여력은 거의 없다고 할 수 있다. 특히 이주 초기에는 많은 지출이 필요하므로 임대보증금을 면제해 주는 정책도 필요하다. 국민임대주택의 경우, 전세보증금을 월세로 전환하여 상당기간동안 지방자치단체가 임대주택의 월세를 보전해 주는 방법도 있다. 독일의 경우, 정부에서 상당한 기간까지 임대주택 월세 보조금을 지급해 줌으로써 동독이탈 주민으로서는 무료로 주거할 수 있도록 했다.

4. 정착금의 바람직한 활용

정착금은 한국사회에서 새출발을 하기 위하여 절실하게 필요한 자금이다. 이 돈이 주택을 마련하는데 모두 사용된다면, 북한이탈주민의 새출발에 실질적으로는 큰 도움이 되지 않는다. 상기한 바와 같이 주택은 정부의 보조금에 의해 무상으로 거주할 수 있도록 해야 한다. 정착금은 북한이탈주민의 사업자금이나 새로운 생활에 사용되도록 배려해야 한다. 특히 북한이탈주민의 금전사용에는 금융멘토(Financial Mentor)가 반드시 조언을 해 주도록 보완을 할 필요도 있다. 생필품 이외에는 거액의 현금을 사용하는 것이 익숙하지 않을 수 있기 때문이다.

그러나 일부 북한이탈주민들의 경우에는 탈북비용을 지급한다거나, 혹은 북한에 남아있는 가족의 탈북을 위해 돈을 지불해야 할 필요가 있으면, 그대로 허용해야 한다고 본다. 가족의 안녕과 결합이야말로 그 어느 가치보다 우선하기 때문이다. 따라서 현재의 기본 정착금을 더 축소해서는 안된다.

5. 사회보장 지원

i) 공공보육체계의 수립과 육아문제 해결

북한이탈주민의 66%가 여성이라는 점을 고려한다면, 여성 북한이탈주민에 대한 정책적 지원이 더욱 절실한 때라고 할 수 있다. 취업 등의 기회가 여성에게 많이 부여되지만, 자녀를 둔 여성 북한이탈주민의 경우 취업의 가장 큰 장애는 육아문제라고 할 수 있다. 특히 한국사회에 자녀를 맡길만한 가족이나 친척이 없기 때문에 육아문제는 북한이탈주민 취업문제보다 선결과제다. 아울러 남한생활에서 가장 어려운 것을 꼽으라는 질문에 친구, 친척 형제가 없는 외로움을 지적한 북한이탈주민이 11.7%였으며, 북에 두고 온 가족과 고향에 대한 그리움이

3.4%로 나타났다.[21] 즉 15%가 경제적 문제나 생활문제보다 가족이나 친척과의 단절을 가장 큰 어려움으로 생각한다는 것은 육아문제에서는 더욱 절실하게 나타난다. 직장생활을 하다가 어린이집 끝나는 시간에 맞추어 직장에서 퇴근한다는 것은 거의 불가능하기 때문이다.

한국사회가 심각한 저출산의 위기에 봉착한 것은 이미 주지의 사실이다. 저출산의 가장 큰 원인들 중 하나는 열악한 보육문제라고 할 수 있다. 출산율이 2.1명이 되어야 인구대체율과 일치하여 현재의 인구를 유지한다. 현재 우리나라의 출산율은 1.19명으로서 인구감소가 심각하게 진행되고 있다. 출산율 저하의 원인은 자녀의 양육비 부담과 교육비 부담, 교육의 지나친 경쟁, 나아가 고용불안이나, 늦은 결혼관, 그리고 자녀에 대한 가치관의 변화 등을 들 수 있다. 가장 중요한 것은 아이를 낳는다고 해도 직장생활을 하면서 아이를 키울 수 없다는 점이 현재의 출산율 저하의 가장 큰 원인이라고 할 수 있다.

이에 서울시는 100억 원을 들여 "캥거루 프로젝트"를 실시한다. 서울 거주 3세-5세까지의 모든 아동들은 서울형 어린이집에서 저렴한 비용으로 보육한다는 개념이다. 서울시의 민간보육시설을 공공보육시설화 하는 것으로서 서울시 예산을 지원하여 서비스 수준은 국공립수준이면서 이용료는 민간과 비교하여 70%의 비용으로 낮추는 제도다.[22]

이렇게 민간 및 국공립 보육시설을 확충하면서 여성 북한이탈주민을 보육교사 양성기관의 교육을 통하여 보육교사로 활용하는 방안이다. 경제의 뉴딜정책과 마찬가지로, 출산정책에 있어서도 이러한 정책을 통하여 출산율 증가를 꾀하는 한 편, 보육교사 확충을 통해 북한이탈주민에게도 일자리를 제공하는 방법도 고려해 볼 수 있는 방안이라

---

21) 북한이탈주민후원회, '남한사회 적응에 관한 실태조사', 2003. 9. 13(dongposarang.or.kr), 강일규, 김종우, 북한이탈주민 직업훈련 프로그램개발, 한국직업능력개발원, p.21. 재인용

22) 매일경제, 2009년 9월 10일, A1, A4.

고 할 수 있다.

ii) 민간사회안전망 확보

아무런 재정적인 뒷받침 없이 외국에 나가서 새로운 생활을 하려고 할 때 정착초기에 많은 재정적 소요가 나타난다. 영구임대주택이나, 국민임대주택을 마련하다고 하더라도, 이에 필요한 가재도구를 구입해야 한다. 각종 가구와 생활필수품들의 구입은 정착 초기에 가장 많은 돈이 소요되는 품목들이다.

이 때 '민간사회적 안전망' 혹은 지역주민과의 지속적인 연계를 통한 결속은 이들의 이러한 생활의 필요를 민간차원에서 충족시켜 줄 수 있는 방안이 될 수 있다. 북한이탈주민이 처음 정착했을 때, 결연된 민간단체나 가정에서는 필요한 가구나, 가재도구, 의복 등 처음 정착에 필요한 모든 것들을 제공해 줄 수 있기 때문이다.

정부는 "사회적 기업 육성법"을 제정하여 시행하고 있는 바, 지방자치단체에서는 사회적 기업이 일자리 창출에 기여할 수 있는 실질적인 조례를 제정할 필요가 있다. 나아가 특히 북한이탈주민을 많이 고용할 수 있도록 북한이탈주민을 많이 고용하는 사회적 기업에게는 특별지원을 확대하는 방안을 모색할 필요가 있다.[23] 북한이탈주민이 대전지역에 잘 정착하면 인구증가와 함께 중요한 노동력으로 경제발전에 기여하지만, 정착에 실패하면, 사회적 부담이 가중되기 때문이다.

정부의 사회보장만으로는 북한이탈주민의 지원에 한계가 있다. 민간사회안전망의 구축을 통한 북한이탈주민 지원은 북한이탈주민의 자활에 중요한 축을 형성할 것이다. 2009년 9월 11일에는 (사)나눔과 기

---

23) 강창구, 북한이탈주민의 사회적응과 지역사회의 역할, 강창구, 북한이탈주민의 사회적응과 지역사회의 역할, 한국공공행정학회 학술세미나 발표자료, 2009. 9. 18 대전시청

뿜이 대전시내 200여개의 교회와 함께 어려운 이웃을 위한 반찬나눔 운동을 출범했다. 이와 동시에 북한이탈주민 대전연합회도 (사)나눔과 기쁨과 결연식을 통하여 지원을 받기로 했다.[24)]

현재 "북한이탈주민의 보호 및 정착지원에 관한 법률" 제 30조에 근거하여 북한이탈주민후원회라고 하는 특수법인이 설립되었다. 북한이탈주민후원회는 공모사업방식으로 북한이탈주민에 대한 정착지원사업과 종합생활상담센터운영 등을 하는 민간단체에 대한 재정적 지원을 함으로써 북한이탈주민에 대한 서비스 제공과 지원을 하고 있다. 그리하여 2007년도 기준으로는 전국 37개 단체에 16억 6천만 원의 국고보조금을 간접적으로 지원하고 있다.[25)]

6. 사회동화지원

통일부는 북한이탈주민이 각각의 지역에서 잘 정착할 수 있도록 보호담당관제를 시행하고 있으나, 이들은 대부분 관련 행정업구처리를 주업무로 삼고 있다. 또한 전국 16개 지역에 북한이탈주민 지원 지역협의회가 구성되어 있으나, 역할과 기능이 그다지 활발하지 못한 지역이 많은 것이 사실이다.

따라서 대전 지역에서부터 북한이탈주민을 국제이주민으로도 분류하여 이중적, 복합적으로 지원해야 한다. 북한이탈주민은 사실상 국제이주민과 큰 차이가 없다. 언어마저도 오히려 차별을 받는 상황이며, 문화와, 정치, 국가관 등 거의 모든 면에서 국제이주민과 별반 차이가 없는 상황이다. 따라서 대전시와 같은 지방자치단체에서는 국제이주

---

24) 뉴스천지, 2009년 9월 11일, http://www.newscj.com/news/articleView.html?idxno=21129 (검색일 2009년 9월 14일)

25) 외교통상통일위원회, 북한이탈주민의 보호 및 정착지원에 관한 법률 일부개정 법률안 심사보고서, 이명수의원발의 2008년 12월

민에 대한 모든 혜택을 북한이탈주민에게도 동등하게 제공해야 바람직하다.

또한 지역사회의 대학 및 교회와 민간단체와 협약하여 북한이탈주민의 사회적 동화와 교류를 확보하는 방안을 강구해야 한다. 대전지역의 각 대학에서는 평생교육원을 운영하는 바, 북한이탈주민에게 도움이 되는 강좌에서 북한이탈주민의 발표와 지역 주민들간의 의견교류 등의 과정이 필요하다. 이러한 과정을 통해 지역주민들은 북한이탈주민과 북한을 더욱 잘 이해하고, 북한이탈주민은 지역주민들과의 의사소통을 통해 좋은 이웃처럼 관계를 형성할 수 있기 때문이다.

또 각 교회의 활동과 결부하여 북한이탈주민에 대하여 교회가 좋은 이웃(Good Samaritan)이 되는 프로그램을 활성화하는 방안을 강구해야 할 것이다. 교회의 좋은 이웃 프로그램을 통해서는 북한이탈주민들이 급격한 환경변화에서 오는 정신적 스트레스와 갈등, 좌절 등을 곁에서 격려하고 도와줄 수 있도록 지방자치단체의 지도와 지원이 필요하다. 지방자치단체가 이 모든 일을 할 수는 없지만, 이러한 일을 하는 단체들에 대한 인적, 물적 지원을 통하여 북한이탈주민 개개인의 정착을 획기적으로 도와줄 수 있다. 실제로 북한이탈주민들은 남한 주민들과 개인적, 사적으로 어울릴 수 있는 기회가 거의 없는 것으로 나타나고 있다. 유일한 기회라고 할 수 있는 것이 교회를 통한 모임이었다.[26] 따라서 북한이탈주민에게 있어서 교회의 역할은 이들의 사회적 연결망 역할을 하는 중요한 기구다.

또한 민간단체와는 지속적인 활동을 통하여 북한이탈주민의 정착과정을 도울 수 있는 프로그램을 확충한다.

따라서 지방자치단체는 북한이탈주민들이 지역주민과의 계속적인

---

26) 윤인진, 탈북주민 적응은 민족통합의 과제, 자유공론, 제 450권, 서울 자유총연맹, 2004, pp.37-38.

접촉과 모임 등을 통하여 남한 사회의 정식 구성원임을 자각시켜 자립과 자활의 기회와 사례를 많이 접할 수 있도록 하는 것이 바람직하다.

7. 취업과 직업교육

북한이탈주민들이 하나원에서 교육을 받으면서 직업결정과 관련하여 가장 필요로 하는 정보는 '교육 및 직업훈련정보(20.4%)'와 앞서 입국한 북한이탈주민들이 직업과 직업을 갖게 되는 과정(18.4%)이었으며 한국의 자격정보(918.4%)였다.[27] 이러한 사정을 고려한다면, 성공적으로 정착한 북한이탈주민들을 고용하여 북한이탈주민의 취업과 상담을 위한 상담직원으로 고용한다면 북한이탈주민의 정착에 기여할 것이다.[28] 지역에서는 이러한 정보를 충분히 제공하면서 향후, 북한이탈주민끼리의 정보교환을 통한 자립의 기반조성을 도와줄 수 있기 때문이다.

북한이탈주민에 대한 직업교육 과정에서도 과거 북한이탈주민의 직업이나 본인의 희망들을 면밀히 조사하고 상담하여 가장 효율성이 높은 직종으로의 직업훈련 권유과정이 있다면 북한이탈주민의 정착에 훨씬 효율적일 수 있다. 현재는 과거의 직종이나 본인 희망과는 무관하게 직업교육이 이루어지고 있는 것으로 나타나 북한이탈주민의 불만과 아울러 정착과정의 효율성이 떨어지고 있는 것으로 나타난다. 또 자신의 적성과 직업 능력에 따라 거주지도 배정되어야 한다.[29]

북한이탈주민의 취업률이 상당히 낮은 것은 북한이탈주민 나름대로

---

27) 김임태, 북한이탈주민 남한사회적응과정의 현황과 전망, 한국고용정보원 2007, p.41, 2007 북한이탈주민 민간단체 연대세미나 발표문, 이 조사는 2007.8.27.-9.14에 하나원에서 교육중인 북한이탈주민 212명을 대상으르 실시하였다.

28) 강창구, 북한이탈주민의 사회적응과 지역사회의 역할, 한국공공행정학회 학술세미나 발표자료, 2009. 9. 18 대전시청

29) 조광호, 대전지역북한이탈주민사무국장 발언, 2009 한국공공행정학회 학술세미나, 2009. 9. 18 대전시청

상당한 전략적 이유도 있는 것으로 보인다.

1) 북한이탈주민들은 정식 취업을 하더라도 남한 사회에서 자신의 능력이 어떻게 평가받을지 모르기 때문에 얼마나 오래 직장에서 일할 수 있을지에 대한 자신이 없다. 따라서 정식취업에 따라 정부보조금의 수급이 단절된 후 현 직장을 퇴사하게 되는 최악의 경우를 염두에 두지 않을 수 없다. 따라서 수급권과 의료급여 탈락에 대한 두려움을 가지고 있어서 정식 취업을 꺼리는 수도 있다.

하나원을 수료하고 사회로 나오면 무조건 생계급여를 지급한다. 그러나 6개월 후부터는 노동력이 있는 경우는 생계비를 지급하지 않는다. 다만, 아기를 가진 엄마가 아기를 맡길 곳이 없는 경우에는 생계비를 지원한다. 그리고 실제로 근로능력이 없다고 하는 "근로무능력판정"을 받아야 생계비를 지급한다.

북한이탈주민 1인가족의 경우, 기초생계수급자가 되면, 월 36만 4천원을 지급받으면서 의료비, 관리비, 전화비 등의 무상 혹은 할인혜택을 받는다. 그러나 직업을 취득하여 월 120만원 내지 130원의 월급을 받으면서 4대보험에 가입하게 되면, 실제 수령액은 110만원내지 120만원 남짓이 될 뿐만 아니라 의료비, 관리비, 전화비 등의 감면혜택을 받지 못한다. 실질소득이 감소한다. 따라서 4대보험에 가입하지 않고 부정기적인 수입을 취하는 것이 훨씬 이익이 된다.

따라서 북한이탈주민을 정규직장에서 일하도록 하기 위해서는 하나원 졸업후 10년동안 기초생계수급자에게 제공하는 각종 감면혜택을 지속적으로 제공해 주는 것이 북한이탈주민의 사회동화를 촉진하는 길이라고 주장한다.[30)]

2) 실제로는 취업하고 있으면서도 노동부의 확인전화에는 정부보조금과 의료급여를 상실하게 될 것을 우려하여 취업하지 못했다고 하는

---

30) 북한이탈주민 조광호(대전 새조회 사무국장)와의 인터뷰, 2010년 5월 11일

경우도 있다.

3) 가능하면, 임시직과 같은 직장을 통하여 소득을 얻으면서도 정부 지원을 이중으로 받음으로써 혜택을 더 많이 받으려고 하는 심리가 나타날 수도 있다.

이러한 경우들은 한국사회를 아직 잘 모르고, 자신이 잘 적응할지 모르기 때문에 나타나는 이해될 수 있는 반응이라고 할 수 있다. 게다가, 향후의 생활이 불안하기 때문에 가능하면 현재 최대의 소득을 확보하고자 하는 태도로서 자연스럽게 나타날 수 있는 반응이라고 할 수 있다.

이러한 반응 역시 북한이탈주민들이 한국이라고 하는 낯선 사회에서 뿌리를 내리고 살아가기 위한 의지의 표현이라고 보아야 할 것이다. 이들이 이러한 삶의 의지마저 없다면, 오히려 정부의 부담만 커지게 될 것이다. 따라서 북한이탈주민들의 이러한 반응은 오히려 하루라도 빨리 남한 사회에서 정착할 수 있는 기반을 닦고 성공하기 위한 의지의 표현이라고 볼 수 있다.

이와 더불어 지방자치단체에서도, 인구유입의 유인책 차원에서도 이들 북한이탈주민에게 일정한 액수의 금전적 지원을 하는 것이 필요하다. 특히 북한이탈주민이 취업을 하게 된 경우에는 실직한 상태에서 비공식적 수입과 정부지원금의 합계보다 더 많은 액수가 되도록 지방자치단체가 그 차액 이상을 보전해 주는 정책도 필요하다. 그리하면, 북한이탈주민들도 취업을 하고 월급을 받게 되면, 중앙정부에서 제공하는 취업장려금 이외에도 지방자치단체에서도 매칭펀드의 개념으로 그에 상응한 액수의 추가적인 취업장려금을 지급함으로써 북한이탈주민의 취업의지를 더욱 고취시킬 수 있다.

직업훈련의 경우, 독일과는 달리, 직업교육기관의 훈련만 가지고서는 어느정도 한계가 있는 것이 사실이다. 20대나 30대의 경우에는 오히려 2년제 전문대학이나 4년제 대학에 진학하여 고급지식을 익히는 것이 오히려 더 빠른 정착의 길이 될 수 있다. 전문대학의 경우, 대부분의 학과가 자격증취득을 독려하고, 또 1년 반만 다니면, 마지막 4학기 때에는 취업을 하는 것이 일반적으로 허용되기 때문에 전문지식을 익혀, 중견급지식인으로 남한사회에서 출발하는 것이 더 바람직할 수 있다.

이에 따라 지방자치단체에서는 이러한 북한이탈주민들의 전문교육에 소요되는 교육비를 지원해 줄 필요가 있다.

특히 북한이탈주민에 대한 교육은 통일부에서 제시하는 연계모형을 활용하여 직업훈련과 근로와 취업을 동시에 연결할 수 있도록 적극적으로 기회를 제공해 주어야 한다. 나아가 북한과 중국을 왕래하면서 장사를 해 본 탈북자의 경우에는 이들의 경험을 살려 한국사회에서도 장사가 성공할 수 있도록 세심한 교육과 지도가 병행된다면, 북한이탈주민의 정착율이 훨씬 높아질 것으로 사료된다.

V. 결론

1년에 1,000명 이상의 북한이탈주민들이 입국하여 북한이탈주민으로 자리잡는 과정에서 정부 단독으로는 이들의 성공적인 정착을 보장하기 어렵다. 온 사회와 국민들이 협력하여 이들의 정착을 도와주어야 한다.

특히 정부의 다양한 지원은 계속되어야 하지만, 지역사회의 구성원들 사이에 민간차원의 사회적 안전망 구축은 북한이탈주민의 남한사회 정착과정에 있어서 가장 중요한 역할을 할 것이다. 각 교회의 '좋은 이웃' 프로그램은 낯선 땅에서 새로 시작하는 삶에 많은 의지가 될 것이다. 특히 가구나, 생활용품, 주방기구 등 새로운 삶의 시작에 필요한 많은 것들을 교회의 기관들을 통하여 제공받을 수 있기 때문이다.

각 대학의 평생교육원에서의 북한이탈주민과 지역민과의 교류, 그리고 다양한 민간단체를 통한 지역사회와의 교류는 북한이탈주민들이 이 땅에 정을 붙이고 살아갈 수 있는 의지와 꿈을 지탱해 주는 역할을 할 것이다.

북한이탈주민의 주거비용에 관해서는 북한이탈주민이 상당한 소득이 있을 때까지는 임대주택의 전세보증금이나, 임대료 등을 전액 감면해 주는 제도를 시행해야 한다. 정착지원금과 취업장려금 등은 북한이탈주민이 나중에 창업을 할 때 사용할 수 있도록 보전해 주는 것이 바람직하다. 그러나 북한이나 중국에 남아있는 가족을 한국으로 입국시키기 위하여 정착금을 사용해야 한다면 반대해서는 안될 것이다. 가족의 가치는 그 어떤 것과도 바꿀 수 없기 때문이다.

지방 자치단체는 통일부에서 제시하는 연계취업 프로그램 등의 방식을 적극 도입하여 직업훈련기관과 근로, 그리고 기업체를 연계하여 북한이탈주민을 취업시킬 수 있는 방안을 적극적으로 모색하여야 할 것이다. 북한이탈주민의 직업훈련과정에서도 중앙의 하나원에서만 할 것이 아니라 향후 북한이탈주민이 거주하게 될 지방에서도 분산 교육을 시키는 것도 중요한 방법이다.

북한이탈주민을 많이 고용하는 "사회적 기업"에 대한 지방자치단체 차원의 지원을 확대함으로써 북한이탈주민의 지역 정착에 기여할 수 있다. 특히 여성 북한이탈주민이 괄목하게 증가하는 현실에서는 대전 지방자치단체는 서울시처럼 공공보육 시스템과 같은 거대규모의 프로젝트 실행을 통해 북한이탈주민의 일자리 창출에 기여하는 것을 추천한다. 북한이탈주민은 1년간의 보육교사 교육과 자격증을 획득한 후, 공공보육기관의 보육교사로 안정적 직업을 가질 수 있기 때문이다. 북한이탈주민 여성들의 자녀양육문제도 아울러 해결이 될 것이다.

특히 지방자치단체는 당해 지역에 존재하는 가용자원을 최대한 발굴하고 이를 연계하여 정부와 민간차원의 긴밀한 네트워크를 구축하여 북한이탈주민을 지원할 수 있는 체계를 구축하는 것이 필요하다.

<참고문헌>

강일규 · 김종우, 북한이탈주민 직업훈련 프로그램개발, 한국직업능력개발원, 2006.

강창구, 북한이탈주민의 사회적응과 지역사회의 역할, 2009. 9. 18 대전시청

국민임대주택홈페이지 http://gukmin.newplus.go.kr/index.asp (검색일 2009년 9월 14일)

김영윤, 동독이탈주민에 대한 구서독정부의 정책, FES-Informational-Serows, 2003-07,
http://fes.or.kr/index_kor/kpub/FES-IS/Fluechtlingspolitik2003-07

김임태, 북한이탈주민 남한사회적응과정의 현황과 전망, 한국고용정보원 2007.

뉴스천지(http://www.newscj.com), 2009년 9월 11일

동아일보(http://www.donga.com), 2005년 1월 1일, 2005년 9월 6일

매일경제(http://www.mk.co.kr), 2009년 9월 10일

북한이탈주민 희망공장 사업발표회, 2008.07.06.
http://www.marketpoint.co.kr/News/contents.asp?k1=-1774950007&k2=225310383&b=3&m=0&pageno=6

북한이탈주민후원회(dongposarang.or.kr), '남한사회적응에관한실태조사', 2003년 9월 13일

외교통상통일위원회, 북한이탈주민의보호및정착지원에관한법률일부개정법률안심사보고서, 이명수의원발의 2008년 12월

윤인진, 탈북주민 적응은 민족통합의 과제, 자유공론, 제 450권, 서울 자유총연맹, 2004.

이금순 외, 북한이탈주민의 사회적응프로그램 연구, 서울, 통일연구원, 2005.

이상민의 독일통신, 독일의 실업보험, 2003/05/31,

http://episode.or.kr/sangmin/36
이우영, 북한이탈주민 적응문제, 북한이탈주민 정착지원제도 개선방안, 2008년 12월 26일, 국회의원회관 소회의실 발표자료
이지은, 독일의 평생교육 - 시민대학을 중심으로, 2004.
조광호, 한국공공행정학회 학술세미나(대전지역북한이탈주민사무국장 발언), 2009. 9. 18 대전시청, 2010년 5월 11일 인터뷰
중도일보(http://www.joongdo.co.kr), 2009년 8월 31일
통일뉴스(http://www.tongilnews.com), 2009년 9월 21일
통일백서2009, 서울 통일부, 2009.
통일부 하나원 보도참고자료, 2008.10.24.
홍선이, 「독일의직업훈련-출장보고서-」, 서울:한국직업능력개발원, 1999.